JN098634

家族と刑法

家庭は犯罪の温床か?

深町晋也

有斐閣

はしがき

　本書は，有斐閣の情報誌である「書斎の窓」に 2017 年 5 月号（651 号）から 2020 年 3 月号（668 号）にかけて，全 15 回に渉って掲載された同名の連載をまとめたものである。より正確に言えば，当初は全 12 回で終了する予定であったが，筆者が 2019 年 8 月から 2020 年 3 月までの間，ドイツ・ケルン大学で在外研究を行う機会を得て，「ドイツ番外編」として新たに短期の連載を 3 回分掲載したことで，全 15 回となった。したがって，第 13 回から第 15 回では，我が国ではなく，主としてドイツにおける問題を扱っている。

　しかし，本書は，上記の連載をただまとめただけではなく，一冊の本として独自の内容を有している。以下では，上記の連載を読まれたことがない読者の方を主として念頭に置きつつ，多少の紙幅を割いて，その点を説明することにしたい。

　本書は，「家族と刑法」に関する様々な問題をトピックとして採り上げつつ，主として刑法によってどのような解決が可能なのか（あるいは可能ではないのか）を検討したものである。目次をご覧になると分かるように，ドメスティック・バイオレンス（DV）を巡る問題（DV 反撃殺人事例）や家庭における性犯罪，児童の受動喫煙防止，親による子の奪い合いと拐取罪の成否，親族相盗例，いわゆる「赤ちゃんポスト」を巡る問題，家族が死亡した後の遺体の放置，児童虐待，人工妊娠中絶，子の予防接種を巡る問題など，その話題は多岐に渉っている。しかし，これらはいずれも，原則として，同じ「家族」に属する者による，「家庭」という場で生じる犯罪・問題事象という点で共通している。

　そもそも，家庭とは外の世界から家族構成員を守るための場である。特に，児童のような脆弱な者にとっては，外の世界は時に厳しい場所となり得るのであり，そのような厳しい外界から脆弱者を守るための場として家庭が機能している。そして，外界の干渉から家族構成員を守るために，家庭には一定の自律性が認められている（これを「部分社会」と言っても良い）。したがって，その中で一定の問題事象が生じたとしても，国家はなるべく干渉・介入をせず，家庭内における解決に委ねたほうが良い場合もあり得る。本書で扱われている親族相盗例は，その代表例と考えられている。

　しかし，このような家庭の自律的な保護機能は，外部からの介入可能性を低下させることにより，家庭内で何が起こっているのかを外から見えにくくさせてしまう。こうした可視性の低さにより，問題事象が発生しやすくなるのみならず，いったん生じた問題事象が隠蔽されやすくなり，したがって問題事象が継続しやすくなる。本書のサブタイトルである「家庭は犯罪の温床か？」という言葉は，一見すると疑問形としての問いに見えるが，実のところはこのような家庭が有する構造を端的に示したものである。読者の皆さんは，本書を最初から，あるいは好きな箇所から読み進めていくうちに，本書が全体として，「犯罪の温床となり得る場としての家庭」について論じていることに気づかれるであろう。

　以上を要するに，本書の一貫したテーマは，「犯罪の温床となり得る場としての家庭」を率直に問題として叙述しつつ，しかしなお，「家族構成員を守る場としての家庭」がその機能を発揮できるための条件を模索することにある。一冊の本としての本書の意義は，まずはこの点に見出すことができよう。

＊　　　　　＊　　　　　＊

　本書は，雑誌の連載が有する動的な流れを残しつつ，可能な限り最新の情報を盛り込み，かつ，「家族と刑法」に対する別の立場からの知見をも取り込むことで，先に述べた本書の一貫したテーマをより多面的に明らかにしようとしている。

　まず，本書においては，第1回から第15回に渉り，前述の連載を掲載順に配置している。これは，連載の持つダイナミズムを可能な限り損なわない形で読者に提供したいと思ったからである。もちろん，書籍化に当たり，一から全ての原稿を整序して書き直すという方法もあり得たが，連載の各回におけるトピックの選択は，それがアクチュアルな形で問題となった時期を強く反映しており，そうした時代背景をなるべく残しておきたいと考えた。そのため，それぞれの連載については，明らかな誤字脱字や誤記の修正の他は，①連載時には注に存在していた記述の大半を本文中に移し（多くは本文中で点線の枠囲みによって示されている），かつ②引用文献を最新のものに改めるといった最低限の修正・補筆に留めている。

　次に，本書においては，第1回から第15回のそれぞれの最後に，「連載のあ

とに」と題して，各回で扱ったトピックとの関係で連載の後に生じた事実など
をフォローすることにした。例えば，国内外における最新の統計データや最新
の判例・裁判例，連載後の立法動向や連載後に起こった事件などを広く補筆し
た。読者の皆さんはこれらを読むことで，連載当時から本書の公刊までの僅か
数年の間で，それぞれのトピックにつき大きく問題状況が進展し，また変化し
ているダイナミズムを感じることができるであろう。このようなダイナミズム
を叙述することもまた，本書の目的と言える。

　更に，本書の特筆すべき特徴として挙げられるのは，刑法研究者である筆者
以外の視点から，本書の各トピックについて，民法研究者である一橋大学准教
授の石綿はる美氏による多角的なコメントが付されている点である。同氏のコ
メントによって，本書で扱われている各トピックの背景がより鮮明になり，よ
り理解しやすくなっているのはもちろんのこと，それぞれのトピックと関連す
る様々な問題がより深く検討されており，本書の読者を更なる探究へといざな
うものとなっている。

　本書は，必ずしも教科書として書かれたものではなく，かと言って純然たる
論文集というわけでもない。むしろ，法学研究者や実務法書はもとより，大学
の講義やゼミにおいて法学部等の学生に，更には「家族と刑法」に関心を有す
る多くの人々の手に渡り，読まれることを期待している。というのは，本書が
扱う各トピックは，多くの市民にとって重大な関心事である「家族」に関わる
ことであり，過去・現在・未来に渉って問題となる事柄だからである。もちろ
ん，本書は「家族と刑法」が問題となる多様な局面のごく一部を扱ったものに
過ぎない。その意味では，本書は「家族と刑法」を巡る大きなプロジェクトの
いわば一部であり，未完であると言って良い。筆者は，より多くの人々が「家
族と刑法」に関心を寄せてくれることを併せて期待している。

＊　　　　＊　　　　＊

　本書は多くの人々の協力によって形になったものである。本来ならばその全
員のお名前を挙げて謝辞を述べたいところであるが，紙幅等の都合によりそれ
は不可能である。ごく少数の方のお名前を挙げることで，それに代えることに
したい。まず，本書の実質的な共著者である一橋大学准教授の石綿はる美氏に
対しては，改めてこの場で心からのお礼を申し上げたい。本書が扱う多様なト

ピックにつき，多角的かつ有益なコメントを執筆して下さったことで，本書の価値が格段に上がったことは疑う余地がない。

　また，東京大学教授の樋口亮介氏，九州大学准教授の冨川雅満氏，及び同志社大学助教の池田直人氏からは，本書全体につき多くの貴重な助言・示唆をいただいた。併せて，東北大学教授の久保野恵美子氏からは，主として民事法的な部分について貴重な示唆をいただいた。それぞれ，心より感謝の意を表する。

　更に，筆者がドイツ・ケルン大学の外国・国際刑法研究所における在外研究中に，様々な形で示唆をいただいた，同研究所所長（教授）の Bettina Weißer 氏及び同研究所教授の Thomas Weigend 氏，そしてドイツにおける「家族と刑法」の第一人者であり，筆者に貴重な教示を与えてくれた Jena 大学教授の Edward Schramm 氏にも深い感謝の意を表したい。

　本書の公刊は，連載の担当であった編集者の栗原真由子氏，そして何よりも本書の出版に関する様々な問題を一手に引き受けて下さった編集者の笹倉武宏氏の協力なくしてはあり得なかったであろう。両氏にも心よりお礼申し上げる。

　2021 年 5 月　父の喜寿を祝したあとに

深 町 晋 也

【附記】本書は，JSPS 科研費 JP16K03375，JP18KK0369，JP20H01435 の助成による成果の一部である。

著者紹介

深町　晋也（ふかまち しんや）

1998 年東京大学法学部卒業。2001 年東京大学大学院法学政治学研究科博士課程退学後，岡山大学法学部助手。2004 年北海道大学大学院法学研究科助教授，2008 年立教大学大学院法務研究科准教授を経て，2012 年立教大学大学院法務研究科教授。

2020 年より立教大学法学部教授（現職）。

主著に，『緊急避難の理論とアクチュアリティ』（弘文堂，2018 年，単著），『学生生活の法学入門』（弘文堂，2019 年，共著）及び『性犯罪規定の比較法研究』（成文堂，2020 年，共編著）がある。

〈コメント執筆〉

石綿　はる美（いしわた はるみ）

2007 年東京大学法学部卒業。2009 年東京大学大学院法学政治学研究科法曹養成専攻修了後，東京大学大学院法学政治学研究科助教。2012 年東北大学大学院法学研究科准教授。

2021 年より一橋大学法学研究科准教授（現職）。

主著に，「遺言における受遺者の処分権の制限──相続の秩序と物権の理念(1)〜(7・完)」法学協会雑誌 131 巻 2 号〜5 号，7 号〜9 号（2014 年）がある。

目　次

第1回

DV の被害者が加害者に反撃するとき（その1）

I 「家族と刑法」を始めるに当たって

　「家族と刑法」というタイトルは，ひょっとすると読者の皆さんにとっては余り耳慣れないものかもしれない。そこで，筆者がこの連載を始めるに当たって，このようなタイトルを選んだ趣旨について多少の説明を加えると共に，この連載の今後の見通しについても，大まかにではあるが，予め記しておきたい。

　従来，刑法の領域で家族が特に問題となるのは，親族相盗例（刑法第244条）のように，行為者と被害者などとの間に一定の人的関係がある場合に，行為者に有利に働く規定を巡ってであった。もし，読者の皆さんが刑法の教科書をお持ちであれば，是非とも巻末の索引を開いて「家族」や「親族」の該当箇所を探して欲しいのであるが，見つかるのは親族相盗例といった「親族間の特例」が殆どであろう[1]。親族間の特例とは，親族相盗例の他，犯人蔵匿・証拠偽造罪に関する特例（刑法第105条）や盗品等関与罪に関する特例（刑法第257条）のように，親族であることを理由に，行為者に有利に働く規定である。「法は家庭に入らず」という法諺を体現する親族相盗例を筆頭に，刑法において家族や親族とは，処罰を限定する方向での意義を有するものであった。

> もちろん，この後で採り上げる尊属殺（刑法旧第200条）のように，被害者が直系尊属（加害者が直系卑属）であることを理由に処罰を加重する規定も存在した。あるいは，諸外国における近親相姦処罰規定（例えば，ドイツ刑法第173条やオーストリア刑法第211条を参照）をも想起されたい。その意味では，家族であることが一方的に処罰を限定・緩和する理由とされていたわけではない。

---

1) 例えば，西田典之（橋爪隆補訂）『刑法各論〔第7版〕』（弘文堂，2018年）543頁を参照。

　しかし，以上のような状況は大きく変わってきている。「配偶者からの暴力の防止及び被害者の保護等に関する法律」（いわゆるDV防止法）や「児童虐待の防止等に関する法律」（いわゆる児童虐待防止法）といった特別法の制定が如実に示すように，むしろ，一定の場合には積極的に法が家庭の中に入っていくことが必要であるとの認識が広く共有されるようになっている。そして，DV防止法第29条や児童虐待防止法第18条が，命令違反に対して刑事罰を規定することからも分かるように，刑法もまた，家庭の中に入っていくことが予定されている。

　平成27年（2015年）の殺人事件の約52%，傷害事件の約22%が親族による犯行であること（法務総合研究所『平成28年版犯罪白書』6-1-5-1図）や，親族による性犯罪の検挙件数が増加傾向にある（同『平成27年版犯罪白書』6-2-1-12図）といったこともまた，こうした認識を裏付けるものと言えよう。やや極端な言い方をすると，「家庭は犯罪の温床」という見方すら成り立つのかもしれない。

　このように，刑法において家族や家庭が持つ意味は，ある種の分裂状態にある。それは，現実の社会において家族や家庭が持つ機能の分裂，すなわち，一方では，その構成員を「社会の荒波」から守る自律的な存在として，他方では，その構成員に対する侵害リスクを高める存在として機能することを如実に反映したものと言える。この連載では，社会におけるこのような家族・家庭のあり方を，刑法という視点を通じて分析したいと考えている。

　以上のような問題関心からすると，第1回に採り上げるテーマとして最も相応しいのは，家庭内暴力（いわゆるDV）であろう。DVは，配偶者間の性犯罪，我が子に対する（性犯罪を含む）虐待，両親の間で行われる我が子の奪い合いと拐取罪の成否など，今後採り上げるべき諸問題と密接に関連するのみならず，家庭という場が持つ「犯罪の温床」としての性格が極端な形で現れる問題領域でもある。そこで，今回は，DVが行き着く一つの終着点を巡る問題を扱うことにする。

Ⅱ　DV の終着点の一つ——DV 反撃殺人事例[2]

1　DV がもたらす 2 通りの終着点

　DV の典型的事例は，配偶者の一方が他方に対して継続的に肉体的・精神的な虐待を加えることである。例えば，DV 防止法第 1 条第 1 項は，「配偶者からの暴力」として，「身体に対する暴力」のみならず，それに「準ずる心身に有害な影響を及ぼす言動」をも規定している。このような虐待は，配偶者間の支配―被支配関係を固定化するため，DV の被害者が抵抗できないままに虐待がますます激化することも珍しくない。その結果として，DV 加害者が被害者を死亡させることもまた，決して珍しいことではない[3]。

　しかし，このような悲劇と並び，もう一つの DV の終着点がある。それは，DV 加害者の虐待に耐えかねた被害者が，DV 加害者に反撃し，その結果として DV 加害者を死亡させる場合である。これは，DV の被害者を殺人の「加害者」に転化させてしまうという点で，DV における極めて重大な問題領域である。DV による殺人が国際的に見て遍在的な問題であるのと同様に，DV 反撃殺人もまた，様々な国で共通して生じている問題である。そこで今回は，こうした DV の 2 通りの終着点のうち，後者の問題を特に採り上げることにする。

2　DV 反撃殺人事例とは

　DV 反撃殺人事例とは，次のような事例を指す。

> 　【事例】　長年に渉り，A は家庭内で暴君として君臨し，ちょっとしたきっかけがあればすぐに妻 X や娘 B に暴力を振るっていた。ある日，A は X に対して激しい暴行を加えた後，「起きたら死ぬような目に遭わせてやる」と言い捨てて就寝した。X は，A が起きたら今度こそ自分に対して命にかかわるような暴行が加えられると考え，睡眠中の A を台所の包丁で刺殺した。

---

2)　この名称は，深町晋也「家庭内暴力への反撃としての殺人を巡る刑法上の諸問題——緊急避難論を中心として」髙山佳奈子ほか編『山口厚先生献呈論文集』（成文堂，2014年）95 頁以下による。

3)　平成 27 年の殺人事件の被害者 864 名中，配偶者によるとされるものが 147 件に上る（法務総合研究所『平成 28 年版犯罪白書』6-1-5-1 図エクセルデータ参照）。

　こうした事例は，我が国以外でも洋の東西を問わず問題となっている。筆者はかつて，ドイツ，スイス及びアメリカの状況について検討したことがあるが，それ以外にも，フランスや中国[4)]，台湾でも DV 反撃殺人事件が発生し，それぞれ大きな社会的問題となっている。

　例えば，1993 年 10 月に台湾で起こったいわゆる「鄧如雯（トウジョブン）事件」では，DV 被害者である女性が，睡眠中の DV 加害者である夫を殺害したとして地方法院で 5 年 6 月の自由刑を宣告されたものの，高等法院では自首及び精神耗弱[5)]を理由に 3 年の自由刑に減軽された。被告人は上告したが，最高法院はこれを棄却した。この事件は台湾社会に大きな影響を与え，1998 年 6 月に「家庭暴力防治法」が制定されるのを推進する役割を果たした[6)]。

　また，2012 年 9 月にフランスで起こったいわゆる「ジャクリーヌ・ソヴァージュ（Jacqueline Sauvage）事件」では，DV 被害者である女性が，DV 加害者である夫の背中を銃で撃って殺害したとして懲役 10 年を宣告された。この事件はフランス社会に大きな衝撃をもたらし，2 度に渉る大統領令が発せられ，2016 年 12 月 28 日に被告人は，当時のオランド大統領により，即時釈放を含む全面的な恩赦を受けるに至った[7)]。

　このように，DV 反撃殺人事例は，社会に与える衝撃の大きさゆえ，既存の法体系との関係で大きな問題提起を行うことすらある。

3　我が国における DV 反撃殺人事例の嚆矢

　それでは，我が国において DV 反撃殺人事例は社会的な問題となっているのであろうか。実は，我が国でもかつて，こうした事例を巡って，既存の殺人罪規定のあり方に大きな動揺が生じたことがある。それは，尊属殺規定の合憲性を巡る最高裁大法廷判決[8)]の事案である。

---

4)　張光雲「中国における DV 法的規制と DV 反撃殺傷行為の刑事法上の課題」日本法学 82 巻 2 号（2016 年）515 頁以下には，DV 被害者である女性が睡眠中の DV 加害者である夫を殺害した「張永清夫殺害事案」が紹介されている。第 1 審の大慶市中級人民法院は懲役 3 年（実刑）の判決を下し，それが確定したとのことである。

5)　我が国の刑法第 39 条第 2 項が規定する心神耗弱に相当する。

6)　高鳳仙編著『家庭暴力防治法規專論〔増訂第 3 版〕』（五南圖書，2015 年）187 頁以下。

7)　http://www.lemonde.fr/les-decodeurs/article/2016/12/29/pourquoi-l-affaire-jacqueline-sauvage-fait-debat_5055435_4355770.html（2021 年 1 月 3 日閲覧）

　もし読者の皆さんに時間（と気力）があれば，是非，第 1 審から最高裁までの各審級の判決を熟読していただきたい。既存の法における問題性をいかにして克服すべきなのかというテーマに，それぞれの裁判所が各々異なる立場から答えた知的営為の成果と言える。また，当時の弁護人であった大貫大八弁護士及び大貫正一弁護士の弁護活動についても，併せてご関心をお寄せいただきたい[9]。

　本件の事案を説明する前に，まずは，今では刑法典から削除された旧第 200 条の条文を確認してみよう。刑法のいわゆる「現代語化」（平成 7 年〔1995 年〕改正）がなされる以前の条文であるため，やや読みにくいかもしれない。なお，「直系尊属」というのは，自己の父母や祖父母など，自分より前の直線的に連なる世代を指す。したがって，例えば，自分の子や孫（直系卑属），伯父伯母（傍系尊属）などは直系尊属には当たらない。

刑法旧第 200 条
自己又ハ配偶者ノ直系尊属ヲ殺シタル者ハ死刑又ハ無期懲役ニ処ス

　本件は，極めて悲惨としか言いようのない経過を辿っている。被告人の女性は，実の父親である被害者から，14 歳になった頃から性的虐待を継続的に受け，その後も実母に訴えても止まず，父親の元から逃亡しても連れ戻され，最終的には父親の子を出産することになった。その後，被告人は生計の一助のために働きに出た先で知り合った男性と結婚の約束をし，そのことを父親に告げたところ，父親は激怒し，被告人に暴行を加えて，その外出を禁止し，連日飲酒しては被告人を脅迫するという生活を続けた。犯行当日，父親は，飲酒して一旦就寝した後に目を覚まし，過度に飲酒をした上で被告人を罵倒し，その両肩にしがみついてきたので，もはや父親を殺害しなければ自分は普通の幸せな生活を送れないと考えて，父親である被害者を絞殺したのである。

　最高裁大法廷は，本件において，刑法旧第 200 条の尊属殺規定は憲法第 14

　8）　最大判昭和 48・4・4 刑集 27 巻 3 号 265 頁以下。
　9）　例えば，神田憲行ほか「『父殺しの女性』を救った日本初の法令違憲判決」日経ビジネス 2016 年 3 月 16 日（https://business.nikkei.com/atcl/report/15/120100058/120200001/?P=1〔2021 年 1 月 3 日閲覧〕）。

条第1項に反して違憲無効であるとして刑法第199条の（通常）殺人罪を適用した上で，心神耗弱（刑法第39条第2項）による法定減軽をし，最終的に懲役2年6月（執行猶予3年）の判決を宣告した。尊属殺規定は，法定刑としては死刑又は無期懲役しか規定しておらず，2度の減軽（法定減軽及び酌量減軽）を行っても実刑判決を免れ得ないという点で，極端に重い刑罰を定めた規定であるというのがその理由である。

> 　ここで刑の減軽に関する多少細かい補足をする。無期懲役を（法定）減軽すると7年（以上）の懲役となり（刑法第68条第2号），7年の懲役を（酌量）減軽すると半分の3年6月となる（刑法第68条第3号）。したがって，執行猶予を付すことができる3年以下の懲役（刑法第25条第1項）を超えるため，常に実刑となる。原審は懲役3年6月の実刑判決を下していた。

4　殺人罪の重い法定刑がもたらす問題

　このように，DV反撃殺人事例は，殺人罪の法定刑（特にその下限）が極端に重い場合の問題性を顕在化させる。先に挙げたフランスの「ジャクリーヌ・ソヴァージュ事件」でも，懲役10年が宣告されたからこそオランド元大統領は2度に渉って恩赦を発したのであり，殺人罪の法定刑の下限を重く規定しようとする立法者意思が，宥恕の余地が極めて大きい事案と衝突した場合に，例外的な措置によって具体的な妥当性を図ろうとしたものと言えよう。

> 　ここで，フランス刑法の殺人罪規定に関する多少細かい補足をする。殺人罪の法定刑の上限は懲役30年であり（フランス刑法第221-1条），その下限は10年である（フランス刑法第131-1条）。また，（配偶者殺人をも含む）加重殺人罪の法定刑は無期懲役のみである（フランス刑法第221-4条）。但し，裁判所は，無期懲役については2年以上の拘禁刑に，有期の懲役については1年以上の拘禁刑にまで減軽することができる（フランス刑法第132-18条）。

　殺人罪の法定刑の極端な重さがもたらす問題性に早くから意識的であったのは，ドイツである。ドイツでは，故殺罪（ドイツ刑法第212条）とは別に，より重い形態である謀殺罪（ドイツ刑法第211条）が規定されている。そして，1953年に死刑が廃止されるまでは謀殺罪には死刑しか規定されておらず，現在でも

無期自由刑しか規定されていない。したがって，一旦謀殺罪が成立すれば，無期自由刑が成立するしかないという点で，極めて苛烈な効果が生じる。

更に，DV 反撃殺人事例ではよく見られる「被害者 A が睡眠中である」という事実は，「不意打ちの（heimtückisch）」という，故殺罪ではなく謀殺罪となる要件（謀殺メルクマール）を満たすことになる。そこで，ドイツの判例は，DV 反撃殺人事例について，何とかして前述のような謀殺罪の重い刑を科すことを回避しなければならないという観点から，チャレンジングな法解釈論を展開することになる。次回では，それを見ていくことにしよう。

> 謀殺罪については，無期自由刑しか成立しないのが原則であるが，実は一定の例外もある。ドイツ連邦通常裁判所（BGH）という我が国の最高裁判所に当たる裁判所の示した判断（BGHSt 30, 105）によれば，無期自由刑を科すとすれば行為者の責任に比して余りにも不均衡となる例外的事情がある場合には，法定の減軽事由が存在しない場合であっても，なおドイツ刑法第 49 条第 1 項の類推適用を認めるという量刑による調整を肯定し，謀殺罪の法定刑の厳格さ・硬直さを一定程度緩和する判断を示している。しかし，BGH は，DV 反撃殺人事例について，犯罪不成立も念頭に置いた，より徹底した法解釈論を採用したのである。

◇連載のあとに

1　統計データから見る「家族と刑法」

犯罪白書は毎年，主要犯罪における「被害者と被疑者の関係」について統計データを示している。『令和 2 年版犯罪白書』[10] を見ると，令和元年（2019 年）における親族による犯行の検挙件数の割合は，殺人罪で 54.3％，放火罪で 29.5％，傷害罪で 27.9％，強制性交等罪で 15.5％ など，相当程度の割合を占めている。

他方，『令和元年版犯罪白書』のデータ[11] を見ると，平成 9 年（1997 年）における親族による犯行の検挙件数の割合は，殺人罪では 39.0％，放火罪では

---

10)　法務総合研究所『令和 2 年版犯罪白書』245 頁。

13.1％と相当程度に高い。この両罪については，検挙件数の総数自体は 1997
年から 2019 年にかけてかなり減少しているが，親族による犯行の検挙件数は
さほど減少していないという点で共通している。これに対して，1997 年にお
ける親族による犯行の検挙件数の割合は，傷害罪では 4.4％，強制性交等罪
（旧強姦罪）では 1.2％であるが，ここ 20 年で検挙件数の増加に伴ってその割合
が次第に増加している。

　このように，現在では親族による犯行の割合が大きい犯罪であっても，統計
で見る限り，増加の程度には大きく差異が見られる。

　また，DV との関係で重要と思われる，配偶者による殺人及び傷害に関して
『令和元年版犯罪白書』のデータを見ると，平成 30 年（2018 年）において，そ
れぞれ 18.6％及び 14.4％と相当の割合を占めていることが分かる。

　なお，犯罪によっては，少なくとも統計で見る限りは親族による犯行の割合
がそこまで高いとは言えないものもある。例えば，2019 年において，強盗罪
は 1.4％，詐欺や窃盗に至っては 0.1 ～ 0.2％であり[12]，ここ 20 年程度で見て
も大きな変化がない。詐欺・窃盗の割合の低さについては，第 7 回で扱う親族
相盗例が大きく関係するものと見られる（本書 102 頁）。

　このように，「家庭は犯罪の温床」であるとしても，いかなる犯罪の温床に
なりやすいかについては，なお差異があると言える。DV で問題となる殺人罪
や傷害罪は，正に家庭で起こりやすい犯罪の代表格と言えよう。

2　配偶者間での性犯罪

　連載の中では，配偶者間の性犯罪を正面から採り上げる機会が結局なかった
ため，多少の補足をしておきたい。筆者が主として研究対象としているドイツ
語圏各国の性犯罪規定を見ると，ドイツ，オーストリア，スイスのいずれにお
いても，かつては配偶者間強姦（・配偶者間性的強要）を処罰対象から除外する
規定が存在した。例えば，1997 年改正前のドイツ刑法において強姦罪を規定
する旧第 177 条第 1 項は，「婚姻外の性交」を強要する場合のみを処罰対象と

---

　11)　以下，法務総合研究所『令和元年版犯罪白書』6-1-1-7 図エクセルデータの示す検挙件
　　　数による。
　12)　法務総合研究所・前掲注 10) 245 頁。

していた。また，1989 年改正前のオーストリア刑法や 1992 年改正前のスイス刑法にも同様の規定が存在した。

ドイツ語圏各国で，配偶者間強姦を処罰範囲から除外すべきであるとして挙げられていた論拠は，前述の 1992 年スイス刑法改正に際して従来の処罰除外規定を維持しようとした（我が国の内閣に当たる）スイス連邦参事会改正草案において明瞭に示されている。すなわち，①実務上，夫婦間の場合には立証が困難であること，②捜査のためには訴追機関が家庭内に踏み込まざるを得ず，夫婦関係の再構築に支障を来たすこと，③夫婦関係が破綻している場合には，妻の側からの離婚の訴えを支えるために濫用される恐れがあること，④夫婦の子が，母親が主張する強姦の事実を確認するために事情を聴取されることは，子にとってマイナスの影響を与えかねないこと，⑤配偶者間強姦を処罰しない現行法でも特に実際上の不都合はないこと，である[13]。

しかし，これらの論拠はいずれも，性的自己決定という重大な法益を侵害する性犯罪の不可罰性を基礎付けるものとは言えない。そして，刑法が家庭に入ることに対して過度に謙抑的であることは，重大な法益侵害を放置することに他ならない。配偶者間の性犯罪は，刑法が正面から取り扱うべき事柄に属する。

他方，我が国の刑法典（明治 40 年刑法）は，このような「婚姻外の性交」に限定した規定を有しておらず，配偶者間の性犯罪も処罰可能な規定となっている。但し，強制性交等（旧強姦）罪について，配偶者によるものとして検挙されているのは，1997 年以降で見ても年間 1 桁台（それも多くは 1 桁台前半）に留まっている[14]。このような統計データをどのように評価するかは難しい問題であるが，配偶者間の強制性交等が家庭内で行われて顕在化しにくいものであることは，否定できないところであろう。

2017 年に刑法典における性犯罪規定が改正されてから 3 年が経過し[15]，現在新たに，性犯罪規定の見直しが検討されている。その中で問題となっている事項の一つとして，「配偶者間等の性的行為に対する処罰規定の在り方」がある[16]。ここでは，「配偶者，内縁などの関係にある者の間でも強制性交等罪や

13）　深町晋也「スイス刑法における性犯罪規定」樋口亮介＝深町晋也編著『性犯罪規定の比較法研究』（成文堂，2020 年）509 頁。

14）　法務総合研究所・前掲注 11）6-1-1-7 図エクセルデータ。

15）　平成 29 年刑法一部改正法附則第 9 条参照。

準強制性交等罪が成立することを明示する規定を設けるべきか」が検討課題となっている。

　例えば，中華民國（台湾）刑法のように，配偶者に対する性犯罪を（それ以外の性犯罪とは別に）特に親告罪とするのであれば，それに応じて特別の規定が必要となることは言うまでもない（同第229-1条参照）。これに対して，我が国のように配偶者に対する性犯罪につき刑法上差異が設けられていない場合に，敢えて配偶者間でも性犯罪が成立することを明示するというのは，刑法の有するメッセージ機能を重視したものと言えよう[17]。

　前述のように，配偶者間の性犯罪が顕在化しにくい問題であることからすれば，こうしたメッセージ機能を重視することに一定の理由があることは否定できない。こうした観点からは，例えば，「婚姻関係の有無にかかわらず」性犯罪が成立することを明示する規定を新たに設けるとの改正の方向性[18]は支持できる。他方で，こうしたメッセージが刑事実務，特に捜査機関・訴追機関にどのような影響を与えるのか（特に検挙・訴追件数が増加するのか）はなお明らかではない。配偶者間の性犯罪が顕在化しにくい理由[19]に立ち返りつつ，その可視化・顕在化をいかに進めて行くべきかという観点からの検討が今後とも必要となろう。

16)　性犯罪に関する刑事法検討会　第5回会議（2020年8月27日）資料12・第1の7参照。

17)　性犯罪に関する刑事法検討会　第10回会議（2020年12月25日）議事録19頁以下の小島委員及び木村委員の意見を参照。

18)　性犯罪に関する刑事法検討会・前掲注17）21頁〔橋爪委員〕。なお，これ以外の具体的な規定の提案も含めて，詳細については，性犯罪に関する刑事法検討会「取りまとめ報告書」（2021年）38頁を参照。

19)　「取りまとめ報告書」・前掲注18）37頁も参照。

第1回コメント

「家族と刑法」と聞いたとき

石綿はる美

「家族と刑法」というタイトルを聞いて最初に思い浮かんだことは，「刑法学者は家族をどのように定義するのであろうか」ということであった。

憲法第24条第2項には「家族」という語がある[1]。民法には規定があるだろうか。民法第4編親族と第5編相続を合わせて「家族法」と呼ぶことがあるが，実は民法の条文には，「家族」という語がない。それに対して，1898年に成立した明治民法には，「家族」という語があった。例えば，明治民法第732条第1項は，「戸主ノ親族ニシテ其家ニ在ル者及ヒ其配偶者ハ之ヲ家族トス」と定める。なお，「親族」の定義は，明治民法第725条も1947年に改正された現行民法第725条も同じであり，「6親等内の血族，配偶者，3親等内の姻族」である。もっとも，読者の皆さんは，「親族」とされる全ての人を「家族」であると考えるだろうか。

このような明治民法から現行民法への規定の変遷も踏まえて，大村敦志教授は，明治民法では，戸主と同一の戸籍に在る者が「家族」であったが，現行民法では「家族」が再定義されることはなかったものの，夫婦と未婚の子を同一の戸籍にすることとされたため，戸籍の記載が新たな「家族」を表象することとなったと整理する[2]。そして，現行民法で想定されている典型的な家族も，夫婦と未成年の子からなる婚姻家族であるという[3]。

もっとも，現行民法の成立後，家族の在り方は多様化している。まず，離婚や再婚家族が増加している。例えば，婚姻カップルにおける，夫婦とも再婚又はどちらか一方が再婚であるカップルの割合は，1980年は15.1％だったものが，2015年には26.8％になっている。夫婦とも再婚の割合も，5.1％か

---

1) 憲法と家族・家族法については，西山千絵「憲法と家族法」二宮周平編集代表『現代家族法講座 第1巻 個人，国家と家族』（日本評論社，2020年）91頁以下など。
2) 大村敦志『新基本民法7 家族編』（有斐閣，2014年）8頁以下。また，二宮周平「家族法理論と立法のあり方」二宮編集代表・前掲注1）2-6頁も参照。
3) 大村敦志『家族法〔第3版〕』（有斐閣，2010年）24頁。

ら 9.7％へ上昇している[4]。離婚件数自体も，1980 年には 141,689 件（うち，親権を行う子がいるのは 95,755 件）だったものが，2018 年には 208,333 件（うち，親権を行う子がいるのは 120,497 件）に増加している[5]。

　さらに，諸外国では，同性婚を容認する立法が相次いでいる[6]。「家族」の中心である「夫婦」と法的に認められるための婚姻が，男女間に限られず認められることになる。日本では，同性婚を容認する立法はまだ行われていないが，地方自治体がパートナーシップ認定制度を導入する動きが拡大している[7]。また，2019 年 2 月 14 日には，同性カップルに婚姻を認める立法を怠った国の立法不作為により，望む相手との婚姻を妨げられたとして，国家賠償法に基づき損害賠償を求める訴訟が全国で複数提起された[8]。2021 年 3 月，札幌地裁は，国家賠償請求は認めなかったものの，民法及び戸籍法の婚姻に関する諸規定が，「異性愛者に対しては婚姻という制度を利用する機会を提供しているにもかかわらず，同性愛者に対しては，婚姻によって生じる法的効果の一部ですらもこれを享受する法的手段を提供しないとしていることは，立法府が広範な立法裁量を有することを前提としても，その裁量権の範囲を超えたものであるといわざるを得ず，本件区別取扱いは，その限度で合理的根拠を欠く差別取扱いに当たると解さざるを得ない」として，憲法第 14 条第 1 項に違反すると判断し，大きな注目を集めた[9]。今後も，順次，司法の判断が示される予定である。

---

4)　厚生労働省「平成 28 年度人口動態統計特殊報告『婚姻に関する統計』の概況」（https://www.mhlw.go.jp/toukei/saikin/hw/jinkou/tokusyu/konin16/dl/gaikyo.pdf）3 頁。同 9 頁も参照。なお，本書コメントにおけるインターネット情報の最終アクセス日は，2021 年 5 月 31 日である。

5)　厚生労働省「平成 30 年（2018）人口動態統計」による。

6)　藤戸敬貴「同性カップルの法的保護をめぐる国内外の動向──2013 年 8 月～ 2017 年 12 月，同性婚を中心に」レファレンス 805 号（2018 年）65 頁，同「性の在り方の多様性と法制度──同性婚，性別変更，第三の性」レファレンス 819 号（2019 年）45 頁など。

7)　二宮周平「同性パートナーシップと同性婚」同『多様化する家族と法 I』（朝陽会，2019 年）48 頁，藤戸・前掲注 6)レファレンス 819 号 50 頁以下。

8)　裁判の詳細は，「一般社団法人 Marriage For All Japan‐結婚の自由をすべての人に」の HP（https://www.marriageforall.jp/plan/lawsuit/）で確認できる。

9)　札幌地判令和 3・3・17 裁判所ウェブサイト（LEX/DB: 25568979）。

　2018 年に，約 40 年ぶりの相続法の大改正が行われた[10]。改正の特徴の一つに「配偶者の保護」がある。具体的には，配偶者居住権〔民法第 1028 条以下〕及び配偶者短期居住権〔同第 1037 条以下〕を新設し，また婚姻期間が 20 年以上の夫婦については，居住用不動産の遺贈・贈与がなされた場合には，持戻し免除の意思表示があったものと推定する規定〔同第 903 条第 4 項〕を新設することで，被相続人の死後もその「配偶者」の居住環境の保護を図っている。

　相続法改正に際しては，衆議院法務委員会及び参議院法務委員会において，法律案が可決された際に附帯決議が付されている。附帯決議においては，

　「一　現代社会において家族の在り方が多様に変化してきていることに鑑み，多様な家族の在り方を尊重する観点から，特別の寄与（筆者注：民法第 1050条）の制度その他の本法の施行状況を踏まえつつ，その保護の在り方について検討すること。」

　「二　性的マイノリティを含む様々な立場にある者が遺言の内容について事前に相談できる仕組みを構築するとともに，遺言の積極的活用により，遺言者の意思を尊重した遺産の分配が可能となるよう，遺言制度の周知に努めること。」

等に配慮することが指摘されている。また，国会での審議においては，事実婚や同性カップルのパートナーに対する法律上の保護の在り方に多くの時間が費やされた[11]。「配偶者」のみならず，婚姻関係にはないパートナーの存在に注目をし，その保護について検討することは重要であろう。

　相続法の改正に際しての国会の動きは，「家族」のあり方が多様化していることを示す一つの例であると言えよう。

「家族」とは何かという問題は，中心的な部分については共通認識があるかもしれないが，その外縁がどこまで広がるのかについては様々な考えがあり得よう。ここでは，「家族」とは何かというのは，それ自体が大きな問題であることを指摘するにとどめ，次に進むことにしたい。

---

10)　詳細は，堂薗幹一郎＝野口宣大編著『一問一答 新しい相続法〔第 2 版〕』（商事法務，2020 年），大村敦志＝窪田充見編『解説・民法（相続法）改正のポイント』（有斐閣，2019 年）など。
11)　堂薗＝野口編著・前掲注 10) 7 頁。

第2回

DV の被害者が加害者に反撃するとき（その2）

I　第1回を振り返って

　第1回では，家庭内暴力（DV）の終着点には2通りあり，一つは，DV の加害者が被害者を死亡させることであるが，もう一つは DV の被害者が虐待に耐えかねて DV の加害者を殺害することである旨説明した。そして，後者の終着点は，DV 反撃殺人事例として，日本のみならず世界的に見ても広く問題となっていることを併せて解説した。DV 反撃殺人事例がどのようなものであるかについて，前回掲げた【事例】を再掲する。

> 　【事例】　長年に渉り，A は家庭内で暴君として君臨し，ちょっとしたきっかけがあればすぐに妻 X や娘 B に暴力を振るっていた。ある日，A は X に対して激しい暴行を加えた後，「起きたら死ぬような目に遭わせてやる」と言い捨てて就寝した。X は，A が起きたら今度こそ自分に対して命にかかわるような暴行が加えられると考え，睡眠中の A を台所の包丁で刺殺した。

　この【事例】では，睡眠中の A を妻である X が殺害している。配偶者殺人を加重殺人罪として特に重く処罰するフランスや，抵抗できない状態の被害者を殺害する行為を謀殺罪として特に重く処罰するドイツのような国々では，X の行為は（こうした規定がそのまま適用される限り）非常に重く処罰されることになる。しかし，A の長年に渉る DV こそが，こうした X による反撃としての殺人をもたらしたのであって，X の行為は果たして重罰に値するものであろうか。むしろ，X の行為については，重罰から解放するような，あるいは犯罪成立を否定するような法的構成が必要となるのではないか。

II　正当防衛による解決について

1　正当防衛による解決の難しさ

　読者の皆さんの中には，DV 反撃殺人事例を正当防衛によって解決できるの
ではないかと考える方もいるであろう。例えば，第 1 回で紹介した，尊属殺規
定の合憲性を巡る最高裁大法廷判決（最大判昭和 48・4・4 刑集 27 巻 3 号 265 頁）
の第 1 審においても，弁護人は正当防衛・過剰防衛の成立を主張し，過剰防衛
の成立が認められている。

　しかし，多くの場合には，DV 反撃殺人事例において正当防衛・過剰防衛の
成立は否定される。事実，前掲・最高裁大法廷判決の第 2 審においては，正当
防衛・過剰防衛の成立は否定されている。また，日本以外でも，DV 反撃殺人
事例について，被告人側からまずは正当防衛の主張がなされるが，多くの場合，
この主張は受け容れられない。例えば，第 1 回で紹介した台湾における「鄧如
雯（トゥジョブン）事件」やフランスにおける「ジャクリーヌ・ソヴァージュ
事件」でも，弁護側は正当防衛の成立を主張したが，いずれの事案でもそうし
た主張は排斥されている。そして，こうした事情は，アメリカやドイツ・スイ
スにおいても同様である。

　では，なぜ正当防衛・過剰防衛の主張が排斥されるのであろうか。それは，
DV 反撃殺人事例が，正に DV という支配─被支配関係において発生すること
に関係する。我が国の正当防衛（刑法第 36 条第 1 項）に限らず，多くの法域に
おいて，正当防衛が成立するためには，侵害の「急迫性」が要件とされている
（例えば，ドイツ刑法第 32 条，スイス刑法第 15 条，フランス刑法第 122-5 条，中華民國
刑法第 23 条など）。そして，我が国において，侵害の急迫性が「法益の侵害が
間近に押し迫ったことすなわち法益侵害の危険が緊迫したこと」[1] と解されて
いるのと同様に，多くの法域において，侵害の「急迫性」は時間的な切迫性と
して解されている。

　しかし，多くの DV 被害者は，DV 加害者に逆らえない状況に陥っており，
DV 加害者が自分に暴力を振るっている時点で面と向かって反撃すること（「対
峙型」）は相当に困難である。したがって，DV 加害者が酩酊中・睡眠中である

---

1)　最判昭和 24・8・18 刑集 3 巻 9 号 1465 頁。

など，DV加害者と対峙しなくて済む時点で，DV被害者は反撃することが多い（「非対峙型」）[2]。しかし，このことは同時に，DV被害者の反撃の時点ではDV加害者の攻撃は時間的に切迫していないことを意味する。

前述の【事例】でAが睡眠中であるという事情は，Aによる（更なる）攻撃が時間的には切迫しておらず，かつ，就寝前のAの攻撃については既に終了しているとの評価を基礎付ける。したがって，侵害の「急迫性」は否定され，正当防衛・過剰防衛は成立しないことになる。

2 正当防衛による解決の更なる挑戦

こうした理解に対して，なお正当防衛の成立を認めようとする見解も，特にフェミニズムの立場から様々な形で主張されている。そうした見解は，①DV加害者による継続的な侵害を認めることで，正当防衛における「急迫性」を肯定するものと，②DVの被害者を基準とすることで，正当防衛の成立範囲を拡張するものとに分けられる。

①の見解は，DV加害者による暴行を一連一体のもの[3]として広く捉える。そして，日々継続・反復して行われる暴行については，たとえDV加害者が一旦就寝したとしても，目を覚ませばいつ暴行を再開するか分からないため，全体として見ればなお暴行は終わっておらず，継続的な暴行が存在するとする[4]。①の見解からは，【事例】についても，Aの侵害が継続していると評価されることになり，Xは正当防衛で対抗し得ることになる。

他方，特にアメリカで発達したのが②の見解である。この見解は，従来の正当防衛（自己防衛）が男性中心主義的で伝統的な，前述の対峙型のものに限定されていた点を指摘する。すなわち，従来の自己防衛のルール（対峙型の自己防衛）は，男性対男性の争いを専ら想定しており，女性対男性の争いを想定し

---

2) 齋藤実「DVにおける正当防衛の成否」法執行研究会編『法はDV被害者を救えるか——法分野協働と国際比較』（商事法務，2013年）264頁も参照。

3) 名古屋地判平成7・7・11判時1539号143頁参照。

4) 岡田久美子「DV殺人と正当防衛」浅倉むつ子＝角田由紀子編『比較判例ジェンダー法』（信山社，2007年）71頁以下，森川恭剛「DV被害者の反撃と正当防衛」琉大法学80号（2008年）16頁以下，矢野恵美「正当防衛成立要件の再考——継続するドメスティック・バイオレンスと急迫不正の侵害」法学（東北大学）77巻6号（2014年）229頁参照。

ていないとの批判である[5]。そして，被虐待女性による自己防衛については，こうした対峙型の自己防衛でなくとも（すなわち，非対峙型についても）認められ得るとする。

　まず前提として，アメリカにおける自己防衛は，客観的に侵害が急迫していなくとも，侵害が急迫していると防衛行為者が信じたことにつき，当該確信（誤信）が合理的だと言える場合には，その成立が認められる[6]。そして，通常人の目から見れば，侵害者が睡眠中である場合には，防衛行為者がいくら侵害の急迫性を誤信していても，その誤信が合理的であるとは言いがたい。したがって，非対峙型の自己防衛は認めがたいことになる。

　しかし，DV 被害者は，長年の虐待により DV 加害者の暴行パターンを熟知しているために，通常の人間では察知できない更なる暴行の危険を察知でき，また，DV 加害者がたとえ睡眠中であっても，いつ目を覚ますか分からないという事情もあるため，なお攻撃の危険があると認識している[7]。こうした理解からは，合理性判断は，単なる通常人ではなく，DV 被害者を基準とすべきことになる[8]。

　②の見解を【事例】に当てはめると，DV 被害者である X は，通常の人間では察知できないものの，DV 被害者であれば察知できるような A の暴行の危険性を察知して，A の睡眠中に A を殺害している。X は，自分が危険に直面していると認識しているが，その認識は，DV 被害者を基準とすれば合理的なものと言えるので，自己防衛が成立することになる。

　これらの見解はそれぞれに相当の説得力を有するものであるが，難点もある。①の見解については，客観的事象としての「一連一体」の侵害をどの範囲で認めることができるかが問題となる。たとえ DV 被害者の主観においては，常に危険に晒されており，危険が継続していると言えるとしても，それが客観的

---

5)　See *Cathryn Jo Rosen*, The Excuse of Self-Defense, 36 Am.U. L. Rev. (1986), 11, 34.

6)　ヨシュア・ドレスラー〔星周一郎訳〕『アメリカ刑法』（レクシスネクシス・ジャパン，2008 年）345 頁。

7)　See *Lenore E.A. Walker*, Battered Women Syndrome and Self-Defence, 6 Notre Dame J.L. Ethics & Public Policy (1992), 324.

8)　こうした主張を行う際に重要となるのが，「被虐待女性症候群」についての専門家証言である（岡田・前掲注 4) 58 頁以下参照）。

なものでなければ，侵害の継続性は肯定できない。また，DV 加害者が睡眠中の場合に本当に「一連一体」の侵害を認めることができるのかはなお問題である。①の見解が援用する裁判例[9]も，DV 加害者が睡眠中の場合にまで「一連一体」の侵害を認めたものではない。

　また，②の見解については，既にアメリカ法においても，自己防衛の理解としては余りにも行為者の主観面を重視して判断しているとの批判がなされている[10]。

　以上のような難点を考慮すると，正当防衛による解決には依然として困難なものがあると言えよう。

> 　やや細かい話になるが，②の見解に向けられた批判，すなわち，客観的な行為の正当性の問題を扱う正当防衛という正当化事由の判断において，過度に行為者の主観を重視するものだとの批判に対して，そもそも自己防衛を正当化事由ではなく，行為者個人の責任の問題を扱う免責事由と解すべきとする見解も主張されている[11]。これは正当防衛をどのような性質の犯罪成立阻却事由（抗弁）と見るかを巡る議論であるが，我が国では一般的に，正当防衛は正当化事由であると解されている。

Ⅲ　別の解決の模索——ドイツの議論

1　緊急避難による解決

　ドイツやスイスの判例は，以上のような正当防衛による解決を放棄し，むしろ緊急避難による解決を提唱している[12]。緊急避難は，自然災害や人間の行動などに由来する危険を回避するために，無関係の第三者の利益や，危険を生じさせた者の利益を侵害した場合に問題となる。正当防衛と同様，緊急状態下で自己の利益が侵害されることを回避するために，他人の利益を侵害する（緊

---

9)　前掲注 3)参照。

10)　State v. Norman, 378 S.E.2d 8, 15-16（N.C. 1989）.

11)　See *Rosen*, supra note 5, at 56.

12)　ドイツにつき，RGSt 60, 318（1926 年 7 月 12 日判決）や BGHSt 48, 255（2003 年 3 月 25 日判決）を，スイスにつき，BGE 122 Ⅳ 1（1995 年 12 月 8 日判決）を参照。

急行為）という構造を有している。ドイツでも，正当防衛における侵害の「現在性」要件は，時間的切迫性を要求するものとして厳格に解釈されている。これに対して，緊急避難における危険の「現在性」については，必ずしも時間的切迫性は要求されない。

　このように説明すると，読者の皆さんには，「同じように緊急の状況で問題となる正当防衛と緊急避難とで，なぜ緊急避難だけが時間的切迫性を不要と解釈することができるのか」という，当然の疑問が湧くであろう。実は，我が国の尊属殺規定を巡る最高裁大法廷判決の第 2 審（東京高判昭和 45・5・12 刑集 27巻 3 号 327 頁）は，正当防衛のみならず緊急避難の成立についても併せて否定している。侵害が時間的に切迫していないとして正当防衛が否定される以上，緊急避難も同時に否定されるとするのは，ある種「自然」な発想である。なぜドイツやスイスでは，こうした「自然」な発想が採られなかったのであろうか。

　ここでキーとなる概念が「継続的危険」という概念である。継続的危険とは，例えば，耐久年限を過ぎており，いつ壊れるかもしれない建物をイメージしてもらえれば分かりやすいかもしれない。こうした建物については，「今すぐに壊れる」（時間的切迫性）とまでは断言できないものの，「いつ壊れてもおかしくはない」という意味で，建物崩壊の危険が継続していると評価できる。このように，ドイツにおいては，緊急避難については，正当防衛とは異なり，時間的切迫性は必ずしも要求されていない[13]。

　【事例】に当てはめると，確かに DV 加害者である A は，X に殺害された時点では睡眠中であった。しかし，A は就寝前にも X に暴行を加え，また，A はいつ目を覚ますかもしれず，目を覚ませば X に暴行を加えることがかなり高い可能性を持って予測できる。「（目を覚ませば X に暴行を加えるであろう）A がいつ目を覚ますか分からない」ということは，前述の「いつ壊れるか分からない」建物と同様，暴行の危険が継続していると評価できる。したがって，危険の「現在性」は肯定できる。

---

13)　詳細は，深町晋也『緊急避難の理論とアクチュアリティ』（弘文堂，2018 年）19 頁以下参照。

2 継続的保護と補充性

　ドイツにおいては，緊急避難の成否に関して，危険の「現在性」に加えて，他の手段では危険を回避することができないこと（手段の補充性）が要求されている。ここで想定されている「他の手段」とは，例えば，自己に危険をもたらす存在から逃げることや，警察など第三者の助力・救助を求めることといった，より侵害性の小さい手段のことである。DV反撃殺人事例においても，DV被害者がDV加害者の元から逃げることができた場合や，警察などの助力を求めることができた場合には，補充性が否定され，緊急避難が成立しないことになる。

　しかし，【事例】において，Aの睡眠中にXが逃げれば良かった，あるいはAの睡眠中にXが警察などに助力を求めれば良かったとされるのであれば，およそ緊急避難の成立はあり得ない。そもそも，こういった事案では，Xは何度となくAの元から逃げ，あるいは警察などの助力を求め，その度にAに連れ戻されているといった場合が珍しくない。また，娘であるBを連れて行くことが難しい場合を考えると，そもそもAの元から逃げ出すことが困難であることも多い。すなわち，一時的にXが身の安全を確保することは不可能ではないとしても，「継続的な保護」を受けることは困難である。このように，Aによる継続的な危険が存在する場合には，Xへの一時的な保護では足りず，継続的な保護が必要となる。

　ドイツの判例は，こうした，「継続的危険に対する継続的保護」という考え方を正面から肯定している。そして，DV加害者からの逃亡や警察などの助力が一時凌ぎにしかならない場合には，こうした手段によることなく，DV加害者への反撃という手段を採った場合にも，なお補充性を充足すると解している。

　この理解を【事例】に当てはめると，Aから逃亡する，あるいは警察に助力を求めるといった手段が一時凌ぎにしかならないと判断できる場合には，Aに対する反撃という手段についても，補充性を認めることが可能となる。なお，Xが中途半端な反撃をしたのでは，却ってAの逆恨みにより，これまで以上の攻撃を受ける危険性が高い[14]とすると，継続的な保護を図るためには，Aを殺害する以外の手段はなかったと考えることも可能である。

14）　齋藤・前掲注2）267頁参照。

　但し，我が国の最高裁判所に当たるドイツ連邦通常裁判所（BGH）の 2003
年判決[15] をより詳細に見ると，人間の生命という極めて重要な法益が侵害さ
れる場合には，いくら DV 被害者に対する継続的危険を回避するためとは
いっても，DV 加害者を殺害するという手段以外の方法が通常は存在すると述
べられている。すなわち，【事例】のような場合に，X が A を殺害するという
手段以外の方法が本当になかったのかが厳格に判断されることになる。

3　DV 加害者の生命を奪うことについて

　2 で検討したように継続的危険を避けるための補充性を充足する手段である
としても，他人の生命を奪うというのは，最も重大な法益侵害である。こうし
た場合にも緊急避難は成立するのであろうか。ドイツでは，違法性を阻却する
緊急避難（正当化的緊急避難）と責任を阻却する緊急避難（免責的緊急避難）とが
刑法典の中で区別されている。そして，正当化的緊急避難が成立するためには，
侵害された利益よりも，保全された利益の方が著しく優越する必要がある。と
すると，侵害利益が生命である場合には，それよりも著しく優越する利益とい
うのは基本的には想定できないので，正当化的緊急避難は成立しない。

　これに対して，侵害利益の方が保全利益よりも大きい場合であっても，免責
的緊急避難であれば成立の余地がある。ドイツの判例は，DV 反撃殺人事例に
ついて，免責的緊急避難の成否という文脈で論じている。【事例】についても，
A を殺害した X に正当化的緊急避難は成立しないが，免責的緊急避難は成立
する余地がある。免責的緊急避難が成立すれば，X は責任が阻却されて不可
罰となる。

　こうしたドイツの判例法理は，日本においても十分に参照に値する。そこで，
最後に，我が国における DV 反撃殺人事例について，こうした判断枠組みを
適用するとどうなるかを見てみよう。

---

15)　前掲注 12) 参照。

Ⅳ　我が国における DV 反撃殺人事例

1　問題となる事案

　尊属殺規定を巡る最高裁大法廷判決の事案は極めて衝撃的であるが，我が国においても DV 反撃殺人事例は決して珍しいものではない。以下では，その一例[16]を紹介しよう。

　被告人である少年 X（本件犯行時 16 歳 6 か月）は，その母親 A と共に，A の内縁の夫である B から暴力・脅迫的言動を受けていたが，B は X の妹 C に対して性的虐待を繰り返すようになった。その後，C は児童相談所に保護された。A は，B がこのことを知れば，A らに対して更に激しい暴力を振るうのではないかと考えて，児童相談所に保護を止めるように掛け合ったものの，保護が解かれなかったことから，その日のうちに，以前からの計画を実行して B を殺害することを決意した。その日の夕方，A は B に睡眠薬を服用させ，B が午後 9 時頃に眠りについた後，X は A と共同して，翌日の午前 0 時半頃，B を殺害した。

2　検　討

　本件は，DV 被害者である X や A が，DV 加害者である B による更なる暴行を予想して，その睡眠中に殺害したという点で，DV 反撃殺人事例の典型的なものと言える。そして，本件で札幌高裁は，B による急迫不正の侵害行為があったとは言えないとして，過剰防衛の成立を否定している。

　本件を，我が国の緊急避難（刑法第 37 条第 1 項）の枠組みで解決しようとする際に検討すべき成立要件は，危難の現在性，手段の補充性，害の均衡であり，ドイツにおいて生じたのと同様の問題が生じる。まずは，我が国の緊急避難規定を見てみよう。

> **刑法第 37 条**
> ①　自己又は他人の生命，身体，自由又は財産に対する現在の危難を避けるため，やむを得ずにした行為は，これによって生じた害が避けようとした害の程度を超えなかった場合に限り，罰しない。ただし，その程度を超えた行為

---

16)　札幌高判平成 19・11・13 季刊刑事弁護 58 号 198 頁参照。

は，情状により，その刑を減軽し，又は免除することができる。

　前述した緊急避難の成立要件の中でも特に問題となるのは，手段の補充性である。なぜなら，Ｃが児童相談所に保護された際に，ＸもＡと共に保護を受けることができる旨，児童相談所の職員から告げられており，保護を受ければ良かったのではないかが問題となるからである。ここでも，こうした保護が単なる一時凌ぎに過ぎないかを慎重に検討しつつ，「継続的危険からの継続的保護」といった枠組みで考えるべきである。

　また，害の均衡については，我が国においては，侵害利益が保全利益を上回らない限りで緊急避難が成立し，侵害利益が保全利益を上回る場合には過剰避難（刑法第37条第1項但し書）の成否が問題となる。本件では，一方ではＢの生命が侵害されているが，他方ではＡやＸの身体を保全するためになされていると評価すべきであろう。したがって，この場合には害の均衡を充たすとは言えず，Ｘには過剰避難が成立するに留まる。

　　最後に，いくつかの応用的な問題に触れておきたい。まず，過剰避難の法的効果は刑の任意的減免であるが，刑の減軽に留まるか，それとも刑の免除まで認められるかは，事案との関係で難しい問題である。次に，本件のように少年が被告人である場合に，刑罰を選択すべきか，それとも少年法上の保護処分を選択すべきかについても，判断に悩む問題である。本件の担当弁護人によると，Ｘは，最終的には函館家庭裁判所において少年法上の保護処分（中等少年院送致）とされた[17]。更に，DV反撃殺人事例を量刑においてどのように考慮するかという点についても，検討すべき様々な問題がある[18]。

V　終わりに

　DV反撃殺人事例は，洋の東西を問わず普遍的な問題であり，困難な解釈論的課題を提供する。今回は，正当防衛ではなく緊急避難の枠組みで解決を図る

　17)　季刊刑事弁護58号（2009年）128頁〔中村勉〕参照。
　18)　松村歌子「DVと量刑上の考慮」前掲注2）270頁以下参照。

ドイツの議論を中心に紹介したが，こうした最終的な手段に出なければDV
被害者が助からないということ自体，DV被害者を確実に救済し，DVという
問題に適切に対処する制度的枠組みの必要性が改めて浮き彫りになってくる。

　また，DV反撃殺人事例では，DVの主たる被害者である配偶者ではなく，
その子どもがDV加害者を殺害する事例もまま見られる。これは，子どもに
対する身体的・心理的虐待の結果として，子どもを殺人の加害者にしてしまう
という意味で，児童虐待の一つの終着点とも言える。児童虐待との関係でもま
た，DV反撃殺人事例は重要な意味を持つものである。

◇連載のあとに

1　カナダのDV反撃殺人事例

　本来ならば連載中に採り上げておくべきであったが，カナダにおいても
2008年に「ライアン（Ryan）事件」と呼ばれるDV反撃殺人事例が起こり，
注目すべき判例が出されている[19]。ちなみに，Ryanとは被告人の名前である。

　本件はやや複雑な事案であるが，概略を説明すると以下の通りである。DV
被害者であったXは，おとり捜査官の扮する「ヒットマン」に対して，DV
加害者であってXやその娘を殺すと脅迫していた夫Aの殺害を2万5000カ
ナダドルで依頼し，実際に2000カナダドルを支払いAの写真を渡したところ，
遂行されない正式起訴犯罪を他人に唆したとして，カナダ刑法第464条(a)
(Counselling offence that is not committed) により逮捕・起訴された。Xは，自分
や娘の生命への脅迫に対する甚大かつ合理的な恐怖によってこうした行為に出
たのだとして，正当防衛（自己防衛）ではなく強制（duress）が成立すると主張
した。強制というのは，自己の生命などに対する脅迫を受けたために行った行
為について主張される免責事由である。

　第1審及び第2審は，Xの主張を認めて，強制の抗弁が成立するとし，X
に無罪を言い渡した。これに対してカナダ最高裁判所は，正当防衛（自己防衛）
の成立要件に比べると強制の成立要件はより厳格であり，被告人への脅迫・攻

---

19)　R. v. Ryan, 2013 SCC 3.

撃を行っている者（本件では A）に対する正当防衛が成立しない場合に，強制
の成立を認めることはできないとした。同時に，X が DV の被害者であると
いった本件の特殊な事情に鑑みると，例外的な事態に対する例外的な救済とし
て，X に対する手続を停止し，更なる裁判に服させない旨を併せて判示した。

2　個別事案の妥当な解決を図るために

　カナダ最高裁判所の判断は，我が国の尊属殺規定を巡る最高裁大法廷判決の
第 2 審が，正当防衛のみならず緊急避難の成立についても併せて否定したこと
を想起させる。他方で，被告人に対する負担の重さをも考慮して手続を停止す
るという判断は，ある種フランスの「ジャクリーヌ・ソヴァージュ事件」にお
けるオランド元大統領の恩赦にも類似した，個別事案における妥当性の確保を
例外的なやり方で図ったものと言えよう。

　しかし，個別事案の解決の妥当性を，恩赦のような「予期せざる奇蹟」（恩
寵）によって確保しようとするのは，少なくとも我が国では困難であると言わ
ざるを得ない[20]。むしろ，緊急避難のような明確かつ安定的な法的制度の枠
内で，個別事案の妥当性についても考慮していくべきであるように思われる。
第 1 回及び今回の検討は，そのような理解に基づくものであり，より詳細な分
析・検討に関心のある読者は，筆者の別著[21]を参照していただければ幸いで
ある。

　なお，筆者の別著公刊後の動きとして，フランスにおいては，「ジャクリー
ヌ・ソヴァージュ事件」を契機として，DV 被害者による DV 加害者への反撃
行為について正当防衛の成立範囲を拡張する特別な規定を設けることを内容と
した 2 つの立法案が，2019 年に相次いで国民議会に提出された。しかし，い
ずれの法案も審議されることなく廃案となった[22]。DV 反撃殺人事例を解決す
るための明確かつ安定的な法的制度は必要であるが，他方で，正当防衛規定の
枠内でそうした制度を創出することが困難であることも浮き彫りになっている。

---

20)　大屋雄裕「行為指導と罪責追及のジレンマ」刑事法ジャーナル 58 号（2018 年）43 頁。
21)　深町・前掲注 13) 181 頁以下。
22)　フランス刑事立法研究会訳「夫婦間暴力をめぐる正当防衛規定改正法案」法政研究 87
　　巻 4 号（2021 年）13 頁以下。

第2回コメント

DVの被害者が加害者に反撃するとき・逃げるとき

石綿はる美

1　「家族」を殺害した場合──DVの被害者が加害者に反撃するとき

　家族間で殺人が生じた場合，例えば，本書の【事例】（3頁・14頁）において X が A を刺殺した場合，民事上どのような問題が生じるのだろうか。

　第1に，X は他人 A の生命を侵害したことになり，X は不法行為責任（民法第709条）を負うことが考えられる。これは XA が夫婦であるということから固有に生じる問題ではなく，人の生命を侵害したことにより一般的に生じるものである。

　第2に，X と A が婚姻しており，X が A の相続人であることから（民法第890条），相続欠格の問題が生じる可能性がある（同第891条）。これは，殺人の加害者と被害者が一定の親族関係にあり，推定相続人となることにより生じる問題である。

　相続欠格とは，被相続人の意思にかかわらず，一定の行為をした者から，法が相続人としての地位を剥奪する制度である。家族間で殺人が生じた場合には，民法第891条第1号及び第2号が問題になると考えられるが，ここでは第1号について検討したい。

> 民法第891条　次に掲げる者は，相続人となることができない。
> 一　故意に被相続人又は相続について先順位若しくは同順位にある者を死亡するに至らせ，又は至らせようとしたために，刑に処せられた者

　相続欠格制度の趣旨は様々に説明されているが[1]，民法第891条第1号は，被相続人等の生命侵害という重大な行為に対する制裁として，相続権を剥奪するものということができよう。

　民法第891条第1号に関して，刑法との関係でさらに二つのことに言及し

---

1)　相続欠格制度の根拠をはじめ，相続欠格については，潮見佳男編『新注釈民法(19)相続(1)』（有斐閣，2019年）108頁以下〔冷水登紀代〕。

たい。

　第 1 に，「故意」の対象である。まず，①人を死亡させることについての故意が必要である。つまり，殺人が既遂か未遂かは問わないが，傷害致死や過失致死の場合は，民法第 891 条第 1 号の欠格事由に該当しない，ということになる。①に加えて，②被害者が被相続人又は相続について先順位若しくは同順位の相続人であることの認識，さらに③殺害により相続上の利益を得る目的が必要であるかは，議論がある。②及び③までを必要と考えるかどうかは，相続欠格の制度趣旨をどう考えるか，さらには，法定相続が生じ得る関係にある者の殺人という行為をどの程度重大なものと評価するかとも関係しよう。①のみとすると，相続欠格に該当する場合が拡大し，②や③まで要求すると，相続欠格に該当する場合は限定されることになろう。

　DV 反撃殺人の場合に，DV 加害者を殺害して相続上の利益を得ようと考えている DV 被害者はそれほどいないだろうが，DV 被害者が DV 加害者の財産を相続することを認めてよいのか。DV 反撃殺人のような場合では，相続させてもよいと考える読者もいるかもしれない。では，老老介護に疲弊して被介護者を殺害した場合，さらには，DV による殺人の場合はどうだろうか。読者の皆さんは，家族内の殺人に様々な類型があることを考えると，一律に結論を出すことは難しいと思うかもしれない。学説にも，動機や行為の態様等諸事情を総合的に判断して欠格事由の該当性を判断するという見解がある[2]。

　第 2 に，「刑に処せられた」ということの意味である[3]。民法学説の通説は，執行猶予が付された場合は，執行猶予の取消しを受けないで，執行猶予期間が満了した場合には，刑の言渡しが効力を失うことから（刑法第 27 条），相続欠格の効果が発生しないとする[4]。ただし，この見解の前提とする刑法第 27 条の理解に誤りがあり，執行猶予付きの判決がされた場合は，相続開始前に執行猶予期間が執行猶予の取消しを受けることなく満了した場合を除き，相続欠格に該当するという見解や[5]，執行猶予が付されたということは，加害者の行為

　2)　この見解も含め，故意についての学説の詳細は，松原正明『全訂 判例先例相続法Ⅰ』（日本加除出版，2006 年）119 頁。
　3)　この点について，松原・前掲注 2）120 頁以下。
　4)　潮見編・前掲注 1）112 頁〔冷水〕。
　5)　松原・前掲注 2）120 頁。

が悪質な行為とは言えないものであることを理由に，相続欠格に該当しないとする見解もある[6]。

　以上のような民法の議論を踏まえると，本書第 1 回・第 2 回で紹介されていた，尊属殺規定（刑法旧第 200 条）では執行猶予を付すことができなかったという問題や DV 反撃殺人の場合の問題解決の枠組みは，殺人をした者が民法第 891 条第 1 号の「刑に処せられた者」になるかどうかということで，民法上の相続資格の問題にも波及し得るのである。

2　無戸籍者問題──DV の被害者が逃げるとき

　本書第 1 回・第 2 回では DV 被害者が加害者に反撃をするという選択をした場合の話が扱われたが，DV 被害者が加害者の元から「逃げる」という選択をすることも考えられる。(1) 以下では，逃げる方法として法がどのような制度を用意しているか，また (2) DV の問題と関連して生じるとされている無戸籍者問題について簡単に説明したい。

（1）　DV 防止法

　2001 年に「配偶者からの暴力の防止及び被害者の保護等に関する法律」（以下，「DV 防止法」）が制定された[7]。DV 防止法の下で，被害者が加害者から逃れる方法としては，①婦人相談所等の配偶者暴力相談支援センターに相談をし，一時保護を受けること（同法第 3 条第 3 項第 3 号），②警察官による保護を受けること（同第 8 条），③身体に対する暴力等によりその生命又は身体に重大な危害を受けるおそれが大きいときには，被害者が裁判所に申立てを行い，裁判所が保護命令を発令すること（同第 10 条）という方法がある。保護命令には，（申立人である被害者及びその子や親族等への）接近禁止命令，退去命令，電話等禁止命令がある[8]。

---

6)　中川善之助＝泉久雄編『新版注釈民法(26)相続(1)』（有斐閣，1992 年）298 頁〔加藤永一〕ほか。

7)　DV 防止法について，二宮周平『家族法〔第 5 版〕』（新世社，2019 年）27 頁以下など。

8)　保護命令の申立ての手続について，詳細は，下記の裁判所の HP を参照されたい（https://www.courts.go.jp/tokyo/saiban/minzi_section09/dv/index.html）。

　内閣府のデータによると[9]，2018 年の配偶者暴力相談支援センターにおける相談件数は，114,481 件であり，警察における配偶者からの暴力事案等の相談等件数は 77,482 件である。それに対して，婦人相談所における一時保護件数は，2017 年度で 7,965 件，裁判所により保護命令が発令された件数は，2018 年度で 1,700 件である。配偶者暴力相談支援センターや警察への相談件数に比べて，婦人相談所における一時保護が行われたり，保護命令が発令される件数は少ない。数値だけで単純に推測することはできないが，DV 防止法の枠組みの外で，「逃げる」という選択をしている人も少なからず存在すると考えられよう[10]。

（2）　無戸籍者問題

　DV 被害者である女性が，加害者の下から「逃げる」という選択をした際に，DV 被害者が生んだ子の戸籍がない，つまり，無戸籍者が生じるという問題がある。

　なぜ，子の無戸籍という問題が生じるのだろうか。ある女性 A が，DV 等を理由とし夫 B から離れて暮らし，離婚が成立する前に他の男性 C との生活を始め，離婚前に子 D を出産した場合，D が婚姻の成立から 200 日経過後に生まれていれば，嫡出推定（民法第 772 条）により D は夫 B の子と推定される。A が B と離婚をしても，離婚から 300 日以内に生まれた子（民法第 772 条第 2 項）については，原則として前夫 B の子と推定される。これらの場合に，生物学上の父は B ではなく C であることから，D が B の子として扱われることを避けたいと考え，母が子の出生届を提出しないことがあるという[11]。法務省による調査でも，法務省が把握している無戸籍者のうち約 78％が，出生届を提出しない理由として，「（前）夫の嫡出推定を避けるため」と回答しているという[12]。

　9)　内閣府男女共同参画局「配偶者からの暴力に関するデータ」（https://www.gender.go.jp/policy/no_violence/e-vaw/data/pdf/dv_data.pdf）参照。
　10)　当事者の関係性や危険度に応じた支援と手続の選択について，小島妙子ほか『現代家族の法と実務』（日本加除出版，2015 年）206 頁以下〔小島妙子〕。
　11)　桜井梓紗「『無戸籍問題』をめぐる現状と論点」立法と調査 381 号（2016 年）98 頁，二宮・前掲注 7）181 頁。

「嫡出（ちゃくしゅつ）」とは日常生活では耳にしない語かもしれない（法学部のテストで，「摘出」と書く答案が散見される）。嫡出子とは，「婚姻関係にある男女の間の子」，嫡出でない子とは，「父と母の間に婚姻関係のない子」と説明される[13]。もっとも，嫡出には，「正統」という意味が込められていることから，そのような語を用いることへの批判もある[14]。

（前）夫と子の法律上の父子関係を否定するためには，①（前）夫が嫡出否認権を行使して父子関係を否定する（民法第 774 条），②「推定の及ばない子」であるとして，子や母が（前）夫を被告として親子関係不存在確認の訴えを提起する，③子（又はその法定代理人としての母）が「推定の及ばない子」であることを前提に，生物学上の父に対して認知の訴えを提起する[15]（同第 787 条），という方法が考えられる。もっとも，①・②の方法は，（前）夫と関わりを持つことが必要であり，DV 等により（前）夫から逃れている被害者にとっては，必ずしも有効な選択肢になり得ない。

「推定の及ばない子」というのは，判例実務によって形成された概念である[16]。民法第 772 条第 2 項が規定する「婚姻成立から 200 日経過後又は婚姻解消・取消しから 300 日以内」に生まれ，原則として夫の子と推定される子であるが，嫡出推定を及ぼす前提がないことから，嫡出否認によることなく，父子関係を否定することができるとされている子である。判例は，夫婦の長期間の別居などで，外観上，夫による懐胎が不可能であることが明白な場合に嫡出推定が排除されるとする外観説に立っていると解されている[17]。

無戸籍者問題は，2006 年頃から報道をきっかけに注目を集めた。法務省民事局は，2007 年に，婚姻の解消又は取消し後 300 日以内に生まれた子について，医師の作成した「懐胎時期に関する証明書」により，婚姻の解消又は取

---

12)　法制審議会民法（親子法制）部会資料 1・3 頁。

13)　我妻栄『親族法』（有斐閣，1961 年）214 頁，230 頁。

14)　二宮・前掲注 7) 8 頁。

15)　最判昭和 44・5・29 民集 23 巻 6 号 1064 頁参照。

16)　学説や判例の詳細については，浦野由紀子「『推定の及ばない子』をめぐって（上）（中）（下）」法学教室 307 号 129 頁，308 号 69 頁，309 号 103 頁（いずれも 2006 年）。

17)　最判・前掲注 15)，最判平成 26・7・17 民集 68 巻 6 号 547 頁等。

消し後に懐胎したと認められる場合には，嫡出推定が及ばないものして，母の嫡出でない子又は後婚の夫を父とする嫡出子としての出生の届出を認めるとする通達を発出する[18]　など，様々な取組みを行ってきた[19]。しかしながら，2019 年 6 月 10 日時点で，法務省が把握している限りで 830 名の無戸籍者がいるという[20]。

　戸籍がないと，住民票が作成されない，パスポートが発給されない等の不都合が子に生じる。もっとも，行政により戸籍がないことで不自由が生じないような対応も取られている[21]。

　より根本的な対応として，無戸籍者ができるだけ生じないようにする必要もあろう。無戸籍者問題の原因として，離婚後 300 日以内に生まれた子も前夫の子と推定される等の嫡出推定の問題もあると指摘されていることから，2019 年 7 月から，法制審議会民法（親子法制）部会において，嫡出推定制度に関する規定の見直しが行われている[22]。離婚や死別・婚姻の取消後 300 日以内に生まれた子に嫡出推定が及ぶとされていることの再検討，夫のみに限定されている嫡出否認権の子や妻への拡大，といった内容が検討されている[23]。また，本書第 12 回で扱う懲戒権の規定の見直しも行われている。2021 年 2 月には「民法（親子法制）等の改正に関する中間試案」が公表され，パブリック・コメントの手続を経て，さらに検討が進められている。今後の立法の動きにも注目していただきたい。

18)　平成 19 年 5 月 7 日法務省民一第 1007 号。
19)　桜井・前掲注 11）102 頁以下。
20)　法制審議会民法（親子法制）部会資料 1・3 頁。
21)　以上，桜井・前掲注 11）100 頁以下。
22)　部会資料や議事録等の資料は，法務省の法制審議会─民法（親子法制）部会の HP で確認できる（http://www.moj.go.jp/shingi1/shingi0350004.html）。
23)　2020 年 11 月までの法制審議会での検討内容を紹介するものとして，拙稿「嫡出推定・否認制度の再検討」論究ジュリスト 32（2020 年）34 頁。

第3回

児童が家庭の中で性的虐待に遭うとき（その1）

I 児童虐待の一つとしての性的虐待

　前回（第2回）の「終わりに」（本書23頁）で，DV反撃殺人事例においては，DV被害者自身ではなく，その子どもがDV加害者を殺害する事例があること，そして，それは子どもを殺人の加害者としてしまう点で，児童虐待の極端な現れ方の一つとも言えることに触れた。その箇所を読んだ読者の皆さんは，もしかすると，今回のテーマは児童虐待ではないかと思われたかもしれない。実は，筆者としても半ばそのつもりでいたのであるが，2017年3月7日に「刑法の一部を改正する法律案（閣法第47号）」として内閣によって提出された性犯罪改正に関する法案が，衆議院及び参議院のいずれにおいても全会一致で可決され，6月16日に成立した（以下，2017年改正とする）。この原稿を書いている時点で既に改正刑法は施行されているが（施行日は2017年7月13日），2017年改正を巡っては，検討すべき数多くの課題が存在する[1]。

　そこで今回は，児童虐待のうち，特に児童の性的虐待について扱うことにしたい。というのは，2017年の刑法改正においては，児童の性的虐待に関する新たな処罰規定，すなわち監護者性交等・わいせつ罪の導入の当否が大きな問題となったからである。児童に対する性的虐待が家庭内で行われるとき，家庭という場が持つ「犯罪の温床」としての性質，すなわち，①犯罪が発生する場としての性質，及び②生じた犯罪が隠蔽される場としての性質が明確に現れることになる。こうした性的虐待に対してどのような法的規制を及ぼすべきかについては，「家族と刑法」という枠組みで論じるべき問題と言えよう。

---

1)　2017年改正に関する様々な課題については，深町晋也「性犯罪」法学教室457号（2018年）107頁以下で簡潔に検討を加えている。

II　児童に対する性的虐待の現状分析

　児童虐待の防止等に関する法律（以下，児童虐待防止法）は，第2条で「児童虐待」について定義をしているので，まずはその規定を見てみたい。

> 第2条　この法律において，「児童虐待」とは，保護者（親権を行う者，未成年後見人その他の者で，児童を現に監護するものをいう。以下同じ。）がその監護する児童（18歳に満たない者をいう。以下同じ。）について行う次に掲げる行為をいう。
> 一　児童の身体に外傷が生じ，又は生じるおそれのある暴行を加えること。
> 二　児童にわいせつな行為をすること又は児童をしてわいせつな行為をさせること。
> 三　児童の心身の正常な発達を妨げるような著しい減食又は長時間の放置，保護者以外の同居人による前二号又は次号に掲げる行為と同様の行為の放置その他の保護者としての監護を著しく怠ること。
> 四　児童に対する著しい暴言又は著しく拒絶的な対応，児童が同居する家庭における配偶者に対する暴力（配偶者（婚姻の届出をしていないが，事実上婚姻関係と同様の事情にある者を含む。）の身体に対する不法な攻撃であって生命又は身体に危害を及ぼすもの及びこれに準ずる心身に有害な影響を及ぼす言動をいう。第16条において同じ。）その他の児童に著しい心理的外傷を与える言動を行うこと。

　以上のうちの第2号，すなわち，保護者がその監護する18歳未満の「児童にわいせつな行為をすること又は児童をしてわいせつな行為をさせること」が性的虐待を規定している。平成27年度（2015年度）における児童相談所での児童虐待対応件数10万3260件（速報値，以下同じ）のうち，警察による通報が3万8522件，近隣知人による通報が1万7406件，学校等による通告が8180件であり，合計で約62％を占めている[2]。

　その中で，性的虐待の対応件数は1518件と全体の約1.5％に留まるものの，件数自体は，基本的には年々増加している（例えば，平成18年度〔2006年度〕の対応件数は1180件である）。しかし，身体的虐待などとは異なり，必ずしも外部に見えやすい形での虐待の痕跡が残らず，警察や近隣知人，学校等による通告

---

[2]　厚生労働省「平成28年度全国児童福祉主管課長・児童相談所長会議資料」（2016年）55頁以下参照。

というルートに乗りにくいために，その実態が必ずしも正確に把握されていない可能性もある。児童虐待はそれ自体として「外から見えにくい」事象であるが，その中でもとりわけ性的虐待は，被害児童本人による申告がない限りは可視化されにくい事象である[3]。

また，2017年改正によって強姦罪が新たに強制性交等罪とされたが，強制性交等罪（旧強姦罪）や強制わいせつ罪において，親族が被害者となる事例も年々増加している[4]。その中でも，子（実子及び養子）が被害者になる事例については，平成26年（2014年）の検挙件数として，（旧）強姦罪が（全1029件中）39件，強制わいせつ罪が（全4149件中）50件となっている。

このように，児童虐待全体における性的虐待や，性犯罪全体における親などによる性犯罪については，統計データで見る限りでは，割合として大きいとまでは言えないものの，決して無視・軽視することはできない実態がある。こうした性的虐待の増加傾向に鑑みれば，一定の法的規制が必要であるとの声が高まってくることも理解できよう[5]。そこで次に，2017年改正以前には，性的虐待がどのような規定によって処罰されていたのかについて，検討を加えることにする。

Ⅲ 性的虐待はどのように処罰されていたのか

1 （旧）強姦罪・強制わいせつ罪による処罰

（1） 13歳未満の者に対する場合

13歳未満の児童に対して性交やわいせつな行為を行った場合には，その同意の有無を問わず，また，暴行・脅迫の有無を問わず，行為者に（旧）強姦罪（刑法〔旧〕第177条後段）・強制わいせつ罪（刑法第176条後段）が成立する。従来，本罪の趣旨としては専ら，① 13歳未満の児童は性的な判断能力が未熟であり[6]，性的自己決定の自由を処分する能力が類型的に否定されている点に言

---

3) 林弘正『児童虐待 その現況と刑事法的介入〔改訂版〕』（成文堂，2006年）44頁以下参照。

4) 法務総合研究所『平成27年版犯罪白書』6-2-1-12図参照。

5) 林・前掲注3）72頁以下参照。

及されていた。しかし，近時はこの点に加えて，②13歳未満の児童に対して性交・わいせつな行為をすることは，（たとえ被害児童の同意があったとしても，）なおその健全育成を妨げる危険性が類型的に高いことにも言及がなされている[7]。このように，本罪は，児童の性的自己決定の自由のみならず，児童の性的な健全育成をも併せて保護する規定と解するべきである[8]。

平成26年（2014年）の（旧）強姦罪全体に占める13歳未満の被害者の割合は6.2%，強制わいせつ罪では（女子については）13.5%となっており，児童の性犯罪において13歳未満の被害者が高い割合を占めているというわけではない[9]。統計上は，むしろ13歳以上の児童が性犯罪の被害者となる場合の方が多いのであり，当該年齢層について成立する性犯罪についての検討が必要となる。

> 男子が被害者となる強制わいせつ罪は，女子とは異なる特徴がある。すなわち，2014年の強制わいせつ罪における男子の被害者総数214名のうち，13歳未満の男児被害者が127名（59.3%）となっており，高い割合を占めている[10]。

(2)　13歳以上の者に対する場合

13歳以上の者に対する性犯罪としてまず問題となるのが，刑法第177条前段・第176条前段が規定する（旧）強姦罪・強制わいせつ罪である。本罪は必ずしも児童に対する性犯罪に限られた規定ではないが，児童に対する性犯罪を処罰する規定としての意義は大きい。例えば，統計データを見ると，2014年の（〔旧〕準強姦罪も含む）（旧）強姦罪全体に占める13歳以上20歳未満の被害者の割合は34.3%，（準強制わいせつ罪も含む）強制わいせつ罪では（女子については）35.7%となっている（但し，このデータには「児童」に該当しない18歳及び

---

6)　西田典之『刑法各論〔第6版〕』（弘文堂，2012年）88頁（但し，同第7版〔橋爪隆補訂，2018年〕には，これに対応する記述が存在しない）。
7)　例えば，西田典之ほか編『注釈刑法第2巻』（有斐閣，2016年）618頁〔和田俊憲〕。
8)　深町晋也「児童に対する性犯罪について」山口厚ほか編『西田典之先生献呈論文集』（有斐閣，2017年）319頁。
9)　法務総合研究所・前掲注4）6-2-1-13図参照。
10)　法務総合研究所・前掲注4）6-2-1-13図エクセルデータ参照。

19歳の被害者についても含まれている）[11]。

　本罪は，暴行・脅迫を用いて性交・わいせつな行為をした場合に成立するため，被害者に対する暴行・脅迫が存在しない場合には，本罪による処罰はできないことになる。

　そこで，本罪における暴行・脅迫として，どのようなものが要求されているかが問題となる。本罪の暴行・脅迫は，強盗罪（刑法第236条）における暴行・脅迫と同じく「最狭義の暴行」としてカテゴライズされることがあるが[12]，実体としては，両者は全く異なる。その内容を以下で見てみよう。

> 　暴行概念について「最狭義の暴行」といった類型化を行ったのは，戦前に東京大学で教鞭を執っていた牧野英一という著名な刑法学者である[13]。しかし，牧野の見解においては，この後で説明する判例・学説とは異なり，（旧）強姦罪の暴行と強盗罪の暴行とが同じものと解されていたことに注意が必要である。したがって，（旧）強姦罪の暴行概念と強盗罪の暴行概念とを異なるものと理解する現在の判例・学説からすれば，「最狭義の暴行」といった概念を無理に維持する必要はないように思われる。

　判例においては，強盗罪における暴行・脅迫は，「社会通念上一般に被害者の反抗を抑圧するに足る程度のものであるかどうかと云う客観的基準によって決せられる」[14]とされ，強度の暴行・脅迫が必要とされている。これに対して，（旧）強姦罪における暴行・脅迫は，「相手方の抗拒を著しく困難ならしめる程度」[15]とされ，その具体的な判断方法については，「その暴行または脅迫の行為は，単にそれのみを取上げて観察すれば右の程度〔相手方の抗拒を著しく困難ならしめる程度：筆者注〕には達しないと認められるようなものであっても，その相手方の年令，性別，素行，経歴等やそれがなされた時間，場所の四囲の環境その他具体的事情の如何と相伴って，相手方の抗拒を不能にし又はこれを著しく困難ならしめるものであれば足りる」[16]との基準が示されている。

---

11)　法務総合研究所・前掲注4) 6-2-1-13 図参照。
12)　西田典之（橋爪隆補訂）『刑法各論〔第7版〕』（弘文堂，2018年）40頁。
13)　牧野英一『改正刑法通義　全』（警眼社，1907年）242頁以下。
14)　最判昭和24・2・8刑集3巻2号75頁。
15)　最判昭和24・5・10刑集3巻6号711頁。
16)　最判昭和33・6・6集刑126号171頁。

　以上を要するに，（旧）強姦罪の暴行・脅迫は，強盗罪とは異なり，それ自体として見ればさほどの強度を有しなくとも，他の具体的事情と相俟って，被害者の抗拒を著しく困難にしたと評価されれば足りる。例えば，13歳の被害者が問題となった事案で，手をつなぐ行為や被害者の足を開いた行為について，（旧）強姦罪の暴行を肯定した裁判例[17]は，こうした判断方法を如実に反映したものと言えよう。

(3)　家庭内での性犯罪の問題性

　これまで見てきたような判例・裁判例の立場からすると，家庭内といった他に逃げ場のない環境での児童に対する暴行・脅迫は，さしたる強度を有しない場合でも本罪の暴行・脅迫として認められることになろう。また，仮にこうした暴行・脅迫が存在しない場合であっても，被害児童の驚愕・恐怖など，その抵抗できない状況（抗拒不能）に乗じた場合には，準強制わいせつ罪・（旧）準強姦罪（刑法第178条第1項・第2項）が成立し得る[18]。

　しかし，児童に対する性的虐待が家庭内で行われるとき，「犯罪の温床」としての家庭の性質が強く現れることになる。まず，①家庭内における親子の情愛関係や支配関係は，具体的な暴行・脅迫を伴わなくても（あるいは具体的な抗拒不能状況に乗じなくても）時として容易に性的な虐待関係に転化し得る。また，②一旦性的な虐待関係に転化したとしても，こうした関係は外部からは非常に可視化されにくく，性的虐待の実態は隠蔽されやすい。このような実状に鑑みれば，暴行・脅迫要件，あるいは抗拒不能要件の立証が困難であることは想像に難くない[19]。

> 　児童に対する性的虐待の実態が隠蔽されやすい構造にあることは，様々な形で指摘されている[20]。例えば，①一方の親からなされる子どもへの性的虐待につき，他方の親が見て見ぬふりをする，もしくは阻止できずにいる間に長期

　間が経過することも珍しくないとされる。また，②実の親がわが子に対して性的虐待をするという事実を社会の側が適切に受け止められず，そうした事実を「否認」する構造があるとの指摘もなされている。

　以上の検討からは，児童に対する性的虐待については，暴行・脅迫要件（刑法第176条前段・第177条前段）や，抗拒不能要件（刑法第178条第1項・第2項）によらない処罰規定の必要性が明らかになってくる。そこで次に，こうした処罰規定につき，刑法典以外に目を転じて検討することにする。

2　条例の淫行罪と児童福祉法の児童淫行罪

　現在，青少年の健全育成や保護を謳う青少年保護育成条例においては，一部の例外[21]を除き，18歳未満の児童との淫行を禁じる，いわゆる「淫行処罰規定」が設けられている。こうした淫行処罰規定によって，親の子どもに対する性的虐待が処罰されることもある。例えば，妻の連れ子であるA女に対して長期間に渉って性的虐待を行っていた被告人が，妻に気兼ねすることなくA女と性的関係を持つために，妻に内緒でアパートの一室を借り受けた上で，当時15歳であったA女と性交を行った事案で，条例の淫行罪（埼玉県青少年健全育成条例第19条第1項）の成立が肯定された裁判例が存在する[22]。

　しかし，加害者と被害児童とが親子関係にある場合には，通常は，こうした条例の淫行罪ではなく，むしろ，児童福祉法第34条第1項第6号の「児童に淫行をさせる行為」（児童淫行罪）によって処罰されることが多い。

　条例の淫行罪については，各地方公共団体がそれぞれ規定を設けているものの，その法定刑は懲役2年・罰金100万円を超えることができない（地方自治法第14条第3項）。これに対して，児童淫行罪の法定刑は10年以下の懲役若しくは300万円以下の罰金又はその併科という，児童福祉法上の犯罪の中でも特に重いものとなっている。したがって，少なくとも理論的には，相当に重い刑

20)　①につき，林・前掲注3) 62頁以下の諸事例を参照。②につき，榊原富士子＝池田清貴『親権と子ども』（岩波書店，2017年）181頁参照。
21)　大阪府，山口県，長野県などは，「淫行」を処罰する規定ではなく，威迫，欺罔，困惑などを利用した性交等を処罰する規定を設けている。
22)　さいたま地判平成14・1・15公刊物未登載（LEX/DB: 28075626）。

を宣告することも可能である。

　とはいえ，判例においてこうした扱いがなされるようになったのは，むしろ近年になってからのことである。そこで，以下では，児童福祉法上の児童淫行罪について，ごく大雑把に概観することにしたい。

　元々，児童淫行罪は，児童の虐待を防止するために児童を一定の業務に就かせる行為を禁じた旧児童虐待防止法（昭和 8 年制定）の趣旨を受け継ぎつつ，児童の健全育成を図るために児童福祉法に設けられた規定である。このような経緯から，本罪は，行為者が第三者を相手方として児童に売春をさせるような類型（三者関係型）のみを処罰するものと解されてきた[23]。しかし，こうした限定的な解釈に対しては，特に実務家から激しい批判が向けられていた[24]。

　こうした状況の下，最高裁は，中学校の教師が教え子である女子生徒に対して，いわゆる電動バイブレーターの使用を勧め，自己の面前で自慰行為をさせたという事案において本罪の成立を肯定するに至り[25]，また，近時も，高校の常勤講師である被告人が教え子とホテルで性交したという事案において本罪の成立を肯定している[26]。すなわち，判例においては，行為者が被害児童に対して自己と性交・性交類似行為をさせる場合（二者関係型）についても本罪の成立が認められている。

　しかし，どのような二者間においても，本罪の成立が直ちに肯定されるわけではない。従来の判例・裁判例は基本的に，行為者が親，学校の教師など，被害児童の心身の健全な発展に重要な役割を果たす地位（いわば，「当該被害児童の健全な成長を見守る保護責任者的な立場」）にある場合に本罪の成立を認めているものと言える[27]。

23）　東京高判昭和 50・3・10 家月 27 巻 12 号 76 頁。西田典之「児童に淫行をさせる罪について」『宮澤浩一先生古稀祝賀論文集　第 3 巻』（成文堂，2000 年）296 頁。

24）　小泉祐康「児童福祉法」平野龍一ほか編『注解特別刑法第 7 巻　風俗・軽犯罪編〔第 2版〕』（青林書院，1988 年）38 頁以下。

25）　最決平成 10・11・2 刑集 52 巻 8 号 505 頁。

26）　最決平成 28・6・21 刑集 70 巻 5 号 369 頁。

27）　深町・前掲注 8）328 頁参照。

3 児童福祉法上の児童淫行罪の限界？

　以上の議論からは，親がその子どもに対して淫行をさせる場合には，基本的に児童福祉法上の児童淫行罪の成立を肯定することができる[28]。それにも拘らず，2017年改正においては，18歳未満の者に対し，その者を現に監護する者であることによる影響力があることに乗じてわいせつな行為をする場合又は性交等をする場合を，それぞれ強制わいせつ罪又は強制性交等罪と同様に処罰する規定が新設された（刑法第179条第1項・第2項）。一体なぜ，このような規定が設けられたのであろうか。

　この監護者性交等・わいせつ罪の導入に関する法制審議会刑事法（性犯罪関係）部会の議論[29]を見る限りでは，児童福祉法上の児童淫行罪が「淫行」（すなわち，性交又は性交類似行為[30]）についてしか成立しないといった，処罰範囲の狭さが問題とされたわけではない。すなわち，「わいせつな行為」一般につき，親子間で行われる性的虐待を処罰すべきといった，性的虐待罪としての当罰性が問題とされたわけではない。むしろ，被害児童の意思に反してなされる性交につき，児童福祉法上の児童淫行罪による処罰に留まるのでは軽すぎるとの問題意識が前面に押し出されており，(旧) 強姦罪・(旧) 準強姦罪と同等の当罰性を認めるべきという観点から本罪の導入が論じられたのである。しかし，なぜ本罪はかかる当罰性を有するのであろうか。その点に関する検討は，次回（第4回）で行うことにする。

◇連載のあとに

1 性的虐待の現状分析

　厚生労働省が公表する「令和元年度 児童相談所での児童虐待相談対応件数〈速報値〉」[31]によると，令和元年度（2019年度）における児童相談所での児童虐待対応件数の総数は19万3780件（速報値，以下同じ）に上り，連載において

---

28)　東京高判平成17・6・16高刑速（平17）号125頁（父親と実の娘〔13歳〕），東京高判平成22・8・3高刑集63巻2号1頁（養父と義理の娘〔15歳〕）など。

29)　法制審議会刑事法（性犯罪関係）部会第3回会議議事録6頁以下の議論を参照。

30)　性交類似行為の範囲については，深町・前掲注8) 325頁以下参照。

述べた平成 27 年度（2015 年度）の対応件数（10 万 3286 件）と比較すると 2 倍弱
に達している。但し，その増加分の殆どは，（配偶者の一方が子の面前で他方の配
偶者に DV を行ういわゆる面前 DV を代表とする）心理的虐待及び身体的虐待であ
る。他方，性的虐待については 2077 件であり，確かに 2015 年度（1521 件）と
比較すると増加しているが，他の虐待に比較すると，必ずしも増加割合が多い
とは言えない。

　これに対して，警察庁生活安全局少年課が公表している統計データ[32] を見
ると，性的虐待を理由とした検挙件数については，平成 27 年（2015 年）が 117
件，平成 28 年（2016 年）が 162 件，平成 29 年（2017 年）が 169 件であったの
に対して，令和元年（2019 年）は 246 件，令和 2 年（2020 年）は 299 件に上っ
ており，その数が急増している。この理由を特定することは必ずしも容易では
ないが，以下のような推測が可能かもしれない。

　同統計データを見ると，2017 年改正前である 2016 年の性的虐待検挙件数
（162 件）のうち，強制性交等罪（旧強姦罪）が 34 件，強制わいせつ罪が 45 件，
児童福祉法違反が 63 件となっている。これに対して，2020 年の性的虐待検挙
件数（299 件）においては，強制性交等罪（旧強姦罪）が 119 件，強制わいせつ
罪が 148 件となっており，それぞれ 4 年前と比較して 3 倍強に達しているもの
の，児童福祉法違反は 7 件に過ぎず，明らかに激減している。2017 年 7 月に
改正刑法が施行されたことを反映し，それ以降のデータにおいては，強制性交
等罪の検挙件数には監護者性交等罪が，強制わいせつ罪の検挙件数には監護者
わいせつ罪が含まれるようになった[33] ことからすれば，監護者性交等・わい
せつ罪の新設により，性的虐待の検挙件数が相当程度増加したとの推測が成り
立つ。

　他方で，児童虐待に関する児童福祉法違反の検挙件数が激減した理由である
が，次のような推測が可能であろう。すなわち，連載において論じたように，
従来は性的虐待事案の一部は児童福祉法の児童淫行罪で検挙されていたが，こ

31）　厚生労働省ウェブサイト（https://www.mhlw.go.jp/content/000696156.pdf）（2021 年
　　1 月 4 日閲覧）。
32）　警察庁生活安全局少年課「令和 2 年における少年非行，児童虐待及び子供の性被害の
　　状況」（2021 年）15 頁以下。
33）　警察庁生活安全局少年課・前掲注 32）16 頁の脚注参照。

うした事案の大半が監護者性交等罪で検挙されるようになったから，というものである。

2 児童福祉法上の児童淫行罪の拡張傾向

　連載においては，従来の判例・裁判例が親，学校の教師といった一定の地位にある者に児童福祉法上の児童淫行罪の成立を認めている旨説明したが，その後，こうした状況に変化が生じている。その契機となったのは，連載でも言及した最高裁平成28年決定[34]である。平成28年決定は，「児童に淫行をさせる行為」について，「そのような行為に当たるか否かは，行為者と児童の関係，助長・促進行為の内容及び児童の意思決定に対する影響の程度，淫行の内容及び淫行に至る動機・経緯，児童の年齢，その他当該児童の置かれていた具体的状況を総合考慮して判断するのが相当である」と述べた。

　このような平成28年決定の総合考慮的な判断基準においては，「行為者と児童の関係」が必ずしも緊密な場合でなくとも，他の判断要素が相俟って児童の意思決定に強い影響を及ぼすような場合には，なお本罪が成立するように見える。そのため，行為者と被害児童とがそれまでおよそ面識もなくインターネットなどで知り合い，被害児童が家出をして行為者の家に宿泊し，その間に性交・性交類似行為（淫行）を行うという事案（家出児童事案）につき，複数の裁判例において本罪の成立が肯定されるに至っている[35]。

　しかし，特に家出をしたその日に淫行が行われたような事案[36]についてまで本罪の成立を肯定することが果たして妥当かは疑問の余地がある[37]。事実，近時の裁判例[38]においては，被告人が17歳の被害児童を家出させて5日間に渉ってホテルに同宿させたわいせつ目的誘拐の事案につき，その間に淫行がなされたにも拘らず，その点は本罪で訴追されていない（誘拐とは別機会になさ

---

34)　前掲注26）参照。

35)　高裁レベルとして，例えば，名古屋高判平成29・8・9公刊物未登載（LEX/DB：25547869），札幌高判平成30・10・29公刊物未登載。

36)　札幌高判・前掲注35）はそのような事案である。

37)　深町晋也「家庭内における児童に対する性的虐待の刑法的規律」立教法学97号（2018年）203頁も参照。

38)　大津地判令和2・9・16公刊物未登載（LLI/DB：L07550775）。

れた淫行について，条例の淫行罪の成立を認めるに留まっている）。もちろん，個々の事案の内容に応じた判断がなされているために単純に比較することはできないものの，家出児童事案において，安易に本罪の成立を認めることには慎重であるべきであろう。

　宿泊させることの約束といったいわば対価提供型の事案についてまで本罪の成立を認めるとすれば，本罪よりも法定刑が低い児童買春罪（5年以下の懲役又は300万円以下の罰金）との区別を困難にし，ひいては本罪の処罰範囲を著しく不明確にするものであろう。家出児童事案のような，条例の淫行罪と児童福祉法の児童淫行罪とのいわば狭間にあるような事案をどのように捕捉すべきかについては，むしろ法改正をも視野に入れた解決が必要であるように思われる。

第4回

児童が家庭の中で性的虐待に遭うとき（その2）

I　前回（第3回）の議論を振り返って

　まずは，読者の皆さんと一緒に，前回の議論をざっと振り返ってみたい。児童に対する虐待は身体的なものや心理的なものなど様々なものがあるが，その中でもとりわけ性的虐待は，決して無視・軽視し得ない実態を有する。「犯罪の温床」としての家庭という視点から見ると，性的虐待は，①正に家庭という場の中で行われるものであり，かつ，②外から見た被害の痕跡が残りにくく，更に，③被害児童からの被害申告も行われにくいといった特徴を有し，外部からは非常に可視化されにくい事象である。

　それゆえ，強制性交等罪（旧強姦罪。刑法第177条前段）や強制わいせつ罪（刑法第176条前段）における「暴行」「脅迫」や，準強制性交等罪（旧準強姦罪。刑法第178条第2項）や準強制わいせつ罪（刑法第178条第1項）における被害者の「抗拒不能」といった点の立証は困難となり，こうした刑法典上の性犯罪の成立は実際にはなかなか認められない。その結果，こうした暴行・脅迫や被害者の抗拒不能を要しない性犯罪として，条例の淫行罪や児童福祉法上の児童淫行罪（児童福祉法第34条第1項第6号），殊に後者が実務上大きな意義を有することになる。

　しかし，法制審議会刑事法（性犯罪関係）部会においては，家庭内で被害児童の意思に反してなされる性交という当罰性の高い事例に対する刑罰としては，児童淫行罪の法定刑（10年以下の懲役若しくは300万円以下の罰金又はその併科。児童福祉法第60条第1項）が軽すぎる点が問題とされ，新たな処罰規定の創設が提言された。そこで，2017年の刑法改正（以下，2017年改正）において，監護者による性交等・わいせつ行為を，（準）強制性交等罪・（準）強制わいせつ罪と同様に処罰する規定として，監護者性交等・わいせつ罪が刑法典に新たに規定されるに至った。

　それでは，なぜ監護者性交等・わいせつ罪は，（準）強制性交等・わいせつ罪と同様に処罰されるのであろうか。今回は，この点を中心に検討・分析を行うことにしたい[1]。

Ⅱ　監護者性交等・わいせつ罪（刑法第 179 条）の導入とその分析

1　従来の立法提案との差異と導入の経緯

　親などの身分や雇用関係などに基づいて保護・監督する児童に対する性犯罪を，（旧）強姦罪・（旧）準強姦罪とは別個に規定しようとする立法動向は，かつてから存在したところである。例えば，1940 年の改正刑法仮案第 394 条（但し 18 歳未満といった年齢制限がない）や，1974 年の改正刑法草案第 301 条は，こうした地位利用型の性犯罪を規定していた。

> 改正刑法仮案（1940 年）
> 第 394 条　業務，雇傭其ノ他ノ關係ニ因リ自己ノ保護又ハ監督スル婦女ニ對シ偽計又ハ威力ヲ用ヒテ之ヲ姦淫シタル者ハ 5 年以下ノ懲役ニ處ス
>
> 改正刑法草案（1974 年）
> 第 301 条　身分，雇用，業務その他の関係に基づき自己が保護し又は監督する 18 歳未満の女子に対し，偽計又は威力を用いて，これを姦淫した者は，5 年以下の懲役に処する。

　2017 年改正で導入された監護者性交等・わいせつ罪は，被害者と一定の関係を有する者のみが主体となる性犯罪という点で，前述した従来の地位利用型の性犯罪と共通する。しかし，本罪の立法段階で特に想定されていた事案を分析する限り，必ずしも従来の地位利用型の性犯罪とは軌を一にしない。

　本罪の適用対象として想定されているのは，親子間の長年の虐待などで，当該児童が親に対して抵抗する意欲をおよそ喪失している（あるいは，親に迎合し

---

1)　立案担当者による包括的な解説として，松田哲也＝今井將人「刑法の一部を改正する法律について」法曹時報 69 巻 11 号（2017 年）211 頁以下参照。

ている）状況下で，その状況に乗じて，親が当該児童に対して性交等・わいせつ行為をする事例である[2]。要するに，本罪は，いわば「家庭内での児童に対する性犯罪」に特化した規定と言える。

　これに対して，従来の地位利用型の性犯罪は，雇用関係や業務関係など，家庭外の支配─被支配関係をも取り込んだ規定となっている。これは，後に検討するように，ドイツ語圏各国など[3]においても広く採用されている規定形式である。

　以上のように，監護者性交等・わいせつ罪は，従来の地位利用型の性犯罪とは異なる性質を有している。そこで，以下では，従来の地位利用型の性犯罪と比較しつつ，本罪の内容・特質をより明確化してみよう。

2　監護者性交等・わいせつ罪の概観

(1)　条文内容の確認

　本条は，以下のように規定されている。なお，「第176条の例による」というのは，強制わいせつ罪と同様に扱われることを意味し，法定刑は6月以上10年以下の懲役である（致死傷罪の規定〔刑法第181条第1項〕も適用される）。また，「第177条の例による」というのは，強制性交等罪と同様に扱われることを意味し，法定刑は5年以上の懲役である（致死傷罪の規定〔刑法第181条第2項〕も適用される）。

（監護者わいせつ及び監護者性交等）
刑法第179条
①　18歳未満の者に対し，その者を現に監護する者であることによる影響力があることに乗じてわいせつな行為をした者は，第176条の例による。
②　18歳未満の者に対し，その者を現に監護する者であることによる影響力があることに乗じて性交等をした者は，第177条の例による。

---

2)　法制審議会刑事法（性犯罪関係）部会第3回会議議事録9頁〔森委員〕。
3)　ドイツ，オーストリア，スイスといったドイツ語圏各国の他，例えば，台湾（中華民國）刑法第228条も同様の規定を有している（陳子平『刑法各論(上)〔第4版〕』〔2019年〕306頁以下参照）。

(2)　本罪の特徴

　従来の地位利用型の性犯罪と比較して浮かび上がる本罪の特徴は，①本罪の行為主体が「現に監護する者」に限定されていること，②偽計・威力といった行為手段に代わり，「影響力があることに乗じて」という手段が要求されるに留まること，及び③法定刑が強制性交等罪（5年以上の懲役）又は強制わいせつ罪（6月以上10年以下の懲役）と同じものとして，非常に重く設定されていること，である。すなわち，本罪は行為主体を限定することによって，行為手段の限定性を緩め，かつ法定刑を重く規定しているものと理解することができる[4]。

　それでは，なぜ行為主体を限定することで本罪の行為手段を緩和し，かつ前述のように重い法定刑を規定することができるのであろうか。この点を考察するためには，「現に監護する者」とは何かという点の分析が不可欠であるため，項を変えて検討することにする。

3　「現に監護する者」とは

　「現に監護する者」とは，立案担当者の解説によれば，「民法における『監護』の概念に照らし，現にその者の生活全般にわたって，衣食住などの経済的な観点や生活上の指導・監督などの精神的な観点から，依存・被依存ないし保護・被保護の関係が認められ，かつ，その関係に継続性が認められることが必要」であるとされる[5]。既に検討したように，従来の地位利用型の性犯罪と比べると，雇用・業務関係を除外し，親子関係と同視し得る程度[6]の保護・被保護関係を要求している点が特徴的である。

　こうした規定は，従来の地位利用型の性犯罪のみならず，ドイツ語圏各国における児童に対する地位利用型の性犯罪規定と比較しても特徴的である。ドイツ語圏各国においては，絶対的保護年齢と相対的保護年齢とを区別し，絶対的保護年齢（例えば，ドイツにおいては14歳未満）に属する児童に対する性犯罪については，暴行・脅迫といった行為手段の有無や同意の有無，地位利用の有無を問わずに一律に処罰される。これに対して，相対的保護年齢（例えば，ドイ

---

4)　深町晋也「児童に対する性犯罪について」山口厚ほか編『西田典之先生献呈論文集』（有斐閣，2017年）339頁。

5)　松田＝今井・前掲注1）251頁。

6)　法制審議会刑事法（性犯罪関係）部会第3回会議議事録3頁〔中村幹事〕。

ツにおいては〔14 歳以上〕18 歳未満）に属する児童に対する性犯罪については，親子関係や教育上の関係といった地位利用型の性犯罪の他，児童の困窮状況を利用してなされる性犯罪などが処罰されるが，その法定刑は，絶対的保護年齢に属する児童になされる性犯罪や，暴行・脅迫を用いてなされる性犯罪などと比べて明らかに低く設定されている。

　一例を挙げると，ドイツにおいては，絶対的保護年齢に属する（すなわち 14 歳未満の）児童との性的行為については 6 月以上 10 年以下の自由刑（ドイツ刑法第 176 条第 1 項）が，性的行為のうち性交又は性交類似行為については 2 年以上（15 年以下）の自由刑（同第 176 条 a 第 2 項第 1 号）がそれぞれ規定されている。これに対して，相対的保護年齢に属する（すなわち 18 歳未満の）児童に対して，親子関係や教育的関係にある者が行う性的行為については 3 月以上 5 年以下の自由刑（ドイツ刑法第 174 条第 1 項）が規定されるに留まる。

　こうした立法例と比較すると直ちに思い浮かぶ疑問は，監護者性交等・わいせつ罪の行為主体が親子関係又はそれと同視し得る関係を有する者に限定されたとして，なぜ強制性交等・わいせつ罪と同等の不法性あるいは悪質性が肯定されるのか，である。というのは，従来の地位利用型の性犯罪やドイツ語圏各国などの立法例においても，親子関係又はそれと同視し得る関係に基づく性的行為という，最も悪質性の高い事例について想定をした上でその法定刑（特にその上限）が設定されているからである。親子関係又はそれと同視し得る関係に限定したというだけで，強制性交等・わいせつ罪と同等の不法性を有する性犯罪としての類型化が十分になされているのであろうか。

　　かつて筆者は，監護者性交等・わいせつ罪は「むしろ近親相姦罪に接近しているとすら言える」と評した（より正確には「批判した」に近いが）ことがある[7]。例えば，ドイツ刑法第 173 条は近親相姦を処罰する規定であるが，その処罰根拠に関しては争いがある。ドイツの学説においては，本条には正当な処罰根拠は存在しない（したがってドイツ刑法典から削除すべきである）とする見解が有力に主張されており，前述の筆者の論評・批判はそうした見解を意識したものである。
　　しかし，学説の一部においては，本条は家庭内における力関係の不均衡さに

---

7)　深町・前掲注 4) 341 頁。

基づく性的接触から児童や青少年を保護する規定であるとする見解も唱えられている[8]。こうした見解に照らせば，監護者性交等・わいせつ罪が近親相姦罪と似た性格を有することも理解できなくはない。

4　監護者性交等・わいせつ罪の重罰化根拠

　それでは，親子関係又はそれと同視し得る関係に限定することにより，いかなる意味で本罪が強制性交等・わいせつ罪と同等の不法性・悪質性を有するのか，その実質的な根拠が問題となる。こうした根拠付けを巡っては，大きく分けて，①当該関係が，被害児童の意思自由又は性的自由（性的自己決定）を類型的に害することを理由とするアプローチと，②当該関係を有する者に課せられた特別な保護責任を理由とするアプローチがある。但し，①及び②のアプローチは決して相互排他的なものではない[9]。

　①のアプローチは，法制審議会刑事法（性犯罪関係）部会において，法務省の担当者によって言及されていた[10] ものであり，その後の立案担当者の解説でより明示的に述べられている[11]。すなわち，「現に監護する者であることによる影響力」とは，「被監護者が性的行為等に関する意思決定を行う前提となる人格，倫理観，価値観等の形成過程を含め，一般的かつ継続的に被監護者の意思決定に作用を及ぼし得る力」が含まれるとして，被害児童の意思決定に対する作用（の可能性）が問題とされている。このアプローチは，本罪の保護法益を専ら児童の性的自己決定権に限定する見解[12] と親和的と言える。

　しかし，こうしたアプローチが，あくまでも被害児童の個々の性的自己決定（個々の性的行為に関する意思決定）に対する影響・作用を問題とする[13] 以上，こうした影響・作用につき，「一般的かつ継続的」な力が必要とされる理由は

8)　*Schramm*, Ehe und Familie im Strafrecht（2011）, S. 423 ff.
9)　樋口亮介「性犯罪規定の改正」法律時報 89 巻 11 号（2017 年）115 頁参照。
10)　例えば，法制審議会刑事法（性犯罪関係）部会第 3 回会議議事録 2 頁〔中村幹事〕。
11)　加藤俊治「性犯罪に対処するための刑法改正の概要」法律のひろば 70 巻 8 号（2017 年）58 頁。
12)　西田典之（橋爪隆補訂）『刑法各論〔第 7 版〕』（弘文堂，2018 年）106 頁参照。
13)　松田＝今井・前掲注 1）247 頁。

存在しないように思われる。強制性交等・わいせつ罪が正に，暴行・脅迫という「当該」性的自己決定を歪める力を問題にしていることとパラレルに考えれば，雇用関係や教育関係においても，ある一定の局面においては，被害児童の「当該」性的自己決定に与える影響が極めて強い場合は容易に想定し得る。したがって，このような個々の性的自己決定に焦点を合わせるだけでは，本罪の主体を親子関係又はそれと同視し得る関係を有する者に限定する理由は必ずしも存在しない。

> 実は，2017年改正に関する法制審議会刑事法（性犯罪関係）部会においても，複数の委員によって，本罪の行為主体について，親子関係に限定する合理的理由はなく，教育関係にも広げるべきであるとの指摘がなされていた[14]。こうした指摘は，①のアプローチを採る限りでは正当なものと言えよう。

それにも拘らず，①のアプローチが敢えて「一般的かつ継続的」な力を問題とし，被害児童の「人格，倫理観，価値観等の形成過程」までも視野に入れて，その影響力を論じるのは，単に被害児童の当該性的自己決定を超えた観点，すなわち，当該児童の健全な性的発達それ自体をも考慮しているからに他ならないように思われる。

こうした観点を直截に考慮することが可能なのが，②のアプローチである。そもそも，こうしたアプローチの萌芽は既に，法制審議会刑事法（性犯罪関係）部会においても示されており，監護者を「本来は被害者を保護すべき者」とした上で，こうした保護責任を有する者が「その地位，権限を濫用して被害者の意思決定に介入し，性交等を行わせる点に強い不法性を認める」と主張されていた[15]。これをより具体化すると，②のアプローチによれば，監護者とは，被害児童の個々の性的自己決定が自由になされるように保護すべき立場にあるのみならず，むしろ，被害児童の健全な性的発達が阻害されないように一般的・継続的に保護すべき立場にある者として構成することができる。

こうした理解は，本罪の保護法益との関係でも十分に説得的なものであろう。

---

14) 法制審議会刑事法（性犯罪関係）部会第3回会議議事録12頁以下の角田，木村，小西各委員の発言を参照。

15) 法制審議会刑事法（性犯罪関係）部会第3回会議議事録23頁〔橋爪幹事〕。

ここで読者の皆さんに想起して欲しいのは，既に第3回で論じたように（本書35頁），刑法第176条後段・第177条後段は，（絶対的保護年齢に属する）13歳未満の児童の性的自己決定の自由のみならず，児童の性的な健全育成（健全な性的発達）をも併せて保護する規定と解される[16]ということである。そして，本罪もまた，一般的に見てなお精神的に未熟である[17] 18歳未満の児童を保護する規定であることに鑑みれば，単に児童の性的自己決定の自由のみならず，その健全な性的発達を保護する規定と解するべきであろう。このような保護法益の理解からすれば，児童の健全な性的発達という本罪の法益を特に保護すべき責任を負っているのが，本罪における監護者であることになる。

　以上の理解からすると，第3回で検討した児童福祉法上の児童淫行罪と本罪とは，実は連続的な関係にある。既に第3回では，児童福祉法上の児童淫行罪の（二者関係型における）主体は，親や学校の教師など，被害児童の心身の健全な発達に重要な役割を果たす地位を有する者である旨を論じた（本書39頁）。学校の教師のように，児童の心身の健全な発達に対して包括的・継続的に保護を委ねられていない者であってもなお，その役割の重要さに鑑みれば，一定の保護的な立場にあると解することができ，したがって，児童淫行罪の行為主体たり得る。

　これに対して，そうした重要な役割を果たす者の中でも，特に被害児童の健全な性的発達に対して包括的かつ継続的に保護を行うべき地位を有する者こそが，本罪における監護者である。したがって，本罪は，児童淫行罪と比べて更に加重された保護責任を有する者としての監護者のみを行為主体とする犯罪と考えることができる。

　以上の見解からすると，監護者性交等罪は，児童淫行罪よりも更に保護責任が加重されているからこそ，児童淫行罪よりも法定刑が重く規定されていることになる。また，監護者わいせつ罪は，児童淫行罪における「淫行」（性交及び性交類似行為）に包摂されないようなわいせつ行為についても，監護者という重大な保護責任が課される者によるものとして，強制わいせつ罪と同様に処罰

---

16)　渡辺裕也「新判例解説（平成28年5月26日福岡高裁判決）」研修829号（2017年）27頁も参照。
17)　松田＝今井・前掲注1）247頁。

するものとした規定と言える。

> 　多少細かい議論になるが，上述のような理解からは，児童福祉法上の児童淫
> 行罪と監護者性交等・わいせつ罪との関係については，前者が児童の健全な性
> 的発達を，後者が児童の性的自己決定を保護するといった形で明確に切り分け
> た上で，両罪が観念的競合の関係に立つ[18]　と解することはできない。むしろ，
> 両罪の保護法益には重なり合いがあることを正面から認めた上で，監護者性交
> 等・わいせつ罪が成立する場合には，児童淫行罪はそれに吸収されて，別個に
> 成立することはないと解するべきであろう[19]。

Ⅲ　監護者性交等・わいせつ罪の成立の限界

　以上で，監護者性交等・わいせつ罪の大まかな分析は終了したが，以下では，
本罪の成立の限界が問題となるいくつかの局面について，多少の検討を加える
ことにしたい。

1　児童が睡眠中である場合

　立案担当者の解説においては，準強制性交等・わいせつ罪が成立する場合に
は，重ねて監護者性交等・わいせつ罪が成立することはない（いわゆる補充関係
に立つ）との見解が主張されている[20]。しかし，このように考えると，被害児
童の睡眠中に性交等やわいせつな行為を行った場合には，常に準強制性交等・
わいせつ罪のみが成立すると解されることになる。こうした解釈を採用する場
合には，被害者が睡眠中であったか否かの立証が重要となるが，それは，「家
庭内の性犯罪」という外部から非常に可視化されにくい犯罪について処罰範囲
を拡張するために新たに規定した本罪の趣旨にはそぐわないものがあろう。

---

18)　松田＝今井・前掲注1）255頁。
19)　深町・前掲注4）343頁も参照。吸収関係にあると明示する裁判例として，札幌地小
　　樽支判平成29・12・13公刊物未登載（判文については，神元隆賢「判批」北海学園大学
　　法学研究53巻4号〔2018年〕107頁以下参照）がある。
20)　松田＝今井・前掲注1）255頁。

　　但し，実体法上は監護者性交等・わいせつ罪が補充関係に立つとしても，訴
　訟法的観点からすると，（準）強制性交等・わいせつ罪及び監護者性交等・わ
　いせつ罪の両方が成立し得る場合において，検察官が後者を訴追することも可
　能とされている[21]。

　この問題に関しては，実体法的に見ても，監護者による保護の影響下にある
からこそ，被害児童が監護者の手の届く場所で睡眠しているとして，なお「現
に監護する者であることによる影響力があることに乗じて」性交等・わいせつ
な行為を行ったと解する余地は十分にあるように思われる[22]。

　これに対して，相当に現実離れした事例ではあるが，被害児童が家出をして
一人暮らしをしているところに，監護者たる親が偶然に当該児童の姿を見かけ
て後をつけ，夜間に室内に忍び込んで被害児童の睡眠中に性交等・わいせつな
行為を行うような場合には，もはや監護者であることによる「影響力があるこ
とに乗じて」とは言えず，専ら準強制性交等・わいせつ罪が成立することにな
ろう。

2　行為者と児童との間に愛情関係がある場合

　特に問題となるのは，児童が監護者に対して愛情を有し，積極的に性交等・
わいせつな行為を行う場合である。児童の側が暴行・脅迫によって監護者に性
交等・わいせつな行為を強いる場合には，もはや監護者に本罪は成立しな
い[23]と言えるとしても，それ以外の様々な事例が想定され得る。

　この問題を一律に解決することは困難であるが，監護者の保護責任を強調す
る立場を徹底すると，原則として監護者には，児童が監護者に対して有する愛
情を性的関係に転化させないように配慮する義務があることになろう。すなわ
ち，監護者には，児童が監護者自身を性的パートナーに選択しないように保護
する責任があるのであり，かかる保護責任に反して性交等・わいせつな行為を
行った場合には，原則として本罪成立が肯定されるとの帰結が導かれることに

21）　松田＝今井・前掲注1）266頁注(16)。
22）　樋口・前掲注9）116頁以下も参照。
23）　加藤・前掲注11）58頁。

なる。但し，こうした保護責任の限界をどのように設定すべきかについては，なお慎重な検討が必要であろう。

Ⅳ　終わりに

　監護者性交等・わいせつ罪は，「犯罪の温床」としての家庭における児童に対する性的虐待を処罰する規定であるが，それゆえに，家庭における様々な人間関係をどのように法的に規律すべきかを巡って，困難な問いを提供するものとも言える。本罪を巡る議論は，今後ますます重要になると思われる。

　最後に，とある小説をモチーフとした架空の事例を記して終わりとしたい。甲は，乙女との結婚を望んでいたが，乙女は甲の親友でもある丙との結婚を選んだ。乙女と丙との間にはA女が生まれたものの，丙はその後死亡した。甲は再び乙女に結婚の申込みをしたものの，乙女はこれを断った。時が経ち，A女が小学校を卒業する頃になり，乙女はA女の養育に悩むようになり，甲にA女の養育を依頼した。甲はA女を自己の手元で心を込めて養育するうちに，A女を愛するようになり，また，A女も甲を愛するようになった。A女が18歳になる直前に，甲とA女とは性的な関係を有するに至った。その後，甲とA女とは結婚した。

　このような事例で，果たして甲に監護者性交等罪が成立するのであろうか。読者の皆さんにも一緒に考えてもらえれば幸いである。

◇連載のあとに

1　監護者性交等・わいせつ罪の成立範囲を巡る更なる問題
（1）監護者性交等・わいせつ罪は補充類型として位置付けるべきか
　2017年改正以降の監護者性交等・わいせつ罪の適用状況につき，筆者がオンラインデータベースで概観した限りで言えば，13歳以上18歳未満の児童については，（準）強制性交等・わいせつ罪（刑法第176条・第177条・第178条）が成立するように見えても，監護者性交等・わいせつ罪（刑法第179条第1項・

第 2 項）による訴追及び処罰が肯定される事案が散見される。例えば，①高松地判令和 2・10・2 公刊物未登載（LLI/DB:L07550814）は，被告人である養父が 13 歳の被害児童に対して，被害児童が被告人の腕を押さえるなどの抵抗を示したにも拘らず，性交に及んだ事案で，強制性交罪ではなく監護者性交罪の成立を認めている。また，②岐阜地判令和 2・6・23 公刊物未登載（LLI/DB:L07550534）は，被告人である実父が，14 歳で知的障害を有し心身共に未熟な被害児童に性交した事案で，準強制性交罪ではなく監護者性交罪の成立を認めている。更に，③佐賀地判令和 2・6・11 公刊物未登載（LLI/DB:L07550453）は，被告人である養父が，被害児童が就寝していると誤信してわいせつ行為に及んだ事案で，準強制わいせつ罪ではなく監護者わいせつ罪の成立を認めている。

　性犯罪の裁判例については，オンラインデータベースに掲載されていないものも多く，筆者が必ずしも実務の現状を正確に把握しているとは言えない。とはいえ，①〜③のような裁判例を見る限り，監護者性交等・わいせつ罪が補充的にのみ成立するという立案担当者の理解が，実務において支持されているかは疑問の余地がある。むしろ，監護者がその地位に基づく影響力に乗じて性交等・わいせつを行っている限り，（準）強制性交等・わいせつ罪の成否を問わずに監護者性交等・わいせつ罪の成立を肯定するとの解釈が，実務の実情にも合致したものであるように思われる。本罪の保護法益につき，児童の健全な性的発達の側面を重視する本書の立場からすれば，こうした実務の方向性には十分な理由があることになる。

　（2）監護者性交等・わいせつ罪における「監護者」の範囲
　「終わりに」で掲げた事例で，果たして甲には監護者性交等罪が成立するのであろうか。最終的に甲は A と結婚したのであり，そのような愛情関係が成立している局面で刑法が介入することに抵抗を覚える人もいるかもしれない。実際，諸外国を見ると，このような場合に行為者の訴追・処罰を差し控えるような法的制度を設けている国もある。例えば，スイス刑法第 188 条[24] 第 2 項

24）　同条につき，深町晋也「スイス刑法における性犯罪規定」樋口亮介＝深町晋也編著『性犯罪規定の比較法研究』（成文堂，2020 年）542 頁以下参照。

は，16歳以上の未成年者（被害者）が自己に依存していることを利用して性的行為を行った場合に，その行為者が被害者と婚姻したときは，「管轄を有する当局は刑事訴追，裁判所への移送又は処罰をしないことができる」旨を規定している。但し，同規定はスイスにおいても大きな批判を受けており，（我が国の内閣に当たる）スイス連邦参事会による性犯罪規定の改正案においては，同規定の削除が提案されている[25]。

　これに対して，我が国においては，もちろん検察官の起訴裁量は存在するものの，実体法上，このような事例を処罰から除外することを保障する規定は存在しない。したがって，甲に監護者性交等罪が成立するか否かが正面から問題となるのである。

　このような，当罰性が存在するのかが問題となる事例とは異なり，当罰性自体はあるものの，果たして監護者性交等・わいせつ罪が成立するのか，それとも児童に対する別の性犯罪が成立するに留まるのかが問題となり得る事例が存在する。それは，第3回で検討した「家出児童事案」である（本書42頁）。裁判例の中には，家出をした児童が，それまで住んでいた家から遠く離れた行為者の家にひと月に渉って宿泊し続け，いわば衣食住が継続的に提供されていたという事案がある[26]。こうした事案では，家出児童には親が別に存在するとしても，行為者は被害児童に対して，「一般的かつ継続的に被監護者の意思決定に作用を及ぼし得る力」（本書49頁）を有しており，「監護者」としての地位に立っているのではないかが問題となる。

　監護者性交等・わいせつ罪の保護法益を専ら児童の性的な自己決定の自由に求める前述の①のアプローチ（本書49頁）からすれば，行為者が一般的・継続的に，被害児童の意思決定に作用を及ぼす力を有しているか否かが重要であり，したがって，この事案においても「監護者」性が肯定されるように思われる。

　しかし，本罪を「家庭内での児童に対する性犯罪」として捉えるのであれば，このような家出児童事案において本罪の成立を肯定するのは，いかにも落ち着きが悪いように思われる。そのような観点からすると，本罪における「監護者」を，被害児童の健全な性的発達に対して包括的かつ継続的に保護を行うべ

---

25)　深町・前掲注24）507頁。
26)　名古屋高判平成29・8・9公刊物未登載（LEX/DB: 25547869）。

き地位を有する者と解する見解（②のアプローチ・本書50頁）を採用し，この事案では行為者にそうした重大な保護責任が生じていないために「監護者」ではないとすべきであろう。したがって，せいぜい児童福祉法上の児童淫行罪の成立か，あるいは条例の淫行罪の成立が認められるに留まることになる。

2　「監護者」以外の地位利用類型の拡大について

　2017年刑法改正から3年（平成29年刑法一部改正法附則第9条参照）が経過し，現在新たに，性犯罪規定の見直しが検討されている。対象事項は多岐に渉るが，その一つに，「地位・関係性を利用した犯罪類型の在り方」として，「被害者が一定の年齢未満である場合に，その者を『現に監護する者』には該当しないものの，被害者に対して一定の影響力を有する者が性的行為をしたときは，被害者の同意の有無を問わず，監護者性交等罪と同様に処罰する類型を創設すべきか」が問題となっている[27]。

　既に検討したように，監護者性交等・わいせつ罪の保護法益を専ら被害児童の性的自己決定の自由であると解する場合（①のアプローチ）には，その意思決定に対して一般的・継続的に作用を及ぼす力を有し得るのは，必ずしも「監護者」には限られない。

　他方，被害児童の健全な性的発達を保護法益とする立場（②のアプローチ）からしても，「監護者」以外の者であっても被害児童の健全な性的発達に影響を及ぼし得る地位は，様々な形で想定可能である。

　したがって，監護者性交等・わいせつ罪の保護法益についていずれの見解に立つとしても，学校の教師やスポーツクラブのコーチなどの地位を利用する類型についても，児童福祉法の児童淫行罪とは別に，刑法典上の犯罪とすることは十分にあり得ることである[28]。特に，児童淫行罪では「淫行」すなわち，性交又は性交類似行為に処罰対象が限定されていることからすれば，処罰対象をわいせつ行為一般まで拡張することには十分な理由がある[29]。

　但し，いずれのアプローチからしても，このような新たな地位利用類型につ

---

27)　性犯罪に関する刑事法検討会　第5回会議（2020年8月27日）資料12・第1の3参照。
28)　性犯罪に関する刑事法検討会「取りまとめ報告書」（2021年）14頁以下（意見⑦）参照。

いて，監護者性交等・わいせつ罪と完全に同一の法定刑（すなわち，強制性交等・わいせつ罪と同一の法定刑）を規定すべきかについては，なお問題として残ると言える。未成年者に対する一定の地位を利用した性犯罪に関する諸外国の規定を見ると，こうした性犯罪の法定刑は，強制性交等・わいせつ罪に当たる性犯罪の法定刑よりも軽く規定されることが一般的である[30]。こうした比較法的な知見も考慮しつつ，「家庭外」における児童に対する地位利用型の性犯罪につき，適切な法定刑を定める必要があろう[31]。

---

29)　性犯罪に関する刑事法検討会 第8回会議（2020年11月10日）議事録33頁〔佐藤委員〕。

30)　深町晋也「ドイツ語圏各国の性犯罪解題」樋口亮介＝深町晋也編著『性犯罪規定の比較法研究』（成文堂，2020年）249頁。

31)　性犯罪に関する刑事法検討会 第12回会議（2021年2月16日）議事録12頁〔池田委員〕も参照。

第3回・第4回コメント

児童が家庭の中で性的虐待に遭って子を産んだとき

石綿はる美

1 「子を監護する者」とは何か？

（1） 民法でいう「監護」「監護者」とは

本書第4回Ⅱ（45頁以下）において，2017年刑法改正で導入された監護者性交等・わいせつ罪（刑法第179条）が扱われた。刑法第179条で処罰されるのは，「18歳未満の者に対し，その者を現に監護する者であることによる影響力があることに乗じてわいせつな行為をした者」である。では，18歳未満の者を「監護する者」とはどのようなものだろうか。

この点，刑法では，立案担当者の解説によれば，「民法における『監護』の概念に照らし，現にその者の生活全般にわたって，衣食住などの経済的な観点や生活上の指導・監督などの精神的な観点から，依存・被依存ないし保護・被保護の関係が認められ，かつ，その関係に継続性が認められることが必要」であるとされる[1]。民法に球が投げられたので，監護について検討することとしたい。

（2） 「監護」とは

民法において，「監護」という語が用いられている条文の中で，中心的な規定は民法第820条である。同条は，「親権を行う者は，子の利益のために子の監護及び教育をする権利を有し，義務を負う。」と規定する。親権は，身上監護権（民法第820条）と財産管理権（同第824条）からなるが，身上監護権の具体的な内容として「監護」と「教育」があるということになる。

具体的には，「監護」とは，子に衣食住等を与え，子を養育すること，「教育」とは，子の知育・徳育・体育など子の成長に必要な教育を子に施すことと説明される[2]。ただし，両者を区別することは難しいことから，不可分一体の

---

1) 松田哲也＝今井將人「刑法の一部を改正する法律について」法曹時報69巻11号（2017年）251頁，本書47頁参照。

ものとして学説上は扱っている[3]。

　身上監護の内容を具体的に規定するものとして，居所指定権（民法第821条）[4]，懲戒権（同第822条）[5]，職業許可権（同第823条）がある。

　（3）　子を「監護」する者とは

　では，具体的に子を監護する者はどのような者だろうか。

　まず，親権者は，原則として子の身上監護を行い，子を監護する者となる。なお，実親のみならず，養親も親権者となる（民法第818条第2項）。

　また，親権者以外の者が子を監護する場合がある。代表的な例について，簡単に確認していこう。

　第1に，両親の離婚時に親権者と監護者を別に定める場合（民法第766条第1項・第2項）である。この場合は，子について親権者と監護者がいることになる。親権者と監護者が異なる場合，監護者の子に対する権利・義務が問題になるが，身上監護権の全てを行使することになるという考え方が有力である[6]。親権者も身上監護権を失うわけではなく，監護者が親権者に優先して身上監護を行うが，親権者も監護者による監護を妨げない限度で子の監護教育を行うことができるという見解もある[7]。

　第2に，未成年後見人が選任された場合である。親権を行う者がおらず，未成年後見が開始し（民法第838条第1号），未成年後見人が指定・選任された場合（同第839条・第840条），未成年後見人は，身上監護について，親権者と同一の権利義務を有するとされ（同857条），未成年後見人は，子の監護を行うことになる。もっとも，未成年者に親権者がいない場合に，必ずしも未成年後見人が選任されるわけではなく[8]，祖父母等により事実上の監護が行われている場合も多い。

---

2)　前田陽一ほか『民法Ⅵ〔第5版〕』（有斐閣，2019年）172頁〔本山敦〕。
3)　前田ほか・前掲注2）173頁〔本山〕。より詳細には，於保不二雄＝中川淳編『新版注釈民法(25)親族(5)〔改訂版〕』（有斐閣，2004年）65頁以下〔明山和夫＝國府剛〕。
4)　居所指定権は，本書第8回・9回で問題になる子の奪い合いにも関連する。
5)　懲戒権については，第12回で検討することにする。
6)　松川正毅＝窪田充見編『新基本法コンメンタール・親族〔第2版〕』（日本評論社，2019年）242頁以下〔田中通裕〕。
7)　常岡史子『家族法』（新世社，2020年）209頁。

　第 3 に，祖父母等の第三者により監護が行われることもある。具体的には，親権者と第三者の契約により委託する方法と[9]，第三者を監護者に指定する方法（民法第 766 条）[10] が考えられる。後者の方法は，実務上用いられていた方法であるが，父母以外の第三者には監護者指定の申立権がないとした，東京高決平成 20・1・30 家月 60 巻 8 号 59 頁以降，利用されなくなってきたとの指摘もある[11]。さらに，最決令和 3・3・29 裁判所時報 1765 号 3 頁（LEX/DB: 25571436）は，民法第 766 条第 2 項は，同条第 1 項の協議の主体である父母の申立てを予定していること，民法その他の法令において，事実上子を監護してきた第三者が家庭裁判所に子の監護に関する事項を定めるように申し立てることができる旨を定めた規定はないこと，監護の事実をもって事実上子を監護してきた第三者を父母と同視することはできないこと等を理由として挙げ，「父母以外の第三者は，事実上子を監護してきた者であっても〔注：下線は筆者〕，家庭裁判所に対し，子の監護に関する処分として子の監護をすべき者を定める審判を申し立てることはできない」とした。第三者を監護者に指定する方法はますます用いられなくなるであろう。

　第 4 に，特別養子縁組の成立前の試験養育中の監護（民法第 817 条の 8）において，当該期間中に子を監護しているのは，養親候補者である[12]。

　第 5 に，離婚後に，子 A と同居する親 B が再婚する場合，再婚相手 C と子 A が養子縁組をしない限り，両者の間には法律上の親子関係は成立しないが，C は親権者又は監護者である B と共に，子を監護していると言えよう[13]。もっとも，この場合に，C がどのような権利義務を有するのかは，必ずしも明確ではない。

　第 6 に，児童福祉法に基づき，子が第三者に監護される場合がある。児童

---

　8)　拙稿「拐取罪を題材に刑法と対話してみて」東北ローレビュー 7 号（2020 年）132 頁以下参照。

　9)　松川 = 窪田編・前掲注 6）243 頁〔田中〕。

　10)　窪田充見『家族法〔第 4 版〕』（有斐閣，2019 年）331 頁。

　11)　磯谷文明ほか編集代表『実務コンメンタール児童福祉法・児童虐待防止法』（有斐閣，2020 年）31 頁〔水野紀子／久保野恵美子〕。

　12)　この場合の監護の法律構成については，松川 = 窪田編・前掲注 6）212 頁〔西希代子〕。

　13)　磯谷ほか・前掲注 11）31 頁以下〔水野／久保野〕。

相談所が虐待の事実を把握した場合，子は小規模住宅型児童養育事業を行う者
若しくは里親に委託される（以下「里親等委託」という），又は児童養護施設等に
入所させられることがある（以下「施設入所」という）（児童福祉法第27条第1項
第3号・第4項，第28条第1項）。また，児童相談所長が必要があると認める
場合に，一時保護が行われる場合がある（児童福祉法第33条第1項）。

> 　一時保護や里親等委託，施設入所がなされる場合，子の親権や監護権の行使
> 主体は誰だろうか。まず，一時保護中において，子に親権者や未成年後見人が
> いない場合は，児童相談所長が親権を行う（児童福祉法第33条の2第1項）。
> また，親権者・未成年後見人がいたとしても，児童相談所長は，「監護，教育
> 及び懲戒に関し，その児童の福祉のために必要な措置を採ることができる」
> （児童福祉法第33条の2第2項）[14]。さらに，施設入所や里親等委託において
> も同様に，子に親権者や未成年後見人がいない場合は，施設入所においては，
> 児童福祉施設の長が親権を行い（児童福祉法第47条第1項），里親等委託にお
> いては，児童相談所長が親権を行う（同条第2項）。親権者・未成年後見人が
> いる場合は，児童福祉施設の長や里親等が，子について，「監護，教育及び懲
> 戒に関し，その児童等の福祉のため必要な措置をとることができる」（児童福
> 祉法第47条第3項）[15]。
> 　このように，子に親権者がいない場合はもちろん，そうでない場合も，実際
> に監護を行っている者等が，子の監護のために必要な措置を採ることが認めら
> れている。

　以上のような者が，民事法の枠組みで想定されている子を監護する者の例で
あるが，その権利義務は様々である。その中のどのような者が，刑法第179
条でいう「子を監護する者」に該当するのかについては，刑法及び読者の皆さ
んに球を投げたいと思う。

2　性的虐待の結果，子どもができてしまったら？

（1）　生まれてきた子の法律上の父は誰か？

　父Aから性的虐待を受けていた娘Bが妊娠をし，出産をした場合，その子
Cの法律上の親はどのように定まるのだろうか。この問題は，父と娘の間に

---

14)　詳細は，磯谷ほか・前掲注11）403頁以下〔久保野恵美子〕。
15)　詳細は，磯谷ほか・前掲注11）546頁以下〔久保野〕。

性的虐待がある場合のみならず，本書第4回Ⅲ2（53頁）で言及されていたように父と娘に愛情関係があり，子が生まれた場合にも生じる。より一般化すると，近親婚に該当する関係にある者（民法第734条～第736条）の間に子ができた場合，子の法律上の親をどのように定めるのか，という問題でもある。

　ここでは，子Ｃには，嫡出推定により推定される父となる者がいないという前提で説明をする。

　　　子Ｃに嫡出推定により推定される父がいる場合というのは，次のような場合である。子Ｃが，①母の婚姻の成立の日から200日経過後又は婚姻の解消・取消しの日から300日以内に生まれた場合は，婚姻中に懐胎したものと推定され（民法第772条第2項），②母が婚姻中に懐胎した子は，夫Ｄの子と推定される（同条第1項）。
　　　なお，母の夫Ｄは，嫡出否認の訴え（民法第774条・第775条）を提起することで，子Ｃとの間の父子関係を否定できる。その場合，以下で検討するように，生物学上の父Ａが，子を認知（民法第779条）できるかが問題になってくる。

　一般的には，嫡出でない子の父子関係は認知により成立する（民法第779条）。もっとも，ここでは，子の父母の関係が，婚姻が禁止されている近親関係であることから，当然に認知ができるかが問題になる[16]。日本の民法には，近親婚（民法第734条～第736条）の関係に該当する男女の間で生まれた子について，認知の可否等について定めた規定はない。近親婚が禁止されている理由は様々に説明されるが，近親の血族間の婚姻の禁止も含めて，社会的なタブーがその理由の一つであると説明することが可能であるとされる[17]。そのような理由で禁止されている近親関係により生まれた子を，生物学上の父が認知することができるのだろうか。社会的に回避すべきとされる性関係により生まれた子について，その親子関係を法的に明らかにすることに慎重になるべきだ，という考え方もあり得よう。

　民法の起草者は，子には罪がないことから認知が可能であると考えてい

16）　能見善久＝加藤新太郎編『論点体系 判例民法9〔第2版〕』（第一法規，2013年）235頁〔家永登〕。
17）　大村敦志『家族法〔第3版〕』（有斐閣，2010年）135頁以下，窪田・前掲注10）44頁以下。

た[18]。また，戸籍先例は，父が長女に産ませた子に対する認知届を受理すべきとし[19]，叔父が姪に産ませた子の認知届も同様に受理すべきとしている[20]。また，判例は，妻の連れ子との間にできた子を父が認知することは公序良俗に反しないとした[21]。これらの戸籍実務・判例に基づくと，父Ａは娘Ｂが出産したＣを認知することができ，ＡとＣの間に法律上の父子関係が生じる。また，子Ｃやその法定代理人としてのＢから認知請求をすること（民法第787条）も可能ということになろう。

> 外国法を見た場合，日本法の上記のような立場は，必ずしも当然のものではない[22]。
> 例えば，フランスでは，1804年の民法典の成立以降，婚姻を禁止された近親関係にある両親から生まれた子は，「乱倫子（enfant incestueux）」と呼ばれ，どちらの親とも法律上の親子関係が確立しない等，その法律上の地位は低いものであった。これは近親関係にある両親の関係性が公になることを避けるためであったとされる[23]。
> 1972年の改正により，婚姻を禁止された近親関係にある両親から生まれた子は，両親の一方のみと親子関係を確立することが認められたが（民法典旧第334-10条），他方の親との親子関係の確立は認められなかった[24]。現在も，父母の関係が直系血族又は兄弟姉妹である場合には，親子関係は一方の親とのみしか確立しないとされている（民法典第310-2条）。もっとも，子の利益を守るため，子から父に対する援助金を目的とする訴え（民法典第342条以下）は認められている[25]。

法律上の親は，（2）で確認するように，子に対して一定の義務を負うが，子に対して「口を出す」ことが可能になる側面もある。Ｂは，自らを虐待した

18) 大村敦志『民法読解・親族編』（有斐閣，2015年）156頁。
19) 昭和5年6月5日民事611号民事局長回答。
20) 明治32年10月2日民刑1546号法務局長回答。
21) 大判昭和6・1・23法律新聞3227号14頁。
22) 諸外国の制度について，中川善之助＝米倉明編『新版注釈民法（23）親族（3）』（有斐閣，2004年）267頁以下〔泉久雄〕。
23) 田中通裕「注釈・フランス家族法（10）」法と政治64巻2号（2013年）480頁。
24) 山口俊夫『概説フランス法（上）』（東京大学出版会，1978年）443頁。
25) 制度については田中通裕「注釈・フランス家族法（12）」法と政治64巻4号（2014年）1405頁以下。

ような親 A が，自分の子 C の法律上の親となることを欲するのだろうか。B
や C は，A が C を認知することを防ぐことは可能なのだろうか。

　現行民法では，成年の子を認知するには，子の承諾が必要である（民法第
782 条）。また，胎児を認知するには母の承諾が必要である（民法第 783 条第 1
項。なお，子が死亡した場合について，同第 2 項）[26]。それ以外の場合，つまり，
未成年の子の認知には，母や子の承諾は必要ではない。B や C が，A にこれ
以上関与して欲しくない，近親婚に該当する関係で出生した子であるというこ
とを法律上明らかにしたくないと思っても，現行の制度では，B や C は A に
よる認知を拒むことができない場面が生じる。

　なお，このような制度設計になっているのは，父が認知をして子を引き受け
るというのは，子にとって有利な行為であると考えられていたからであるとさ
れるが，現在では，未成年の子や母の意思を尊重すべきであるという批判もあ
る[27]。そこで，現在行われている法制審議会民法（親子法制）部会では嫡出で
ない未成年の子の認知に関し，「嫡出でない子は，その承諾がなければ，これ
を認知することができない。ただし，認知をしようとする者が子の父であるこ
とを証明したときは，この限りでない。」という規律の導入の検討が提案され
ている[28]。もっとも，現在の提案では，認知をしようとする A が C との血縁
上のつながりを証明することができれば，C や B の承諾なく認知はできると
いうことになり，未成年の子や母の意思が完全に尊重されるわけではない。

　(2)　法律上の親がいるとはどういうことか？

　A が C を認知し，A と C の間に法律上の父子関係が生じると，どのような
法律上の効果が生じるのだろうか。

　具体的には，①A が C に対して親権を行使する可能性（民法第 819 条第 4
項），②相続関係が生じること（同第 887 条第 1 項・第 889 条第 1 項第 1 号），
③親の未成熟の子に対する扶養義務，④特別養子縁組の同意（同第 817 条の 6），

---

26)　立法時の議論について，大村・前掲注 18) 157 頁以下。
27)　窪田・前掲注 10) 179 頁，二宮周平『家族法〔第 5 版〕』（新世社，2019 年）
　　186 頁。
28)　法制審議会民法（親子法制）部会「民法（親子法制）等の改正に関する中間試案」8
　　頁。

⑤婚姻の同意（同第 737 条第 1 項），⑥氏が同一になる可能性（同第 790 条第 2 項・第 791 条第 1 項）がある。

> 　いくつか補足をしたい。③の親が未成熟の子に対する扶養義務を負うことについては，結論には争いがないが，根拠については，(i) 民法第 877 条第 1 項に基づくとするもの，(ii) 親子関係に基づく本質的な義務とするもの等，いくつかの見解がある[29]。また，⑤婚姻の同意については，令和 4 年（2022 年）4 月 1 日から，成年年齢が 18 歳に引き下げられ（民法第 4 条），婚姻可能年齢が男女ともに 18 歳になることから（同第 731 条），民法第 737 条も削除される。

　②親の財産を相続できる，③親が子の扶養義務を負うということは，子にとってメリットであるようにも感じるが，①親権行使の可能性がある等，口を出される可能性があるというデメリットもあろう。なお，民法第 819 条第 4 項は，「父が認知した子に対する親権は，父母の協議で父を親権者と定めたときに限り，父が行う。」と規定する。そのため，原則としては，母 B が親権を行使し，AB 間の協議により，A を親権者と定めた場合のみ，A が親権者となる。

　（3）　終わりに
　親による性的虐待などにより，女性が望まない妊娠をし，中絶をせず子を出産するということは想定し得る。そのような場合に，被害に遭った女性のケアをすることは重要である。同時に，生まれた子の権利・法的地位を守っていくこと，生まれてきた子をどのように養育していくのかも検討する必要があろう。子 C を，母 B や父 A が養育するのではなく，普通養子縁組（民法第 792 条以下）や特別養子縁組（同第 817 条の 2 以下，本書 227 頁参照）を行って，養親が養育するということも選択肢の一つとなろう。
　本書第 3 回・第 4 回で扱われた出来事の一つ先のことにも，思いを馳せていただければ幸いである。

---

29)　松川 = 窪田編・前掲注 6）351 頁〔冷水登紀代〕。

第5回

家庭において児童ポルノが作り出されるとき

I　家庭内の性的虐待としての児童ポルノ

　前回（第4回）は，児童に対する性的虐待の中でも特に，2017年の刑法改正で新設された監護者性交等・わいせつ罪（刑法第179条）を扱った。本罪は，「犯罪の温床」としての家庭において特に可視化されにくい性的虐待を処罰するものであるが，家庭内における性的虐待には様々な態様のものがある。その中でも，今回採り上げるのは，家庭内において，親が子の児童ポルノを作り出し，あるいはそれを第三者に提供するといった事例についてである。親が子に対して性交等・わいせつな行為を行う過程で，その状況を描写したものを製造し，さらには頒布したりするというのは，決して珍しいことではない。

　また，家庭における性的虐待としては，実親・養親が実子・養子に対して性交等・わいせつな行為を行う事例だけではなく，実親・養親が第三者から金銭などを得るために，実子・養子に対して第三者と性交等・わいせつ行為を行わせる事例もまた，古くから問題とされてきた。例えば，①父親が家計の援助の代償として，実の娘に被告人と父親宅において性交させた行為について，被告人に児童福祉法上の児童淫行罪が成立した事案や，近時のものとしては，②母親が被告人から対価を受け取って，自分の娘に被告人と性交類似行為をさせた行為について，被告人に児童淫行罪及び児童買春罪（児童買春，児童ポルノに係る行為等の規制及び処罰並びに児童の保護等に関する法律〔以下，児童ポルノ禁止法〕第4条）が成立した事案などがある[1]。金銭などの対価を得るために，親が子の児童ポルノを作り出して第三者に提供するといった行為は，こうした性的虐待の延長線上に位置するものと言えよう。

---

1)　①につき，福岡家小倉支判昭和35・3・18家月12巻7号147頁を，②につき，山形地判平成29・7・4公刊物未登載（LEX/DB:25546439）を参照。

　家庭内における児童ポルノの製造及び第三者への提供といった行為は，後に紹介するように，ドイツにおける児童ポルノ規制の進展（厳罰化）を促す一因となったものである[2]。ドイツでは近時，行為者が経済的に困窮している複数の母親にインターネットを通じてコンタクトを取り，対価と引換えにその幼い我が子の性的な画像を製造・送信させたという事案が問題となっている[3]。また，我が国でも近時，実父が自分の 13 歳の娘に露出度の高い水着を着せてビデオに出演させたとして逮捕・起訴された事案が問題となり，東京地裁は実父である被告人に懲役 2 年執行猶予 4 年及び罰金 50 万円を併科する判決を下した[4]。

　反面で，こうした家庭内における子の性的イメージの描写を巡っては，どこまでが児童ポルノ規制の対象となるのかが，特に「児童ポルノ」の定義との関係で重要となってくる。具体的に言えば，家庭内において自然な状況で撮影された児童の裸体，例えば風呂場などで撮影された乳幼児の入浴シーンにつき，「児童ポルノ」として規制することが妥当なのであろうか。この問題は，前述のように撮影された写真などを第三者に提供する目的を有しない場合，特にいわゆる「単純所持」の場合を巡って顕在化する。家庭内のみで閲覧する目的で撮影された乳幼児の入浴シーンについても，「児童ポルノ」の「単純所持」として刑事罰の対象となるとすれば，家庭内の日常的な行為について過度に刑法が介入していると評価せざるを得ないであろう。こうした問題を巡る議論につき，今回は検討対象としたい。

II　家庭内における児童ポルノについて

1　児童ポルノ規制の経緯

　家庭内における児童ポルノの問題を論じる前提として，そもそも我が国では児童ポルノについてどのような規制がなされているのかについて，ざっと見て

---

2)　BT-Drs. 12/3001, S. 4.

3)　BGH 1 StR 627/16 (Beschluss vom 23. 02. 2017).

4)　東京地判平成 29・11・8 公刊物未登載。

みることにしよう。我が国で児童ポルノを規制する法律である児童ポルノ禁止法は，第2条第3項で児童ポルノを定義し，児童ポルノに関する様々な行為，例えば児童ポルノを製造，公然陳列，提供などする行為を第7条で処罰している。具体的には，児童ポルノは以下の三つの類型に区別される。

> ①　児童を相手方とする又は児童による性交又は性交類似行為に係る児童の姿態（1号ポルノ）
> ②　他人が児童の性器等を触る行為又は児童が他人の性器等を触る行為に係る児童の姿態であって性欲を興奮させ又は刺激するもの（2号ポルノ）
> ③　衣服の全部又は一部を着けない児童の姿態であって，殊更に児童の性的な部位（性器等若しくはその周辺部，臀部又は胸部をいう。）が露出され又は強調されているものであり，かつ，性欲を興奮させ又は刺激するもの（3号ポルノ）

　従来，我が国においては，わいせつ物規制とは別個に，児童の性的描写のみを特に処罰する規定は存在しなかった。しかし，児童の性的虐待・性的搾取の撲滅に関する国際的な意識の高まりを受けて，1999年に児童ポルノ禁止法が制定され，その後，2004年及び2014年の二度に渉って改正がなされている。
　このうち，2014年改正は，従来は処罰されていなかった児童ポルノのいわゆる単純所持（自己性的目的所持。児童ポルノ禁止法第7条第1項）や盗撮による製造（同第7条第5項）を処罰する規定を新設すると同時に，3号ポルノの定義を変更し，処罰対象を限定している[5]。こうした改正のうち，単純所持の処罰化と3号ポルノの定義の変更とは，一定の連動性を有するものである。この点を明らかにするためには，ドイツ語圏における議論が参考になるため，以下で多少の紹介を行う。

2　ドイツ語圏における議論[6]

　ドイツにおいては，1975年刑法改正で，児童の性的虐待を描写したポルノ文書を頒布，公然陳列などする行為を処罰する規定が導入され（ドイツ刑法旧

---

[5]　但し，実質的には処罰範囲の変更はないとするものとして，坪井麻友美「『児童買春，児童ポルノに係る行為等の規制及び処罰並びに児童の保護等に関する法律の一部を改正する法律』について」刑事法ジャーナル43号（2015年）47頁以下。

第184条第3項），その後，1993年改正で，児童ポルノの取得及び単純所持を処罰する規定（ドイツ刑法旧第184条第5項第1文・第2文）が導入された。1993年改正の政府提案理由を見ると，その冒頭に，ビデオカメラの普及により家庭内で（しばしば父親などによって）製造された児童ポルノが交換されたり販売されたりするというビデオフィルムのマーケットについての言及があり，こうした児童ポルノマーケットを有効に禁圧するために，前述の取得・単純所持処罰規定の導入が提案されている[7]。このように，家庭内における児童ポルノの製造を禁圧することが，1993年改正で児童ポルノの取得・単純所持罪を新設する一因であったと言える。

> 　厳密に言えば，頒布・公然陳列目的を持って家庭内で児童ポルノを製造すれば，既にドイツ刑法旧第184条第3項第3号の製造罪に該当する。しかし，こうした目的の存在を立証することは必ずしも容易ではないとの説明が，政府提案理由において併せてなされている。

　こうした取得・単純所持罪の成否との関係で，児童ポルノとは何かが正面から問題とされたのが，我が国の最高裁判所に相当するドイツ連邦通常裁判所（BGH）1997年12月17日決定[8]である。本件では，71歳の男性である被告人が，ホテルの部屋において裸でベッドに横になっている7歳の女児を撮影した。BGHは，裸の児童の写真を撮るだけでは処罰されない旨を明言し，「自然な通常のポーズで衣服を付けずにベッドで横になっている少女」の撮影や撮影された写真の所持は児童ポルノの取得・単純所持罪を構成しないとしたのである。

> 　従来，ドイツ刑法における児童ポルノの定義は，「児童の，児童に対する，又は児童の面前での性的行為の描写」（圏点筆者）というものであった。したがって，性的行為とは言えない児童の裸体などの描写は児童ポルノの定義に含

---

6)　詳細は，深町晋也「児童ポルノの単純所持規制について──刑事立法学による点検・整備」岩瀬徹ほか編集代表『刑事法・医事法の新たな展開　町野朔先生古稀記念（上巻）』（信山社，2014年）456頁以下及び豊田兼彦「ドイツにおける児童ポルノ規制──単純所持規制を中心に」園田寿＝曽我部真裕編著『改正児童ポルノ禁止法を考える』（日本評論社，2014年）168頁以下。

7)　BT-Drs. 12/3001, S. 4.

8)　BGHSt 43, 366 (Beschluss vom 17. 12. 1997).

まれなかった。これに対して，2015 年改正により，「全身若しくは身体の一部
に衣服を着けていない児童の，不自然に性を強調するポーズでの描写」や「児
童の衣服を着けていない性器若しくは臀部の性的に興奮させる描写」について
も併せて児童ポルノとされるに至った（ドイツ刑法第 184 条 b 第 1 項）。した
がって，例えば，児童が両脚を開いて性器を露出させながら睡眠している姿態
を撮影する場合には，そうした姿態が「性的行為」であるか否かを論じること
なく，児童ポルノ該当性を肯定し得ることになった[9]。

　また，スイスにおいては，2002 年刑法改正によって，児童ポルノの取得・
単純所持を処罰する規定（スイス刑法旧第 197 条第 3 項の 2）が導入された。その
後，家庭における児童ポルノの取得・単純所持罪の成否が直接的に問題とされ
たのが，スイス連邦最高裁判所 2006 年 12 月 7 日判決[10]である。本件では，
3 歳の女児 A の父親である被告人 X が，妻 B と 3 人で遊びに来た海岸で，両
脚を開いて全裸でデッキチェアに座っている A を撮影した。スイス連邦最高
裁は，海岸や風呂でのスナップショットのような，自然な状況で撮影された裸
の写真については，児童ポルノ取得・単純所持罪は成立しない旨判示した。
　以上のように，ドイツやスイスにおいては，風呂や海岸でのスナップショッ
トのように，自然な状況で又は自然な通常のポーズで撮影された写真などにつ
いては，児童ポルノ取得・単純所持罪の成立が否定されており，学説もそうし
た結論を支持している[11]。すなわち，不自然な，例えば性器を露骨に強調す
るような裸体の描写については，もはや児童の性的虐待・性的搾取として許容
されないとしつつ，自然な状況・ポーズでの裸体の描写については，なお性的
虐待・性的搾取に当たらないと評価するものと言える。

3　我が国の 2014 年改正を巡って

　再び，我が国の児童ポルノ禁止法の検討に戻ることにしよう。2014 年改正
前の児童ポルノ禁止法における 3 号ポルノは，「衣服の全部又は一部を着けな
い児童の姿態であって性欲を興奮させ又は刺激するもの」と定義されていた。
しかし，この定義からは，たとえ家庭において撮影された自然な状況における

9)　BT-Drs.18/2601, S. 30.
10)　BGE 133 IV 31（Urteil vom 07. 12. 2006）.
11)　深町・前掲注 6）456 頁以下参照。

自然なポーズであったとしても，児童の裸体が描写されている場合に，3号ポルノに該当しないと断じることができるかは不明確である。

　もちろん，「性欲を興奮させ又は刺激するもの」という付加的要件によって，このような限定的な解釈を行う余地はある[12] ものの，この要件がどの程度限定的な機能を有するか，また，どの程度明確な要件と言えるかについても，なお疑問の余地がある。

　そして，2014年改正において，児童ポルノの単純所持を新たに処罰する規定が導入される際には，この点が強く危惧されることになった[13]。それゆえ，「水浴びをしている裸の幼児の自然な姿を親が成長記録のために撮影したようなケース」[14] を特に念頭に置きつつ，こうした事例を明示的に処罰対象から除外するために，既に見たように，「殊更に児童の性的な部位（性器等若しくはその周辺部，臀部又は胸部をいう。）が露出され又は強調されている」という要件が付加されることになった。このような立法趣旨は，正にドイツやスイスで問題となったような，自然な状況・自然なポーズでの児童の裸体の描写を処罰対象から除外するものであり，とりわけ，家庭内における児童の裸体の描写に関して，一定の事案を処罰対象から除外するものであると評価することが可能であろう。

> 　なお，過去に家庭内で撮影された児童の裸体の画像などが仮に「児童ポルノ」に該当するとすれば，それを2014年改正の後に親などがなお所持している場合には，単純所持罪が成立しかねない。しかし，2014年改正においては，単純所持を処罰する第7条第1項において，「自己の性的好奇心を満たす目的」が要求され，かつ，「自己の意思に基づいて所持するに至った者であり，かつ，当該者であることが明らかに認められる者に限る」との限定が付されている[15]。このような限定的要件により，上述のような場合には単純所持罪の成立が否定されることになる。

　他方で，上述のような立法趣旨からすれば，家庭外における不自然な態様で

12）　京都地判平成12・7・17判夕1064号249頁も参照。
13）　園田寿「児童ポルノ禁止法の成立と改正」園田寿＝曽我部真裕編著『改正児童ポルノ禁止法を考える』（日本評論社，2014年）10頁参照。
14）　第186回国会衆議院法務委員会議事録第21号5頁〔ふくだ峰之委員〕。
15）　第186回国会参議院法務委員会議事録第24号2頁〔ふくだ峰之委員〕参照。

の児童の裸体の描写については，なお児童ポルノとして可罰的であるとの帰結が導かれることになる。裁判例においては，公衆浴場の男性用脱衣所で全裸となっていた推定年齢12歳又は13歳の男児の姿態を盗撮した被告人につき，盗撮による3号ポルノの製造罪（児童ポルノ禁止法第7条第5項）の成立を認めたものがある[16]。但し，公衆浴場の脱衣所で全裸となること自体は，自然な状況における自然なボーズであるとも言え，「ひそかに」撮影したという同法第7条第5項の行為態様に加えて，「殊更に児童の性的な部位が露出され又は強調されている」という3号ポルノとしての要件を充足するための事実を認定する必要がある。

　以上のように，児童ポルノ禁止法は，家庭内における自然な状況・態様での児童の裸体の描写については児童ポルノとしての処罰範囲から除外していると考えることができる。こうした態度決定は，ドイツやスイスとも共通するものであり，家庭の自律を一定程度尊重するものとして理解することができよう。

　しかし，このような家庭の自律がどの程度尊重されるべきかについては，今後はより慎重な考慮が必要となろう。そもそも，親が子の成長記録としてその自然な裸体を撮影するケースであっても，子の年齢やそうした成長記録を作成する意義・必要性の有無・程度によっては，3号ポルノ該当性が肯定されることもあり得る。その場合には，前述のように，「自己の性的好奇心を満たす目的」が存在しないために単純所持罪が成立しないに過ぎず，かかる写真を第三者に提供すれば児童ポルノ提供罪（同第7条第2項・第6項）に該当する余地もある。

　このように，家庭の自律を尊重すべき局面が存在することを前提としても，どの範囲までそれを尊重すべきかについては，多様な考慮が必要となるのである。

Ⅲ　終わりに

　児童ポルノ規制を巡っては，多様かつ複雑な問題が存在し，それぞれに困難

---

16)　横浜地判平成29・7・19公刊物未登載（LEX/DB: 25546811）。

な解釈論的課題を提供しているが，今回検討したのは，その中でもほんのごくわずかの部分である。例えば，近時，児童ポルノにおいて特に問題となっているのは，いわゆる「自画撮り」及びその規制についてであり，社会の目から隔離された家庭という場の中で，更に親の目からも隔離された「自室」において児童ポルノが作り出されるという事象もまた，「家族と刑法」という枠組みで論じることが可能かもしれない。

　今回の検討では，家庭が社会の目から隔離された場として，時に児童ポルノを作り出す場となり得ること，他方で，家庭という場の自律性を尊重すべき局面もなお残されていることが示されたように思われる。

　第3回から今回までの検討を通じて，児童の性的な保護について，現行法は刑法典，特別法及び条例において様々な処罰規定を設けていることが明らかになった。その理由は，児童の性的自己決定権の要保護性はもとより，児童に関しては健全な性的発達が特に重要と解されているからである。

　それでは，児童の健全な発達の重要性は，果たして児童の性的側面に限定されるのであろうか。第3回でも多少触れた児童虐待防止法を想起すれば明らかなように，児童の健全な発達は，性的側面に限らず様々な観点から重要となるものである。このような児童の健全な発達を十全に保護するために刑法がいかなる役割を担うべきかについては，第6回以降においても繰り返し検討される，非常に重要な問題である。

◇連載のあとに

1　統計データから見る児童ポルノ

　連載においては，家庭内における児童ポルノについては決して珍しくないと述べたが，この点に関する統計データを確認してみたい。保護者の児童に対する性的虐待に関する統計データを見ると，児童ポルノ禁止法違反の検挙件数は，ここ数年概ね10件台で推移しているが，令和2年（2020年）については22件となっている[17]。したがって，第3回（本書41頁）で検討した強制性交等罪（旧強姦罪）や強制わいせつ罪のように，ここ数年で急激に検挙件数が増加しているわけではない。

これに対して，保護者によらない，より一般的な児童ポルノ犯罪の検挙件数について見てみると，平成23年（2011年）以降，基本的には増加傾向にあり，ここ数年は特に急増している。例えば，平成28年（2016年）には2097件であった検挙件数が，令和元年（2019年）には3059件にまで増加している（但し，令和2年〔2020年〕は2757件に減少している）。なお，この増加の相当部分は，平成26年（2014年）に新設された単純所持罪の検挙件数増加によるものである（2016年：56件，2019年：537件）[18]。

2　家庭の保護機能が弱まるとき

本書のはしがきや第1回（本書2頁）において，筆者は，家庭がその構成員を外界の厳しさ，すなわち「社会の荒波」から保護する機能を有する点を指摘した。しかし，児童に対する性犯罪に関しては，インターネットの発達に伴い，そのような保護機能が薄れてきている。特に問題となるのは，インターネットのチャットルームやSNSなどを利用することで，児童性愛者が児童に性的な接触を持とうとすることである。

こうした行為のうち，例えば，行為者が児童に対してその裸体などを画像に撮るように申し向け，これに従った児童が裸体画像などを撮影して行為者に送信するという「自画撮り」については，既に児童ポルノ禁止法による処罰がなされている[19]。また，上述のような自画撮りの要求行為自体を特に規制・処罰する条例も存在する。例えば，東京都青少年の健全な育成に関する条例第18条の7は，2017年改正（2018年2月1日施行）により新たに導入された規定であるが，青少年に拒まれたにも拘らず，又は威迫・欺き・困惑といった手段により，自画撮りなどによる児童ポルノ等の提供を青少年に求める行為を規制対象とし，違反者に30万円以下の罰金を科している（同第26条第7号）。

しかし，より直截的に，児童性愛者などが児童に性的な誘いかけをすること自体を規制・処罰する規定，すなわち，いわゆる「グルーミング罪」の導入の

---

17)　警察庁生活安全局少年課「令和2年における少年非行，児童虐待及び子供の性被害の状況」（2021年）16頁。

18)　警察庁生活安全局少年課・前掲注17) 19頁。

19)　瀧本京太朗「いわゆる『自画撮り』行為の刑事規制に関する序論的考察（1)」北大法学論集68巻3号（2017年）71頁以下参照。

可否も検討されるべき課題と言えよう[20]。例えば，ドイツ刑法やオーストリア刑法には，このようなグルーミングをオンラインで行う場合を処罰する規定が存在する（サイバーグルーミング罪）。サイバーグルーミングは，正に家庭の保護機能をかいくぐり，児童に性的な接触を試みるものであって，「家族と刑法」という観点からは決して無視できない重要な事象と言える。

　これに対して，家庭の保護機能が弱化して児童が様々な形で性的接触の対象とされることを防ぐために，行為者に対してだけではなく，むしろ児童に対しても刑事罰を科すという方法もあり得なくはない。一例を挙げると，我が国においては，インターネット異性紹介事業を利用して児童を誘引する行為の規制等に関する法律（いわゆる出会い系サイト規制法）第6条第2号が，「人（中略）を児童との性交等の相手方となるように誘引すること」を禁止し，その違反には100万円以下の罰金を科している（同法第33条）。この条文は，児童が成人に対して自己を性交等の相手方となるように誘引すること，例えば，16歳の女子が出会い系サイトにおいて「自分と性交したいおじさんを募集します」といった書込みをすることを禁止しており，そうした書込みをした児童は処罰の対象となり得る。それでは，児童が児童ポルノによる被害者となることを防止するために，自画撮りをさせた行為者のみならず，自画撮りをした児童本人をも処罰対象とすることは果たして可能であろうか。

　自画撮りが児童ポルノの製造手段の一つであり，社会に児童ポルノを蔓延させる原因の一つであることは疑いない。そして，児童の自画撮りを抑止できれば，児童ポルノの大きな供給源を断つことが可能となる。しかし，そうした観点から，自画撮りをした児童を児童ポルノ製造罪（児童ポルノ禁止法第7条第4項）の（共同）正犯として処罰することが可能かつ妥当であるのかは別論である。理論的に見れば，自画撮りを求めた行為者と自画撮りを行った児童との間に共謀を肯定しつつ，児童についても共同正犯が成立するとの理解もあり得なくはない[21]。

　児童ポルノ禁止法における第一次的な保護法益が，児童ポルノの被写体と

---

20)　性犯罪に関する刑事法検討会「取りまとめ報告書」（2021年）23頁以下でも，グルーミング行為を新たに処罰対象とするかを巡って，比較法的な知見も参照しつつ検討すべきことが論じられている。

なった当該児童だとする通説的（あるいは有力）な理解[22]からすると，当該児童の自画撮りを理由として当該児童に対して国家が介入するのは，パターナリズムを理由とするものと言える。児童は性的行為に関して未成熟な判断能力しか有していないと解する立場からは，こうした国家的介入はいわゆるソフト・パターナリズム（対象者の行為が任意になされたものとは言えない場合に，国家が当該対象者を保護するために当該行為に介入すること）に位置付けられよう。しかし，このようなソフト・パターナリズムに依拠する場合に，対象となる児童に対する行政の啓発や警察による補導（オンラインにおける，いわゆる「サイバー補導」はその一例である）といったことを超えて，「刑罰」を科すことが正当化されるのかは，なお疑問である[23]。

　むしろ，国家の介入のあり方としては，児童に対する家庭の保護機能を高め，あるいはその補完をすることが望ましいものと言えよう。

21)　こうした理解に立つ下級審裁判例を紹介するものとして，瀧本・前掲注 19) 89 頁以下参照。但し，これらの裁判例が児童を本罪で処罰しているわけではなく（そもそも起訴もされていない），あくまでも行為者の罪責を問う中で言及されているに過ぎない。

22)　渡邊卓也『ネットワーク犯罪と刑法理論』（成文堂，2018 年）37 頁。

23)　*Feinberg*, Harm to Self（Oxford University Press, 1986），pp.14-15.

第 5 回コメント

親が子どもの画像を公表するとき

石綿はる美

1　はじめに──子の画像・動画の公表と親権の関係

　本書第 5 回では，親が子の児童ポルノを作成し，あるいは，第三者に提供するといった事例についての検討が行われた。それに対して，本コメントでは，児童ポルノのように内容自体が必ずしも問題になるわけではないような子の画像や動画を，出版物やテレビ等で公表することを，民法の視点からどのように考え得るのかを検討してみたい。

　子に関する画像や動画を親権者である親がどのように扱い得るのかについては，主に次の二つの問題が生じうるだろう。第一は，未成年の子が，画像や動画を公表することを，親が制限することができるのかという問題である。これは，子の行為に対する親権者による制限・監督の問題と整理することができよう。第二は，親が，子の画像や動画を公表できるのかという問題である。これは，親権者が親権行使の内容としてどのような行為ができるかという問題と整理することができよう。

　これらの問題について，日本では従前，それほど議論がされていないが，2019 年から開催されている家族法研究会[1]で検討されていた。

　例えば，第 2 回の会議資料では，親子間の法律関係を整理する中で，監護及び教育（民法第 820 条）の内容として，子の自己決定，プライバシー等に関連する問題として，「子の写真や動画の商業利用」に加えて，「子の写真や動画等のインターネットへの掲載」が挙げられている[2]。

　また，2021 年 2 月に公表された家族法研究会報告書では，父母の離婚後の子の養育に関する規律の検討に際して，離婚後の父母が子に関して決定すべき事項を「重要決定事項」「日常的決定事項」「随時決定事項」の 3 分類と整

---

1)　同研究会の資料・議事要旨は，公益社団法人商事法務研究会の家族法研究会の HP（https://www.shojihomu.or.jp/kenkyuu/kazokuhousei）に掲載されている。研究会の検討課題等については，本書 83 頁参照。
2)　家族法研究会「研究会資料 2」4 頁。

理した上で[3]，一定の場合には，重要決定事項について，父母の双方が関与する可能性が検討されている[4]。そして，「重要決定事項」としては，転居，海外渡航，進学・転校・退学・就労先に関する選択等が挙げられているが，それに加えて，「写真・動画の商業利用など子の肖像権やプライバシー権に関する事項」も含みうるとされている[5]。

　外国に目を向けてみると，フランスでは，第二の親が子の画像等を公表できるのかという問題について，親権行使の態様を巡る両親の紛争として，いくつかの裁判例がある。そこで，本コメントでは，フランスの裁判例を紹介するという形で，上記の問題について取り上げる。

2　フランスにおける議論

　フランスでは，子の写真・動画の公表を巡る紛争は，両親間の親権行使の態様に関する紛争，具体的には，当該行為が子に関する「重要な行為」か否かという紛争として生じている。少し長くなるが，(1) なぜそのような形で紛争が生じるのかについて，フランスの親権法について簡単に説明した上で，(2) フランスの裁判例を紹介する。

(1)　親権者が複数いる場合の親権行使の態様[6]

　フランス民法典は，両親に親権が帰属している場合には，両親が共同して親権を行使すると規定するが（同第372条第1項），これは，子の身上に関することを両親が共同で決定することを意味する。つまり，「共同決定の原則」を採用している。

> 　なお，フランスのように，複数の者が親権を行使する場合に，両親が共同して決定をするという法制度を採用することは，当然の帰結ではない。フランスやドイツでは，共同して行使し，合意をすることが原則であるのに対して，イ

---

3)　家族法研究会「家族法研究会報告書」20頁。
4)　家族法研究会・前掲注3) 24頁。
5)　家族法研究会・前掲注3) 31頁以下。
6)　本項について詳細は，久保野恵美子「親権に関する外国法資料 (1)」大村敦志ほか編著『比較家族法研究』（商事法務，2012年）385頁以下，栗林佳代「フランス」床谷文雄＝本山敦編『親権法の比較研究』（日本評論社，2014年）180頁以下参照。

ギリスでは，親権（イギリスでは「親責任（parental responsibility）」という）を有する者は，単独で他方の親権者の関与なく各種事項を決定し実施できるという[7]。

　では，フランスではどのような場合に，両親は共同して親権を行使するのだろうか。フランスでは，1987年の法律により離婚後の両親の親権の共同行使が選択可能となり，1993年の法律により共同行使が原則となった。民法典第373-2条第1項は，「両親の共同生活の解消は，親権の行使の帰属の規則に影響を及ぼさない。」と規定する。したがって，両親の共同生活の解消前に，親権を共同行使しているのであれば，共同生活の解消後（例えば，離婚，別居，内縁関係の解消等）も，引き続き両親は親権を共同行使する。

　しかしながら，両親の婚姻関係が良好な時のみならず，両親の別居・離婚後も含め，親権を共同して行使する場合には，子の身上に関することを全て共同して決定しなくてはいけないとすると，両親にとっても負担であり，第三者も常に両親が合意をしているのか確認する必要が生じる等，非常に負担が重い制度になることが考えられる[8]。そこで，フランス民法典第372-2条は，「善意の第三者に対しては，両親の各々は，単独で子の身上に関して親権の日常的行為を行うときも，他方と一致して行為するものと推定される。」と規定する。同条は，第三者が両親と関係を持つことを容易にすることを目的とし[9]，両親の合意がないことについて善意の第三者は民事法上の責任を負わないことを明らかにするものである[10]。フランス民法典第372-2条は，日常的行為について両親の合意を不要とするものではないが，同条の存在により，事実上，日常的行為については，両親が単独で行うことができるようになるとも指摘されている[11]。それに対して，日常的行為ではない「重要な行為」については，原則通り，両親の合意が必要となる。

---

7)　久保野恵美子「親権者が数人ある場合の権限の行使について」法学（東北大学）83巻4号（2020年）511頁以下。イギリスにおける親権行使については，久保野・前掲注6）405頁以下，田巻帝子「イギリス」床谷＝本山編・前掲注6）19頁以下。

8)　Bonnet, Droit de la famille, 7ᵉéd, Bruylant, 2018, n.260, p.163.

9)　Bonnet, supra note 8, n.260, p.163.

10)　Fenouillet, Droit de la famille, 4ᵉéd, Dalloz, 2019, n.607, p.532.

11)　Batteur, Droit des personnes, des familles et des majeurs protégés, 10ᵉéd, LGDJ, 2019, n.604, p.260.

　このような民法典の規定を前提にすると，両親にとっては，日常的行為や重要な行為が何かが重要になる[12]。この点は，民法典には定義がなく，具体的な行為の例示もない。学説では，日常的行為は，「重要度が低く」，「（両親の）1 人が遂行することが通常である」行為であるなどと説明される[13]。他方，重要な行為は，「過去との関係を断ち，子の未来を拘束する行為，あるいは子の基本的な権利に関係する行為」[14]などとされる。学説・判例などでは，日常的行為として，同じ学校における子の再登録や，スポーツクラブの登録等が挙げられている。重要な行為としては，宗教教育を行わない学校から宗教系の学校へ登録を行うこと，宗教上の選択，手術などの重要な治療行為に関する同意が挙げられている。

　　日本においては，親権者が複数いる場合，親権の行使はどのように行うのだろうか。民法第 818 条第 3 項は，「親権は，父母の婚姻中は，父母が共同して行う。」と規定する。ここでいう「共同して行う」ということは，「親権の内容の行使が，父母の共同の意思によって決定されることをいう」とされている[15]。
　　もっとも，日本では，父母が共同して親権を行使するのは，その婚姻中のみであり，父母の離婚後は，親権者と定められた者のみが，単独で親権を行使し（民法第 819 条第 1 項，第 2 項），子に関する事項について単独で決定することになる。この点については，離婚後も父母の双方が子の親権を有する共同親権制度を採用しないことは，憲法違反であるなどとして，国家賠償を求める訴訟が提起されるなど，離婚後の共同親権の導入を求める国内外の動きもある[16]。
　　現行法の下でも，面会交流など離婚後の子の監護に関する事項を定めることはできるが（民法第 766 条），現在は，離婚後の養育費の支払いや面会交流の

12)　詳細は，栗林佳代「フランス」床谷＝本山編・前掲注 6) 183 頁以下，拙稿「子に関する決定に対する親権者の関与のあり方」法学（東北大学）84 巻 3 = 4 号（2020年）38 頁。
13)　Fenouillet, supra note 10, n.607, p.532.
14)　Bruno Le Roux et autres, Proposition de loi (n°1856), relative à l'autorité parentale et à l'intérêt de l'enfant, Enregistré à la Présidence de l'Assemblée nationale le 1er avril 2014.
15)　於保不二雄 = 中川淳編『新版注釈民法(25)親族(5)〔改訂版〕』（有斐閣，2004 年）〔岩志和一郎〕31 頁。
16)　訴訟も含め，国内外における共同親権制度の導入を巡る動きについて，石塚理沙「離婚後の共同親権について」立法と調査 427 号（2020 年）187 頁，特に 188 頁注 7 及び 191 頁以下。

定めがされないまま両親が離婚することも多く，仮に取決めをしたとしても，養育費の支払いや面会交流の実施が実現されないこともある。2016年の調査によると，養育費の取決めをしているのは，母子世帯で42.9%，父子世帯では20.8%であるが，現在も養育費を受けているのは，母子世帯で24.3%，父子世帯で3.2%にとどまる。面会交流についても，取決めをしているのは，母子世帯で24.1%，父子世帯で27.3%であり，現在も面会交流を行っているのは，母子世帯で29.8%，父子世帯で45.5%である[17]。

父母の離婚後の子の養育・関与のあり方については，社会的な関心も高まっており，2019年11月から，立法による対応も念頭に置きながら，前述の家族法研究会において検討が行われ，2021年2月に報告書が公表された。そして，2021年3月から法制審議会家族法制部会における審議が始まっている。今後の司法や立法の動向に注目していく必要がある分野である。

(2)　子の画像・動画に関する裁判例

本題に戻り，子の画像・動画を公表する行為は，子に関する重要な行為なのか，日常的行為なのか。フランスの裁判例の多くは，子の画像・動画の公表は重要な行為であるとしているが，日常的行為であるとしたものもある。以下では，簡単に裁判例を紹介する。

①　重要な行為とした裁判例

まず，テレビ放映されたドキュメンタリーへの11歳の子の参加は，日常的行為ではなく，重要な行為であるとした裁判例がある[18]。子が，ゴールデンタイムに放映される，離婚した家族に関するドキュメンタリーに参加したが，ドキュメンタリーを製作した会社及び放映した会社に対して，子の私生活及び母の親権を侵害したとする母の損害賠償請求が認められた事案である。著名人であった父は，子の撮影について同意したが，母は事前に放映に反対していた。それにもかかわらず，テレビ局は当該ドキュメンタリーを放映した。

同様に著名な映画俳優であるアラン・ドロンの子の写真の週刊誌での公表について，子に関する重要な行為であるという判断をした破毀院判決もある[19]。

---

17)　厚生労働省「平成28年度全国ひとり親世帯等調査結果報告」50頁以下，62頁以下。

18)　CA Versailles, 11 sept. 2003, n°02-03372, AJ famille 2003. 383.

母が事前に複数回にわたって反対の意思表示をしていたにもかかわらず，出版社が子の写真を雑誌に掲載したことについて，裁判所は，母固有の精神的損害を認定し，出版社に対して母への損害賠償を命じた[20]。

　また，詳細は不明であるが，（ヌーディストである）父の同意は得たが，母の同意がないままに，未成年の子の裸の写真を利用した団体に対して，子に対する損害賠償の支払いを命じた裁判例もある[21]。この裁判例も，写真の公表は，重要な行為であるという前提に立っていると整理できよう。

　さらに，子の画像・動画の公表の問題は，ソーシャルネットワークの発展により緊急の課題になっているとも指摘されており，この問題についての裁判例もいくつかある[22]。例えば，母が，父が母の同意なくFacebook上で子の写真を公表することを禁止することを求めた事案において，子の写真の公表が親権行使の内容に含まれ，親権を行使する両親の同意が必要であるとして，他方の親の同意のない写真の公表を禁止したものがある[23]。この裁判例も，ソーシャルネットワーク上での写真・動画の公表は，子に関する「重要な行為」であるという前提に立っているものである。

　②　日常的行為とした裁判例

　子の画像・動画の公表を日常的行為とした裁判例は少ないが，一例として，地域の団体が作成するアマチュア映画へ，2人の子どもが参加することは，放映範囲が限定され，商業目的ではないことから，日常的行為であると判断した裁判例がある[24]。同事案は，2人の子どもが，母の同意のみで，父の同意なく，映画に出演したというものであった。

---

19)　Cass. civ. 1re, 27 fév. 2007, n°06-14273, Bull. Civ. 2007, 1, n°78, Dr. fam. 2007 comm. 124, RTD civ. 2007. 327, obs. Hauser.

20)　親権が子の利益のための義務であると同時に，教育の義務を負う親の特権であるという考え方を示す点を，本破毀院判決の特徴であると指摘するものとして，Hauser, L'enfant ou l'enfance? Le droit à l'image, D. 2010.216.

21)　CA Bordeaux, 27 août 2009, cité par Hauser, supra note 20, p.216.

22)　Gouttenoire, "Autorité parentale: exercice", dans Murat, Droit de la famille, Dalloz, 2019, n.233.38, p.1000.

23)　CA Paris, 9 fév. 2017, n°15-13956. CA Versailles, 25 juin 2015, n°13-08349 も同様の判断をした裁判例である。

24)　CA Orléans, 14 mars 2011, RTD civ. 2012. 91.

3 終わりに——日本法を考える参考に

上述のフランスの裁判例の動向から二つのことが指摘できよう。

第1に，子の画像・動画の公表が，親権行使を巡る紛争として生じていることからもわかるように，子の画像・動画の公表という行為は，親権行使の一内容に含まれると考えられている。

第2に，多くの裁判例が，子の画像・動画の公表は，子にとって「重要な行為」であると判断している。重要な行為とは，2（1）で紹介したように，例えば，「子の未来を拘束する行為，あるいは子の基本的な権利に関係する行為」であるとされている。ゴールデンタイムでのテレビ放映や雑誌への掲載などは，動画や画像を目にする人も多く，インターネット上での画像・動画の公表は，その情報を削除することも容易ではない。いずれも，現在子に与える影響が大きいばかりではなく，子の未来にも影響を与えるものであろう。そして，フランスにおいては，両親が同意をすれば，（適切な内容のものであれば）子の画像・動画について，両親が公表することが認められている。

日本においても，子の肖像権が重要な権利であるということ，子の画像や動画の公表が子に与える影響について長期的な視点でも検討する必要があることについては，大きな異論がないであろう。そのうえで，親による子の画像・動画の公表は両親が合意すれば認められるのか，公表が認められるのはどのような内容のものなのか等についての検討が必要となろう。これらの問題は，フランス法のように，親権行使（民法第820条）の問題として考えていくことができるかもしれない。

さらに，親による子の画像・動画の公表を親権行使の問題と考えると，子が望まない，あるいは望まないであろうと考えられる画像・動画を親が公表することを，制限できるのかという問題にも通じよう。特に問題になり得るのが，画像・動画の内容としては客観的には問題がないが，子がそのような画像・動画の公表を望まない場合であろう。例えば，親が子の画像を Facebook に公表することを子が望まず，当該画像の削除を希望する場合，親子間の紛争はどのように解決するのか。これは，親権者の親権行使に対する子の意思の尊重・考慮の問題となるのだろうか[25]。親権は，子の利益のために行使するものとされている（民法第820条）。もっとも，家事事件手続法第65条には家事審判の手続における子の意思の把握についての規定が置かれているものの，民法

には子の意思の考慮の必要性・考慮の方法については明文の規定がない。子の年齢や，親権行使の内容に応じてではあるが，子の意思の考慮・尊重をどう行うのか，子の意思に反した親権者の行為に子が法的にどのように対応できるのかは，立法的な対応も含めて今後の検討課題であろう。

　読者の皆さんには，子の画像・動画を巡って，本コメントで取り扱った他にも，どのような紛争が生じうるのか，それをどのように法的に解決していくべきか，是非考えてみていただきたい。

---

25)　前述の家族法研究会においては，親が親権を行使する際に子の意思や意見を反映させる必要性についての検討も行われている（家族法研究会「研究会資料8」24頁以下，前掲注3) 135頁以下）。

第6回

児童が家庭でタバコの煙に苛まれるとき

Ⅰ　家庭内の受動喫煙と児童虐待

　前世紀後半，特に 1970 年代や 80 年代頃において，家庭における暴力の典型として特に問題とされていたのは，子どもから親に対する暴力（いわゆる「家庭内暴力」）であったと言えよう。

> 　往年のテレビドラマである「積木くずし　親と子の 200 日戦争」（1983 年放送）を記憶されている読者もいるかもしれない。2012 年にも，「積木くずし　最終章」が放送されており，「家庭内暴力」という事象についての関心は依然として大きいものがあると言えよう。なお，本作の原作者である穂積隆信氏は，1983 年放送版の原作を書いた際には，作中の主人公である家庭内暴力を行う自分の娘に対して，親としての自分の正しさを正当化していたが，2012 年放送版の際には，むしろ自分の親としての問題性に気づいた旨述べている[1]。

　これに対して，2000 年代になり，家庭内における問題に対する社会的な関心は多様化している。すなわち，配偶者やパートナー間でのドメスティック・バイオレンス（DV）や児童虐待，高齢者虐待といった多様な問題が意識されるようになっている。いわゆる「DV 夫・妻」や「毒親」といった言葉も，ここ 10 年ほどで社会的に広く知られるようになっている。

> 　とはいえ，DV のような事象は古くから問題となっていた。例えば，コナン・ドイル『シャーロック・ホームズの冒険』収録の「花婿の正体」[2]（A Case of Identity）（1891 年）の冒頭には，語り手であるワトソンが「妻に対する夫の虐待（A husband's cruelty to his wife）」という新聞のコラムのタイトル

---

1) http://www.fujitv.co.jp/m/drama/tsumiki/interview/04.html 参照（2020 年 9 月 19 日閲覧）。
2) タイトルの訳は，コナン・ドイル（深町眞理子訳）『シャーロック・ホームズの冒険』（東京創元社，2010 年）による。

を読み上げ，「内容を読まなくとも何が書いているか分かるよ」と言って夫の
妻に対する虐待について語るシーンがある。その次に続くホームズの意外な台
詞や，正に「毒親」としか言いようのない養父が惹き起こす，極めてやり切れ
ない思いが残る結末と併せて，読者の皆さんにも是非お読みいただきたいと
ころである。

　前述のような意識の変化を受けて，法が家庭内における問題として取り組む
べき課題も多様化しているが，その中で，近年，家庭内における受動喫煙とい
う問題が急速に関心を集めている。その理由は，2017年10月に東京都が「東
京都子どもを受動喫煙から守る条例」（以下，「子ども受動喫煙条例」と略）とい
う条例を公布したことにある。この条例は，子どもの心身の健全な成長に寄与
することを目的として（同第1条），保護者に対して家庭等における子どもの受
動喫煙を防止するように努めるべきことを規定する（同第6条第1項）。

　ここで突然，子ども受動喫煙条例が，実は児童虐待と密接な関連を有するの
だと言われると，違和感を持たれる読者の方もいるかもしれない。受動喫煙が
子どもの健康に有害であることは論を俟たない[3]としても，家庭内で喫煙を
すると子どもに対する虐待になるのだと言われれば，喫煙者であろうがなかろ
うが，すんなりとは受け容れがたいかもしれない。

　しかし，後に詳しく見るように，この条例の制定過程を見ると，家庭内の受
動喫煙と児童虐待との共通性が正面から論じられている。また，この条例に罰
則規定は存在しない（これは児童虐待の防止等に関する法律〔以下，児童虐待防止
法〕における「児童虐待」に対する罰則規定がないこととも連動している）ものの，
将来的に罰則規定が設けられる余地の有無という点も関心を惹くところである。

　そこで今回は，児童の心身の健全な成長が家庭において害されるという問題
につき，まずは児童虐待という現象を概観した上で，児童虐待防止法による規
制とその課題，特に同法に児童虐待に関する処罰規定が存在しない点を中心に
検討する。次に，こうした検討を通じて，東京都の子ども受動喫煙条例につい
ても考察を行う。この条例が児童虐待防止法との共通性・連続性を有する点を
概観した後に，受動喫煙によってもたらされる児童の心身の健全な成長への害

---

3)　厚生労働省「喫煙と健康　喫煙の健康影響に関する検討会報告書（平成28年8月）」
　　（いわゆる「たばこ白書」）329頁以下参照。

をどのように規制すべきかについて分析を加える。

Ⅱ　児童虐待の現状

　児童虐待防止法第2条は，保護者がその監護する18歳未満の児童に対して行う児童虐待の様々な類型を規定している。すなわち，身体的虐待（第1号），性的虐待（第2号），ネグレクト（第3号）及び心理的虐待（第4号）である（条文については本書33頁参照）。平成28年度（2016年度）における児童相談所での児童虐待相談件数[4]は全体で12万2578件（速報値，以下同じ）であり，ここ10年において一貫して増加傾向にある（平成23年度〔2011年度〕の件数が5万9919件であり，ここ5年で倍増している）。こうした増加傾向を後押ししているのは，第3回（本書41頁）でも言及したように心理的虐待に関する相談件数の急増であり，例えば平成18年度（2006年度）では相談件数全体の17.2％（6414件）に過ぎなかった心理的虐待が，2016年度では全体の5割を超えている（6万3187件，51.5％）。

> 　心理的虐待についてやや詳しく見ると，2016年度における警察から児童相談所への通告件数（5万4227件）のうち，心理的虐待が3万7183件と全体の約7割を占めている。そのうちの約7割に当たる2万4998件がいわゆる「面前DV」，すなわち，子の面前で一方の親が他方の親にDVを加えることによるものとされている。

　とはいえ，身体的虐待やネグレクトについても，2006年度から基本的には一貫して増加傾向にあり，それぞれについて2006年度と2016年度の数値を比較するとほぼ倍増している。具体的には，2006年度については，身体的虐待が1万5364件，ネグレクトが1万4365件であり，2016年度については，身体的虐待が3万1927件，ネグレクトが2万5842件である。

　また，児童虐待それ自体を処罰する規定はないものの，児童虐待が殺人・傷

---

4)　以下のデータは全て，厚生労働省「平成29年度全国児童福祉主管課長・児童相談所長会議資料」（2017年）5頁以下及び230頁以下による。

害などの刑法犯に該当するとして検挙がなされた件数について見ても，基本的には一貫して増加傾向にある。すなわち，2011 年度で 421 件であったのが，2016 年度では 1081 件となっており，ここ 5 年で倍増している。そして，2016 年度検挙件数のうち，身体的虐待が 866 件と約 8 割を占めている。すなわち，児童虐待において，刑事罰の対象となるような重大な事案については，依然として身体的虐待が多いものと言える。

　以上で概観した通り，児童虐待の相談件数や検挙件数は増加の一途を辿っており，特に心理的虐待に関する認識を含めて児童虐待に関する認識が社会に広がっていることが窺える。他方で，児童虐待それ自体を処罰する規定が存在しないために，検挙件数における罪名は，殺人・傷害・暴行といった人身犯や性犯罪がその殆どを占めている。

　このような状況において，従来の刑法典の犯罪では不十分であり，児童虐待それ自体を処罰する必要があるとの声が出てくるのは十分に理解し得る。そこで，以下では，こうした児童虐待を処罰する規定（児童虐待罪）について，若干の検討を行うことにする。

Ⅲ　児童虐待罪を巡る議論

1　従来の議論

　児童虐待防止法の中に児童虐待罪が存在しない点については，従来から議論の対象とされている[5]　が，そこでの議論の中心は，虐待による傷害・死亡や性的虐待を特別に処罰する規定の必要性についてである[6]。そして，特に家庭内における性的虐待については，第 3 回及び第 4 回で見た刑法第 179 条の監護者性交等・わいせつ罪の新設によって，相当程度に対応がなされたものと評価

5)　林弘正『児童虐待──その現況と刑事法的介入〔改訂版〕』（成文堂，2006 年）151 頁以下，岩井宜子＝渡邊一弘「立法論としての『児童虐待罪』」町野朔＝岩瀬徹編『児童虐待の防止──児童と家庭，児童相談所と家庭裁判所』（有斐閣，2012 年）289 頁以下。また，近時この点を詳細に検討したものとして，池田直人「児童虐待の処罰に関する考察」東京大学法科大学院ローレビュー第 12 巻（2017 年）24 頁以下。
6)　林・前掲注 5) 151 頁以下，岩井＝渡邊・前掲注 5) 295 頁。

できる。

　これに対して，児童の心身の健全な成長を正面から問題にすることで，身体的虐待のみならず，精神的虐待やその他の精神的成長の阻害についても処罰対象に含める議論も十分に考えられる。例えば，ペンシルベニア州刑法は，アメリカ模範刑法典第230.4条における「子の福祉を危殆化する罪」をほぼそのまま条文化した規定を有しており，子の福祉を監督する者（例えば親）などが子の福祉を危殆化する行為を処罰対象としている[7]。そして，このような処罰規定はドイツ語圏各国においても見られる。

　そこで，以下では，こうした児童虐待を処罰する規定を採用するドイツ語圏の法状況について見てみたい。

2　ドイツ語圏の状況──二つの異なる児童虐待罪

　ドイツ，スイス，オーストリアのいずれの国においても，児童虐待を処罰する規定としては，二つの異なった類型が存在する。第1の類型は，傷害罪の特別類型としての児童虐待を処罰するものであり，第2の類型は，児童の心身の健全な成長それ自体を保護する独自の構成要件を規定するものである。

　まず，第1の類型について概観する。第1の類型に属する犯罪，すなわち，ドイツ刑法第225条，スイス刑法第123条第2項及びオーストリア刑法第92条は，それぞれの刑法典における，生命あるいは身体に対する罪を規定する章に置かれていることからも分かるように，傷害罪に類似した犯罪として理解されている。その基本構造をまとめると，18歳未満の児童や疾病などによって抵抗不能な者に対して，その保護・監督を行う地位にある者が虐待を行ったり健康被害を与えたりする場合を処罰する。また，虐待行為などから重大な傷害や死亡結果が生じた場合の加重類型が規定されている。

　なお，例えばドイツ刑法第225条においては，精神的な虐待も処罰されることから，保護法益としては「精神の完全性」も含まれるとされており，傷害罪の加重類型としての罪と精神的虐待を独自に処罰する罪とが合わさったものと評価できる[8]。

---

7)　池田・前掲注5）43頁以下。
8)　池田・前掲注5）31頁。

　細かい話になるが，オーストリア刑法第 92 条第 3 項は致死又は重大致傷結果を要件とする結果的加重犯を規定する（したがって，加重結果についての故意は不要である）。これに対して，ドイツ刑法第 225 条第 3 項第 1 号は，死亡又は重大な健康障害を惹起する危険性を要件とする加重類型である（したがって，危険性についての故意が必要となる）。さらに，ドイツ刑法第 225 条第 3 項第 2 号では，心身の発達を著しく阻害する危険性をもたらした場合をも加重処罰している。これに対して，現在のスイス刑法典はそもそも結果的加重犯規定を有しない。このように，細かく見ていくと，加重類型についてはドイツ語圏各国でも相当に異なる。

　第 1 の類型のうち，特に傷害罪の加重類型としての規定は，従来我が国においてその導入の可否が議論されてきた，虐待による傷害・死亡を処罰する規定そのものと言える。例えば，個々の行為としては暴行とまでは言いにくい虐待行為が継続的になされたことによって死傷結果が生じた場合は，こうした規定を導入することで適切な処罰が可能となろう。とはいえ，第 1 の類型は，今回のテーマである受動喫煙条例との関連性はさほど大きくない。これに対して，第 2 の類型は，今回のテーマとの関係ではより注目に値する。

　第 2 の類型に属する犯罪，すなわちドイツ刑法第 171 条，スイス刑法第 219 条，オーストリア刑法第 199 条は，それぞれの刑法典における，家族あるいは婚姻に対する罪を規定する章に置かれている。

　ちなみに，家族あるいは婚姻に対する罪を規定する章には，他に扶養義務違反罪（ドイツ刑法第 170 条，スイス刑法第 217 条，オーストリア刑法第 198 条）や重婚罪（ドイツ刑法第 172 条，スイス刑法第 215 条，オーストリア刑法第 192 条）といった規定も置かれている。

　第 2 の類型の基本構造としては，スイスやオーストリアでは 18 歳未満の児童，ドイツでは 16 歳未満の児童に対する監護・養育義務[9]を有する者がその

---

9)　オーストリアでは専ら家族法上の義務に基づくとされる（*Ramsauer*, in: Salzburger Kommentar §199 (2008), Rz. 8）のに対して，ドイツ・スイスでは，契約や事実的な保護の引受けでも足りるとされている（*Frommel*, in: Nomos Kommentar zum Strafgesetzbuch 5. Aufl. Band 2 (2017), §171 Rn. 7; *Eckert*, in: Niggli/Wiprächtiger, Basler Kommentar 4. Aufl. (2019), Art. 219 Rn. 3）。

義務に反して（または懈怠して）児童の心身の健全な発達を危険に晒すことを処罰するものである。なお，第1の類型とは異なり，重大な傷害・死亡結果が生じた場合の加重類型は規定されていない。

　第2の類型に属する罪は，第1の類型とは異なり，必ずしも傷害罪に類似したものではなく，児童の心身の健全な発達を危険に晒す場合を広汎に包摂し得る。したがって，児童に十分な食事を与えない，病気の際に面倒を見ないといった典型的なネグレクトのような，児童の身体的発達に対する危険はもとより，児童が薬物やアルコールを濫用することを放置したり，更には児童の犯罪性向を高めたり，児童の非行化を阻止しないといった児童の精神的発達に対する危険についても，この類型では捕捉される。

3　児童虐待罪に関する検討

　ドイツ語圏における児童虐待罪の第2の類型，すなわち，児童の健全な心身の発達・成長を阻害・危殆化する場合を処罰する規定としての「児童虐待罪」を我が国でも規定するとすれば，従来は処罰対象とすることが困難であったネグレクトや，児童の心身の成長を歪めるような様々な行為を包括的に規制することができる点で，児童の福祉に資するとも言える。その点では，こうした規定を新設する意義があることになる。

　しかし，ドイツ語圏各国においても，第2の類型に属する罪については，処罰範囲が不明確であると批判されている[10]。また，限定的な解釈がなされていることもあり，実務上の適用例は必ずしも多くはない。

> 　適用例に関する具体的なデータを見てみると，ドイツにおいては，年間の有罪件数は70～90件程度であり[11]，オーストリアに至っては1桁台に過ぎない[12]。こうした状況を踏まえ，ドイツやオーストリアでは，本罪の意義は小さいものと評価されている。これに対して，スイスにおいては，かつては有罪件数が1桁台であったものの，近時は年間の有罪件数が70～80件程度と増加している[13]点が注目される。なお，2019年末現在の各国人口は，ドイツが約8300万人，スイスが約860万人，オーストリアが約890万人である。

---

10)　*Eckert*, a. a. O.（Anm. 9），Art. 219 Rn. 9.

11)　*Frommel*, a. a. O.（Anm. 9），§ 171 Rn. 3.

12)　*Ramsauer*, a. a. O.（Anm. 9），§ 199 Rz. 6.

　なお，ドイツ語圏各国のような包括的な規定ではないが，我が国においても，断片的にではあれ，第2の類型に属する罪についての規定が存在する。例えば，未成年者喫煙禁止法（2022年4月から二十歳未満ノ者ノ喫煙ノ禁止ニ関スル法律）第3条は，親権者が20歳未満の者の喫煙を阻止しない場合を科料により処罰しているし，未成年者飲酒禁止法（2022年4月から二十歳未満ノ者ノ飲酒ノ禁止ニ関スル法律）にも同様の規定がある。

　以上の検討からすると，仮に我が国に「児童虐待罪」を導入するにしても，処罰対象の明確化が必要であり，例えば，児童虐待防止法第2条の「児童虐待」についても，第3号・第4号全てを犯罪化することが妥当かは，なお慎重な検討が必要であろう。また，条例において，児童の健全な心身の成長を阻害・危殆化する行為を処罰する場合にも，いかなる行為がいかなる意味で児童の健全な心身の成長を阻害・危殆化するのかといった点を明確化しなければならない。

Ⅳ　東京都子ども受動喫煙条例の検討

1　本条例の内容と制定の経緯

　東京都は，2017年10月13日に子ども受動喫煙条例を公布した（2018年4月1日施行）。本条例は，子どもは「自らの意思で受動喫煙を避けることが困難」であることに鑑み（前文），「子どもの生命及び健康を受動喫煙の悪影響から保護する」ことで，その「心身の健やかな成長に寄与するとともに，現在及び将来の都民の健康で快適な生活の維持を図る」ことを目的とする（第1条）。

　この観点から，本条例は，「保護者は，家庭等において，子どもの受動喫煙防止に努めなければならない」と規定し（第6条第1項），また，保護者に家庭外においても受動喫煙防止の努力義務を課している（第7条）。さらに，およそ喫煙をしようとする者一般に対しても，一定の場所における子どもの受動喫煙を防止する努力義務を課している（第8条ないし第11条）。

　既に述べた通り，本条例においては，罰則規定がおよそ設けられていない。

---

13)　*Eckert*, a. a. O.（Anm. 9），Art. 219 Kriminalstatistik（*T. Freytag*）.

これは，子どもの受動喫煙につき保護者を中心とした周囲の大人が防止する義務があるという規範を形成するための条例として本条例が制定されたからである[14]。なお，本条例では，受動喫煙防止はあくまでも努力義務とされている点に注意が必要である。

　また，本条例は，「子供はみずからの意思で受動喫煙を避けることが困難という点，生命の侵害や重篤な健康被害が生じるなどの点において，児童虐待との共通性がある」[15] として，本条例が規定する「保護者」や「子ども」については，児童虐待防止法と同じ定義を採用している。更に，本条例は，保護者以外の喫煙をしようとする者一般に対して，受動喫煙を防止する努力義務を課している。これは，児童虐待防止法が，第 2 条では専ら保護者の行為のみを「児童虐待」と定義しつつ，第 3 条ではあらゆる人について，児童を虐待してはならない旨定めているのと類似した構造となっている。但し，受動喫煙それ自体が児童虐待防止法第 2 条の「児童虐待」に当たるとの理解は明確に否定されている[16]。

　次に，本条例の成立の経緯を概観しておきたい。端的に言うと，本条例に関しては，都民ファーストの会が都議会公明党と共に本条例についての議員条例案を提出したところ，都議会自民党の強い反対を受けたものの，それを押し切る形で成立している。

　都議会自民党の反対理由は様々なものがあるが，この連載のテーマとの関係で特に重要なのは，本条例が「法は家庭に入らず」原則に抵触し得るとの批判である。すなわち，家庭内の受動喫煙を防止するために，家庭という私的空間に公権力が踏み込むことになるという点が特に批判されていた[17]。これは，①家庭内での受動喫煙それ自体は，児童虐待と言えるほどの重大な被害を児童に及ぼさないことを前提にしつつ，②そうした受動喫煙について，法が家庭内に介入することを批判するものとして，非常に重要な問題提起である。

---

14)　東京都議会厚生委員会速記録第 10 号（平成 29 年 9 月 29 日）岡本こうき委員の発言を参照。
15)　岡本・前掲注 14) 参照。
16)　岡本・前掲注 14) 参照。
17)　東京都議会厚生委員会速記録第 10 号（平成 29 年 9 月 29 日）小宮あんり委員の発言を参照。

2　家庭内の受動喫煙と児童の健全な成長

そもそも，家庭内の児童の受動喫煙は，児童の心身の健全な成長という観点からいかなる意味で有害なのであろうか。もちろん，受動喫煙が長期的に見て成人の発がんリスクを高めるといった点は既にたばこ白書などで論じられているが，家庭内の児童に特有の受動喫煙の危険性とはいったい何であろうか。

東京都議会厚生委員会での議論においては，たばこ白書のデータ[18]に依拠して副流煙と乳幼児突然死症候群・ぜんそくとの関連が指摘されており，こうしたリスクを児童が自らの意思で回避できない点に，家庭内の児童の受動喫煙に特有の危険性があるとされている[19]。確かに，こうした危険性は，生命や身体に対する危険として把握でき，その限りでは規制根拠として掲げることが可能であろう。

しかし，こうした危険性は，基本的には身体の健全な成長に対するものであって，本条例が掲げる，（精神面も含めた意味での）心身の健全な成長とはどのような関係に立つのであろうか。例えば，児童が自発的に喫煙習慣を有するようになることを保護者が防止しない場合には，児童の非行を防止しないことでその心身の健全な成長が害されるといった議論が可能である[20]。未成年者喫煙禁止法が保護者に喫煙阻止義務を課し，その違反に刑事罰を科しているのも，こうした観点から正当化が可能と言えよう。

他方，受動喫煙については，こうした児童の非行防止といった理由付けは妥当しないであろう。したがって，本条例の謳う「心身の健やかな成長」のうち，特に重点が置かれているのはその（身体的な）健康であり，家庭内といういわば「逃げ場のない」状況で健康に対するリスクに継続的・長期的に晒されることが，家庭内における児童の受動喫煙に固有の害悪性であるということになる。

3　罰則規定の可能性？

以上のように解すると，家庭内における児童の受動喫煙は，児童虐待防止法第2条にいう「児童虐待」に当たるか否かはともかく，児童の健康に対するリ

---

18)　たばこ白書・前掲注3) 366 頁以下及び 371 頁以下参照。
19)　岡本・前掲注14) 参照。
20)　*Ramsauer*, a. a. O.（Anm. 9），§ 199 Rz. 23.

スクを逃げ場のない形で継続的・長期的に高める点で，法的な規制対象とする一定の理由があることになる。では，保護者による家庭内における児童に対する受動喫煙防止義務違反に罰則，特に刑事罰を科すことは可能であろうか。この点を最後に検討したい。

　読者の皆さんの中にも，家庭内における児童の受動喫煙を法的に規制することはなお許されるとしても，受動喫煙を防止する義務に違反した場合に，保護者に罰則，殊に刑事罰を科すのは行き過ぎであると感じられる方がいることであろう。刑事罰を科すことで法が家庭の中に過剰に立ち入ることになり，その自律性を大きく破壊していると受け止められるのには尤もな部分がある。また，児童虐待防止法の「児童虐待」ですら罰則規定がない現状において，家庭内における児童の受動喫煙のみを罰則の対象とすることは不均衡であるとの批判も当然にあり得るものである。

　しかし，児童虐待防止法の「児童虐待」についても，処罰に値するものを明確化・類型化しつつ，刑事罰の対象とすることは十分に考えられる。仮に，家庭内における児童の受動喫煙についても，こうした「児童虐待」に比肩するような害悪性があるとの社会的なコンセンサスが生まれるのであれば，将来的には，より規制対象を明確化した上で罰則規定が設けられるという方向に進むかもしれない。本条例は，そのような意味でも，正に規範形成型の法規範であるということができよう。

V　終わりに

　喫煙に関する問題を語る場合には，得てして語り手の「信条告白」が強いられることがある。実際，東京都の子ども受動喫煙条例の審議の場でも，発言者が喫煙者であるか否かが問われる場面があり，喫煙者であるか非喫煙者であるかでその立場が自動的に決まるかのような印象すらある。しかし，喫煙者か否かに関わりなく，家庭内における児童の受動喫煙は，児童虐待という観点からして重要なテーマであり，「法は家庭に入らず」という法諺の意味を改めて考えさせるものである。

　また，家庭内の問題に法が介入するということは，人々が従来はプライベー

トな問題であると思っていたことが公的な問題として評価されることを意味する。東京都の子ども受動喫煙条例はその点を如実に示す好例と言える。家庭における営みがどこまで法的な規制に馴染むのかという問いは，今後も重要なものであり続けるであろう。

◇連載のあとに

1　国による受動喫煙規制の強化

　連載の後，受動喫煙を巡る法的規制に大きな変化が生まれた。それは，健康増進法の一部を改正する法律（平成 30 年法律第 78 号。2018 年 7 月成立）が 2020 年 4 月 1 日より施行されたことである。この法改正は，①望まない受動喫煙をなくす，②受動喫煙による健康影響が大きい子ども，患者等に特に配慮する，及び③施設の類型・場所ごとに対策を実施するという三つの基本的な考え[21]を元にして，学校・病院・児童福祉施設等や行政機関など（第一種施設）については禁煙（敷地内禁煙）を，それ以外で多くの者が利用する施設など（第二種施設）については原則屋内禁煙を義務付けている。但し，喫煙目的施設については，第二種施設から明示的に除外されている。また，既存特定飲食提供施設については，一定の経過措置が別に設けられている。

　本改正の目的の一つは，（たばこ白書などのデータから明らかなように）受動喫煙による健康影響が特に顕著である子どもなどを受動喫煙から守ることにある。それゆえ，子どもが類型的に集まる施設においては禁煙が義務付けられ，かつ，それ以外の多くの者が利用する施設においても，喫煙可能な場所には 20 歳未満の者を立ち入らせないようにすることが義務付けられた。なお，施設管理権原者のみならず，喫煙禁止場所で喫煙をして中止命令等に違反した者に対しても，一定の制裁（過料）が規定されているが，これは刑罰（罰金）ではない点に注意が必要である。

　これに対して，喫煙禁止場所以外の場所での受動喫煙に関しては，「望まな

---

21)　厚生労働省ウェブサイト参照（https://www.mhlw.go.jp/stf/seisakunitsuite/bunya/0000189195.html〔2021 年 1 月 4 日閲覧〕）。

い受動喫煙を生じさせることがないよう周囲の状況に配慮」することを義務付ける規定（健康増進法第 27 条第 1 項）が適用され，したがって，家庭内での受動喫煙についても同規定は適用される。しかし，家庭内に関しては，「人の居住の用に供する場所」として[22]，「受動喫煙を防止するための措置」（同法第 6 章第 2 節）の適用は除外される（同法第 40 条第 1 項第 1 号）。その限りでは，家庭内の受動喫煙に関して法的な介入をすることに，なお慎重な立場が維持されていると評価できよう。

2　子どもの受動喫煙を防止する条例の広がり

　東京都の条例が制定・施行された後，いくつかの地方公共団体で，子どもの受動喫煙を防止するための条例が制定・施行されている。例えば，「大阪府子どもの受動喫煙防止条例」，「名古屋市子どもを受動喫煙から守る条例」，「寝屋川市子どもの健やかな成長のための受動喫煙防止条例」がそれに当たる。これらの条例においては，①子どもの受動喫煙が子どもの健康に与える悪影響を正面から立法目的に据えた上で，②子どもはこうした悪影響を自らの意思で回避することができない点を強調し，③家庭内や自動車内で受動喫煙などをさせない旨の規定を設けつつ[23]，④こうした規定に反した場合の罰則を定めない点で，東京都条例と軌を一にするものと言える。

　また，既存の受動喫煙防止条例の中に，特に子どもの受動喫煙防止に特化した規定を新たに設ける動きも見られる。その代表例が，兵庫県の「受動喫煙の防止等に関する条例」（改正部分は 2020 年 4 月 1 日全面施行）である。同条例は，「たばこの煙により健康を損なうおそれが高い者の保護」に関する規定を新たに設け，❶20 歳未満の者及び妊婦の受動喫煙を防止する規定（同条例第 19 条第 1 項）及びそれらの者がいる住宅の居室内や自動車内などの場所での喫煙禁止規定（同第 2 項），❷妊婦の喫煙禁止規定（同条例第 20 条）を導入している。本条例が胎児の保護を正面から掲げ，妊婦の喫煙禁止規定を設けている点は，相当に目を惹くものと言えよう。

---

22)　東京都福祉保健局ウェブサイト「新制度に関するよくあるお問合せ」参照（https://www.fukushihoken.metro.tokyo.lg.jp/kensui/tokyo/kosshian_FAQ8.html#QA35〔2021 年 1 月 4 日閲覧〕）。

23)　但し，大阪府条例は，家庭内や自動車内に特化した規定を有しない。

　連載で提起した問題との関係で特に重要なのが，本条例の改正過程において，前記❶に関して罰則規定を導入すべきかが大きな問題となった点である。同条例の改正に関する検討を行った「兵庫県受動喫煙防止対策検討委員会」においては，東京都条例のような受動喫煙回避の「努力義務」ではなく，喫煙禁止義務を正面から規定すべきであるとされた。更に，一定の場合には罰則も規定すべきであるとの意見が有力に主張された。

　罰則を規定すべきか否かという点については，「外からは見えにくい」場所についての取扱いが最も問題とされた。具体的には，家庭内のような「外からは見えにくい」場所においては罰則を科すことは困難であるとされつつ，自動車の中などのように「外から見えやすい」場所については，罰則を科すことがなお可能であるとの意見が有力に主張された[24]。しかし，検討委員会の取りまとめにおいては，自動車内での受動喫煙規制につき罰則を科すか否かは「両論併記」とされた[25]。その後，最終的に本条例においては，こうした罰則規定は設けられなかった。

　以上のような議論の経緯からは，家庭内という「外からは見えにくい」場所における喫煙について，公権力が介入すること，そして特に，刑事罰を含む罰則を科すことが容易ではないことが改めて窺える。しかし，「外からは見えにくい」ことこそが，児童虐待という問題事象の本質の一部であることからすれば，家庭内での受動喫煙を防止するために，家庭のような私的空間に公権力が介入する必要性の高さやそれに対する社会的なコンセンサスの有無[26]，更には介入の実効性を担保する手段の有無といった様々な考慮を行いつつも，公権力の介入の可否，更には刑事罰を含む罰則の導入の可否を検討すべきであろう[27]。

---

24)　第5回兵庫県受動喫煙防止対策検討委員会会議録（2018年9月18日）5頁。
25)　「平成30年度『受動喫煙の防止等に関する条例』見直し検討結果（まとめ）」（2018年12月14日）18頁。
26)　生命・身体への危険のようにある程度一般的なコンセンサスが成立している場合でなければ，立法による一般的な介入を許容しない見解として，横田光平「児童虐待への国家介入」法律時報90巻11号（2018年）39頁参照。
27)　深町晋也「刑法が家族の問題に関わるとき」法学セミナー799号（2021年）60頁以下参照。

第6回コメント

児童虐待が行われたとき

石綿はる美

　本書第6回では，児童虐待の現状が紹介されていた（本書88頁）。虐待が行われている場合，児童福祉法に基づき，子を一時保護したり，児童養護施設等への入所措置を採ったりすることもある（本書61・62頁）。保護者に監護させることが著しく子の福祉を害する場合には，親権者等の意に反しても，児童相談所長は家庭裁判所の承認を得て，子の施設入所等の措置を採ることができる（児童福祉法第28条）[1]。

　児童福祉法第28条に基づく措置による対応が適切ではない場合や，同措置でもなお子の福祉が害される場合には，親権の喪失（民法第834条）・停止（同第834条の2）という方法を用いることになる[2]。いずれも，子やその親族・児童相談所長等の申立てを受け家庭裁判所の審判により認容され，その旨を戸籍に記載する。親権喪失は父又は母から親権を永久に奪い，親権停止は最長2年間，父又は母の親権行使を制限する。親権停止制度は，2011年に，親権喪失の要件を満たすまでには至らない比較的軽度な事案や医療ネグレクト等一定期間の親権行使の制限で足りる事案に，適切に対応することを目的に新設された[3]。親権を喪失した親・停止された親は，子に対して親権を行使することはできないが，子の法律上の親であることには変わりがなく，子に対する扶養義務等は負う（本書66頁以下参照）。親権を行使する者がいなくなった場合は，未成年後見が開始する（民法第838条第1号）。

　親権喪失・停止についての民法の条文を見ると，児童虐待が行われた場合には，親権喪失・停止制度を利用し得るように思われる。しかしながら，2020年の親権喪失の申立数は93件で，うち，児童相談所長による申立ては15件にとどまる。児童相談所長は，親権者との決定的な対立を恐れるためか，親権

1）　以上，二宮周平『家族法〔第5版〕』（新世社，2019年）244頁以下等。
2）　手続選択について，磯谷文明ほか編集代表『実務コンメンタール　児童福祉法・児童虐待防止法』（有斐閣，2020年）435頁以下〔浜田真樹＝水野紀子＝野口容子〕。
3）　飛澤知行編著『一問一答　平成23年民法等改正』（商事法務，2011年）45頁。

喪失の請求まで至ることが少ないという[4]。同年の親権喪失の認容件数も 26 件にとどまる。また，親権停止も申立件数は 279 件（うち，児童相談所長によるものは 97 件），認容件数は 134 件である[5]。本書 88 頁で紹介されている児童虐待の件数に比べると，親権喪失・停止の申立・認容数は少ないと感じられるかもしれない。

　諸外国に目を向けると，フランスでは，刑事法と民事法が連動しており，例えば，未成年者に対して近親姦罪が行われた場合，親権の一部又は全部を取り上げることになる（刑法典第 227-27-3 条）。フランスのように，親から子に対して一定の行為が行われた場合に，子の福祉のために親権行使を制限するということは一つの選択肢であろう。他方，親に子育て支援等の再教育をして，親子の再統合を可能な限り目指すということも考えられよう。例えば，児童虐待防止法第 4 条第 1 項は，国及び地方公共団体の責務として，児童虐待の予防・早期発見等に加えて，「児童虐待を行った保護者に対する親子の再統合の促進への配慮」などの必要な体制の整備に努めることを求めている。また，児童福祉法第 48 条の 3 においても，児童養護施設等は，施設に入所した子及びその保護者に対し，市町村・児童相談所等と緊密な連携を図りつつ，親子の再統合のための支援等のために必要な措置を採ることとされている[6]。子のためにどのような制度運用・制度設計が望ましいか考えてみていただきたい。

---

4)　高橋朋子ほか『民法 7〔第 6 版〕』（有斐閣，2020 年）207 頁〔床谷文雄〕，二宮・前掲注 1）250 頁。

5)　以上，統計は最高裁判所事務総局家庭局「親権制限事件及び児童福祉法に規定する事件の概況──令和 2 年 1 月～ 12 月」7 頁以下による。

6)　詳細は，磯谷ほか・前掲注 2）569 頁〔柑本美和〕，大村敦志ほか『子ども法』（有斐閣，2015 年）72 頁〔久保野恵美子〕。

第7回

家族によって自分の大切なものが奪われるとき

I　はじめに——家庭内で起こる財産犯罪

　読者の皆さんは，子どもの頃に親の財布からお金をこっそり抜き出して使っ
たことがあるだろうか。また，自分の子どものお年玉袋からお金をこっそり抜
き出して使ったことはあるだろうか。こうした行為は厳密に言えば窃盗罪に当
たるのかもしれないが，多くの場合はせいぜい「家族会議」のテーマになる程
度で，そこまで大ごとにはならないであろう。

　それでは，「習い事に行きたい」「子どもの教育費がかかる」などと嘘をつい
て自分の親や配偶者から何十万円もお金を騙し取り，趣味のギャンブルで使い
果たしてしまった場合はどうであろうか。こうした行為は詐欺罪に当たると言
えるし，被害金額も決して僅少とは言えないが，それにも拘らず，実際に刑が
科されることはない。それは，我が国の刑法典には「親族相盗例」と呼ばれる
規定が存在するからである。親子間や配偶者間でお金を盗んだり騙し取ったり
する行為は，窃盗罪や詐欺罪に当たるとしても，その刑は必ず免除される（刑
法第244条第1項，同第251条参照）。この規定は，財産を巡る揉め事について，
「法は家庭に入らず」との考え方を表したものと言える。

　しかし，この連載で何度か言及したように，児童虐待防止法やDV防止法
といった特別法は，こうした考え方に大きく修正を迫るものである。いくら家
族内であっても，盗んだり騙し取ったりする額が数千万円にも及ぶような場合
にまで，常にその刑を免除することが妥当なのであろうか。

　そこで，今回は，親族相盗例という規定が本当に合理的なものなのかという
点について，立法の沿革や比較法を概観し，我が国の実務で生起する問題をも
見ることで，分析・検討を行うことにする。

Ⅱ　親族相盗例とは何か

刑法第 244 条は，親族相盗例として以下のような規定を設けている。

> ①　配偶者，直系血族又は同居の親族との間で第 235 条の罪，第 235 条の 2 の罪又はこれらの罪の未遂罪を犯した者は，その刑を免除する。
> ②　前項に規定する親族以外の親族との間で犯した同項に規定する罪は，告訴がなければ公訴を提起することができない。
> ③　前 2 項の規定は，親族でない共犯については，適用しない。

　本条は，行為者と被害者とが一定の親族関係にある場合には行為者に科される刑が必ず免除されることを規定する（第 1 項）と共に，第 1 項以外の親族についても親告罪，すなわち被害者の告訴がなければ訴追できないものとしている（第 2 項）。既に述べたように，本条は，「法は家庭に入らず」という政策的な見地から定められたものと言えるが，学説では，こうした規定がわざわざ財産犯罪に設けられている実質的根拠は何かが問題とされている。そうした観点から，家族間の財産は得てしてその帰属関係が不明確であるために法益侵害性が低くなる（違法性の減少），あるいは，親族関係にある者の財産については，その取得・費消に対する誘惑的要素が高くなる（責任の減少）といった見解が主張されている[1]。

Ⅲ　親族相盗例の沿革

　親族相盗例という概念は，歴史的に見ると相当に古いものである。中国の明の時代における明律の刑律・賊盗において「親屬相盗」（しんぞく）という用語が用いられており，同趣旨の規定は，更に遡って唐律にも見ることができる。

> 　唐律においては，「盗緦麻小功親財物」として規定されていた。この「盗緦麻小功親財物」は，別居，すなわち同居共財関係にない場合にのみ適用される

---

1)　西田典之（橋爪隆補訂）『刑法各論〔第 7 版〕』（弘文堂，2018 年）178 頁参照。

（同居の卑幼が尊長から盗む場合には，「卑幼私輒用財條」が適用される）。また，現在の親族相盗例とは異なり，（尊長の卑幼に対する）強盗にも適用があった[2]。

　その後，明治時代になって制定された仮刑律や新律綱領・改定律例においても同様の用語が用いられている。もっとも，その内容は，刑法第 244 条が定める親族相盗例とは大きく異なる。新律綱領の賊盗律における「親屬相盗」とは，（別居の）被害者からの等親の近さに応じて刑が減軽されるというものであった。

　「等親」というのは，現行民法第 725 条が規定する「親等」とは異なる概念である。いかなる親族が一定の等親に該当するかについては，新律綱領の「五等親圖」が詳細に定めており，例えば，自己の父母や子，あるいは夫は一等親であるが，妻は二等親である。

　具体的に言うと，被害者が行為者の五等親（例えば「玄孫」）である場合には，被害者が他人である場合に比してその罪を一等減じることとされ，等親が四等親，三等親，二等親と近くなるに従って，各々罪が二等，三等，四等減じられるといった具合である。

　細かい話になるが，窃盗の被害額が大きくなると，それに伴って，基準となる被害者が他人である場合の刑が重くなるため，その刑を一等，二等減じたとしても，それなりに重い刑となる。また，被害者が一等親の場合にはこうした規定が存在しない。別居一等親間の相盗という事態が想定されていないからとされる[3]。なお，同居子弟が父兄の財産を盗用した場合には，子弟私擅用財（戸婚律 9）により軽い罰条（10 両を盗用した場合に笞 10 となり，その後は金額に応じて刑が加算される）が規定され，その後，改定律例第 115 条により，同居の卑幼が尊長の許可によらず，家の財産を盗用した場合には子弟私擅用財律によるものとされた。

　これに対して，明治 13 年（1880 年）に制定された旧刑法の親族相盗例は，

2）　律令研究会編『譯註日本律令 7 唐律疏議譯註篇 3』（東京堂出版，1987 年）217 頁以下参照。なお，立法の沿革については，九州大学の西英昭教授より丁寧なご教示をいただいた。厚くお礼申し上げる。
3）　石井紫郎＝水林彪校注『日本近代思想大系 7 法と秩序』（岩波書店，1992 年）533 頁〔水林彪〕参照。

その内容が大きく異なる。条文を見てみよう。

第 377 条
①　祖父母父母夫妻子孫及ヒ其配偶者又ハ同居ノ兄弟姉妹互二其財物ヲ窃取シ
　タル者ハ窃盗ヲ以テ論スルノ限ニ在ラス
②　若シ他人共ニ犯シテ財物ヲ分チタル者ハ窃盗ヲ以テ論ス

　旧刑法第 377 条は，夫婦，一定の直系血族及びその配偶者については同居の
有無を問わずに窃盗罪の成立を否定し，兄弟姉妹については同居している場
合[4]のみ窃盗罪の成立を否定した。旧刑法は，いわゆる「お雇い外国人」で
あるフランス人のギュスターヴ・ボアソナードと日本人委員との議論によって
作成された「日本刑法草案」が基になっているが，ボアソナードは，兄弟姉妹
も含むのであれば同居の場合に限定すべきと主張し，その主張が容れられた。
　この規定を新律綱領と比較すると，量刑に関する規定ではなく，一定の親族
関係にある場合には（被害額の多寡に拘らず）窃盗罪の成立を一律に否定する点
に最大の特徴がある。ボアソナードはフランス刑法旧第 380 条を挙げつつ，当
初から一貫して親族相盗例の法的効果を「其罪を論ぜざる主意」，すなわち犯
罪不成立であるとしていた[5]。
　また，窃盗のみならず，詐欺取財の罪（現在の詐欺・恐喝罪に当たる）や受寄
財物の罪（現在の横領罪に当たる）についても本条の趣旨が妥当した（旧刑法第
398 条）点も重要である。
　既に見た現行刑法第 244 条は，このような旧刑法第 377 条の趣旨をある程度
は受け継ぎつつ，①親族相盗例の効果としては必要的免除（第 1 項）又は親
告罪（第 2 項）とし，②対象となる親族の範囲について，第 1 項においては直
系「血族」や同居の「親族」にまで拡張しつつ，第 2 項では非同居の親族一般
にまで拡張している点が特徴的である。

　旧刑法から現行刑法に至る議論の経緯を簡単に見てみると以下のようになる。
明治 23 年（1890 年）改正刑法草案の段階で，その第 360 条第 1 項は旧刑法第

---

4)　西原春夫ほか編著『旧刑法〔明治 13 年〕(3)-Ⅱ　日本立法資料全集本巻 33』（信山社出
　版，1997 年）14 頁及び 95 頁。
5)　西原ほか・前掲注 4）4 頁。

377 条第 1 項とは異なり，刑の必要的免除を規定するものとなった。その後，明治 34 年（1901 年）改正案の段階では，その第 285 条において，現行刑法第 244 条にほぼ対応する規定が置かれることとなった[6]。

　このように，親族相盗例の法的効果を対象となる親族の範囲との関係で二分する規定[7]は，1871 年に制定されたドイツ刑法旧第 247 条にも見られる。そこで，次にドイツ語圏における親族相盗例を見てみよう。

　　実は，ドイツ刑法旧第 247 条については，旧刑法の制定過程で既に意識されていた。すなわち，議論の過程において一旦は，一定の親族については犯罪不成立となるのと並んで，その他の親族については親告罪とするとの規定が支持された。しかし，明治 10 年（1877 年）6 月のいわゆる「第 2 稿」の段階になってから日本側委員が激しく反対し，最終的に親告罪規定が削除された。ここでボアソナードは，親告罪規定を採用している国があるのかと日本側委員に問われた際に，ドイツ刑法旧第 247 条を挙げて説明している。

Ⅳ　ドイツ語圏における親族相盗例──家庭・家族内窃盗について

1　家庭・家族内窃盗とは

　ドイツ語圏では，一定の親族関係にあるような場合に財産犯の成立に当たって有利に作用する規定を「家庭・家族内窃盗（Haus- und Familiendiebstahl）」という。既述の通り，1871 年のドイツ刑法旧第 247 条はこうした規定を設けていたが，それは現在のドイツ刑法第 247 条とは相当に異なる。すなわち，旧第 247 条は，第 1 項で親族や後見人などに対してなされる窃盗・横領について親告罪としつつ，第 2 項で尊属から卑属に対して又は配偶者間でなされる窃盗・横領について不可罰とする規定を設けていた。

---

6)　倉富勇三郎＝平沼騏一郎＝花井卓蔵監修『刑法沿革綜覧』（清水書店，1923 年）128 頁及び 201 頁。この間の議論の経緯については，林美月子「親族間の財産犯罪」『内田文昭先生古稀祝賀論文集』（青林書院，2002 年）333 頁以下参照。

7)　西原ほか・前掲注4) 108 頁以下。

> ドイツ刑法旧第 247 条
> ①　親族，後見人，養育者又は雇用先若しくは寄宿先の者に対して窃盗又は横領をした者は，告訴によってのみ訴追できる。
> ②　尊属から卑属に対して，又は配偶者間でなされた窃盗又は横領は不可罰である。
> ③　前 2 項の規定は，同項において列挙された人的関係にない共犯者又は援助者には適用されない。

　しかし，特に旧第 247 条第 2 項は，その後大きな批判を受けた。その要諦は，孫が祖父から少額の財物を窃取しても親告罪にしかならない（第 1 項しか適用されない）のに，祖父が孫の財物を窃取すると常に不可罰となるのは不合理である点，及び，一方配偶者が他方配偶者から高額の財物を窃取した場合にも常に不可罰となるのは不合理であるという点にある。

　その反面，旧第 247 条第 1 項の親告罪規定については，親族や後見人のみならず，行為者と被害者が緊密な人的関係（「家庭共同体」）にある場合にも拡張すべきとされた。というのは，被害者と行為者が家庭共同体における問題を解決し，家庭の平穏を再び取り戻す可能性を残しておくべきであり，あくまでも，被害者自身が訴追を望んだときにのみ法が介入すべきとされたからである[8]。

　このように，①旧第 247 条第 2 項の不可罰規定については大きな批判がなされたが，②旧第 247 条第 1 項の親告罪規定については，家庭の平穏の回復という観点からむしろ望ましいものと解されたのである。そのため，1975 年改正でドイツ刑法第 247 条は，専ら親告罪規定とされた。

> ドイツ刑法第 247 条
> 　窃盗若しくは横領により親族，後見人若しくは養育者が被害を受け，又は被害者が行為者と共に家庭共同体において生活するときは，犯行は，告訴に基づいてのみ訴追される。

2　ドイツ語圏各国の現状
以上のように，家庭・家族内窃盗について，不可罰とするのではなく，親告

---

8)　以上の点につき，BT-Drs. 7/550, S. 247 を参照。

罪（あるいはそれに類似した）規定に留めるという考え方は，現在のドイツ，スイス，オーストリアに共通して見られる特徴である[9]。その背景には，「法は被害者の意思に反して家庭内に立ち入るべからず」という発想がある[10]。逆に言えば，被害者が訴追・処罰を望む場合にまで行為者の処罰を一律に否定するドイツ刑法旧第247条第2項のような規定は，少なくとも現在のドイツ語圏各国では採用されていない。

> 但し，オーストリア刑法第150条第3項は，配偶者・パートナー・直系血族・兄弟姉妹その他同居の親族に対して，少額の詐欺を窮乏から行った場合については，その処罰を阻却する規定を設けている。そもそも，少額の詐欺を窮乏から行った場合には，その法定刑が非常に低く（同第150条第1項：1月以下の自由刑又は60日以下の日数罰金），また，被害者の授権によってのみ訴追される（同第150条第2項）。本項は，一定の親族との間でこうした犯罪が行われた場合には処罰を阻却するものである。

　こうした理解を前提に，ドイツ語圏各国の家庭・家族内窃盗については二つの特徴を指摘し得る。第1点は，こうした規定の法的効果が親告罪（あるいはそれに類似した効果）に留まるため，当該規定によって有利に扱われる行為者は，親族や家庭共同体にある者として広く包摂される傾向にある（ドイツ刑法第247条，スイス刑法第139条，オーストリア刑法第166条第1項[11]）。この点は，ドイツ刑法の1975年改正を巡る議論で既に見た通りである。
　また，第2点として，家庭・家族内窃盗の規定は，暴力的色彩を帯びない財産犯にのみ妥当する[12]点も，ドイツ語圏各国で共通している。すなわち，窃盗罪，横領罪，詐欺罪，背任罪などについては当該規定の適用・準用がなされるのに対して，強盗罪・恐喝罪については当該規定の適用・準用がなされない。暴行・脅迫を用いてなされる財産犯については，もはや家庭内で解決されるよ

---

9)　但し，オーストリア刑法第166条は，第1項で親族間での一定の財産犯につき一律に低い法定刑を規定しつつ，第3項で親告罪規定（厳密には私人訴追規定）を設けている。
10)　*Trechsel/Crameri*, in: *Trechsel/Pieth*, Schweizerisches Strafgesetzbuch Praxiskommentar 3. Aufl. (2018), Art. 139 Rn. 25.
11)　オーストリア刑法第166条では，親族の他に「家庭共同体」といった規定は存在しないが，同第72条により，親族の範囲は広汎に規定されている（*Fabrizy*, StGB Kurzkommentar 13. Aufl. (2018), § 72 Rz. 2）。
12)　*Fuchs/Reindl-Krauskopf*, Strafrecht Besonderer Teil I 5. Aufl. (2015), S. 277.

うな事象ではないという理解がその背景にある[13]。

> 　ちなみに，日本のみならず，ドイツ語圏各国においても，詐欺罪と恐喝罪とはいずれも財産の処分行為を必要とする犯罪として共通性を有するものと解されている。しかし，それにも拘らず，ドイツ語圏各国の刑法は，家庭・家族内窃盗の規定に関して，両罪の扱いを全く異にしている。
> 　また，我が国においても，強盗罪については，旧刑法の制定過程で既に親族相盗例の適用範囲から除外されている[14]。

V　我が国の親族相盗例の問題性

1　強い法的効果と広い適用範囲

　我が国の親族相盗例は，こうしたドイツ語圏各国の規定と比較すると，三つの特徴を有している。それは，①刑法第244条第1項が「必要的免除」という極めて強い法的効果を規定すること，②同第244条第1項の適用範囲が「配偶者，直系血族又は同居の親族」と広汎であること，及び③同第244条第1項・第2項が，横領，詐欺，背任のみならず，恐喝罪にまで準用（同第251条，第255条）されることである。

　以上を一言でまとめると，「強い法的効果にも拘らず広い適用範囲を有する」のがその特徴と言える。

2　直系血族が未成年後見人である場合

　こうした特徴がもたらす帰結の不合理さが判例・裁判例において顕在化したものとして，刑法第244条第1項の「直系血族」が同時に未成年後見人であった事例が挙げられる。未成年後見人は，親権者の死亡等のため未成年者に対し親権を行う者がない場合に，申立てによって家庭裁判所によって選任され（民

---

13)　*Bosch*, in: *Schönke/Schröder*, Strafgesetzbuch Kommentar 30. Aufl. (2019), § 247 Rn. 2.

14)　西原ほか・前掲注4) 20頁及び62頁参照。

法第 840 条。親権者自身が未成年後見人を指定する場合につき同第 839 条参照），未成年者（未成年被後見人）の法定代理人としてその監護養育，財産管理，契約等の法律行為などを行う。すなわち，未成年後見人は，被後見人の財産を管理する権限を有している（民法第 859 条第 1 項）ため，被後見人の財産を自分で勝手に費消することが容易な立場にある。

　この点が明らかになったのが，最決平成 20・2・18 刑集 62 巻 2 号 37 頁である。事案を端的に説明すると，親権を行使する者が死亡したため，被害者 A の祖母である X が未成年後見人として家庭裁判所に選任されたものの，X は自己が管理している A の貯金を何度も引き出して横領したというものである。

> 　第 1 審が認定する「罪となるべき事実」では合計約 1500 万円の横領が認定されているが，告訴人による告訴額は約 3600 万円であり，被告人自身も最大約 3166 万円については認めているとされる[15]。ちなみに，この「告訴人」が誰かについては，後ほど言及する。

　既に述べたように，（業務上）横領罪については刑法第 255 条が同第 244 条の親族相盗例を準用するため，本来であれば，直系血族（孫）である A から現金を横領した祖母 X については，その刑が必要的免除とされるはずである。しかし，第 1 審裁判所から最高裁に至るまで，（誰が見ても不当であると思われる）この帰結を回避するための様々な解釈論が展開された。

　その中でも，最高裁が示したロジックは特に興味深いものである。端的に述べると，刑法第 244 条第 1 項の趣旨につき，親族間の一定の財産犯罪に関しては，国家が刑罰権の行使を差し控え，親族間の自律に委ねる方が望ましいという政策的考慮によるものであるとした上で，家庭裁判所によって選任される未成年後見人の後見の事務が有する「公的性格」からすれば，以上のような趣旨によって定められた同第 244 条第 1 項を準用して刑法上の処罰を免れる余地はないとしたのである。

　文言解釈からすれば，未成年後見人であったとしても祖母は祖母，孫は孫であって，被告人に不利な形で刑法第 244 条第 1 項の準用を否定し得るかは相当に疑問の余地がある。例えば，比較法的に見れば，オーストリア刑法第 166 条

---

15)　福島地判平成 18・10・25 刑集 62 巻 2 号 63 頁以下参照。

第1項は明文で，後見人が被後見人の財産を横領等した場合には，家庭・家族内窃盗の規定（法定刑を一律に低く設定した規定[16]）の適用を排除する旨定めている。このような規定が存在しないにも拘らず，いわば解釈によって適用除外規定を創出するようなあり方が，罪刑法定主義の観点からして望ましいのかと問われれば，そうとは答えにくいものがある。

　しかし，本条が犯罪の成否ではなく，あくまでも処罰についての特例を定めたものに過ぎないとした上で，未成年後見人については本条の政策的考慮の枠外に置くとする最高裁の判断はなお不可能とまでは言えないように思われる。

　こうした最高裁の（文言解釈からは）苦しい判断が，それにも拘らず結論としては妥当に見える最大の要因は，刑法第244条第1項の法的効果が必要的免除と極めて強い点にある。仮に，同第244条第1項の法的効果が親告罪に過ぎないとすれば，Xの代わりに新たに選任された未成年後見人による告訴が存在するため，無理なく妥当な解決が導かれたであろう。

3　強盗ではなく恐喝と認定される場合

　前述した我が国の親族相盗例の特徴がもたらす不合理さが顕在化したものとして，もう一つ挙げられるのが，家庭内における暴力的な財産犯罪に関する事例である。横浜地判平成24・11・30公刊物未登載（LEX/DB: 25445180）を見てみよう。事案を端的に説明すると，70歳の母親Aに対して，被告人Xがテーブルを叩きながら「ぶっ殺してやる」などと怒鳴り，更には包丁を持ち出してAの首の後ろを掴んで頭を押さえ付けるなどして現金70万円を奪ったというものである。なお，Xは，Aに対する長年に渉る乱暴な言動によって，総額数億円の金を貰っていた旨，併せて認定されている。

　検察官は本件を強盗（致傷）罪として起訴したが，横浜地裁は，強盗罪（刑法第236条第1項）の成立に当たって必要とされる「暴行又は脅迫」，すなわち，被害者の反抗を抑圧するに足る程度の暴行・脅迫（本書36頁参照）があったとまでは認められないとして，恐喝罪（同第249条第1項）の成立を認めるにとどめた。そして，XとAとは直系血族の関係にあるから，同第244条第1項を準用（同第251条）してその刑を免除する旨判示した。

---

16)　前掲注9)参照。

　既述の通り，我が国では，旧刑法以来，恐喝罪は詐欺罪と関連性が強い犯罪
としていわばワンセットに扱われており，両者共に親族相盗例の準用が認めら
れている。しかし，他方で，恐喝罪は，暴行・脅迫が被害者の反抗を抑圧する
程度に達せず強盗罪が成立しない場合を広汎に包摂する犯罪となっており，い
わば「ミニ強盗罪」としての側面もある[17]。こうした暴力的色彩を帯びる犯
罪としての恐喝罪についてまで，親族相盗例の準用が肯定されることの不合理
さが，本件では如実に表れていると言える。

Ⅵ　終わりに──あるべき立法は何か

　これまでの検討から，我が国の親族相盗例においては，必要的免除というそ
の強い法的効果こそが個別の事案における妥当な解決を阻むものとなっている
と言える[18]。「法は家庭に入らず」という政策的観点を，ドイツ語圏各国のよ
うに「法は被害者の意思に反して家庭に入らず」と理解する場合には，我が国
の親族相盗例を一律に親告罪規定として純化するという立法もあり得よう。
　このような枠組みは，親告罪は和解促進機能を有する，すなわち，被害者と
加害者の財産に関する紛争（conflict）について対話の機会（冒頭の「家族会議」
もその一種であろう）を確保し，家庭内の平和を再構築する機能を有するものと
捉えた上で，それがうまく行かない場合には告訴によって国家刑罰権が介入す
る，という制度として親族相盗例を構築するというものである。また，恐喝罪
のような暴力的な財産犯罪については，紛争というよりは当事者間の力関係の
優劣に基づく一方的な虐待（abuse）であり，こうした対話による解決に馴染
まないとして，親告罪の対象からも除外するという考え方もあり得よう。
　更に，一定の密接な関係にある親族（例えば，同居の直系血族や配偶者など）に
おいては，財産関係の不分明さや財産犯罪への誘惑的要素といった，量刑上考
慮すべき事情が存在することが通常と言える。こうした点を考慮すれば，この
ような一定の親族については，親告罪規定に加えて，量刑においても有利に扱

---

17)　西田・前掲注1) 245頁。
18)　林・前掲注6) 351頁参照。

う規定，例えば任意的減免規定を別に設けるといった考え方もあり得よう。

> 既に何度か言及しているオーストリア刑法第166条第1項は，いわば必要的
> 減軽規定を定めるものと言えよう[19]。他方，我が国の親族相盗例とほぼ同様
> の内容を持つ中華民國（台湾）刑法第324条第1項は，刑の任意的免除を定め
> ている。いずれも，刑の「必要的免除」という強すぎる法的効果は回避されて
> いる。

　我が国の現行の親族相盗例は，余りにも広範囲に渉って，家庭内の財産を巡
る揉め事に対する刑法による介入を否定する帰結をもたらしている。今後もこ
うした規定を本当に維持していくべきなのかにつき，広く議論を行っていく必
要があろう。読者の皆さんにとって，今回の考察がそのきっかけとなるとすれ
ば幸いである。

◇連載のあとに

1　器物損壊罪と親族相盗例

　率直に言えば，この連載で扱っている他のテーマと比べると，親族相盗例は
近年において動きが激しい分野とは言えない。しかし，器物損壊罪（刑法第
261条）と親族相盗例を巡る注目すべき事案（以下，バイオリン事案）があるので，
以下で紹介しよう。

　被告人Ｘは，Ａと婚姻の後に2子をもうけたが，その後別居し，夫婦関係
調整調停（いわゆる「離婚調停」）を申し立て，調停が不調に終わった後，離婚
等請求訴訟に移行し，最終的に判決確定によって離婚が成立した。Ｘは，離
婚調停を申し立てる直前に，別居中のＡ方に赴き，窓ガラスを壊して室内に
侵入し，Ａ所有又は管理にかかる多数のバイオリン等（損害額合計約1561万円
相当）を破壊した。

　名古屋地裁は，この事案につき，住居侵入罪及び器物損壊罪の成立を認めた
が，量刑の判断において注目すべき判示を行っている。すなわち，「本件が，

---

19)　前掲注9) 参照。

夫婦間での紛争激化の過程で起こった事件であることや，侵入したのがかつて被告人も居住していた住宅で，被告人の荷物もまだ置かれた状態だったと認められること，直後に被告人が夫婦関係調整調停を申し立てているとはいえ，親族相盗例の規定の趣旨等を考慮すれば，被告人の行為に対する責任は，そのような親族関係にない第三者に対する行為のそれに比べれば，一定程度減ぜられる」（圏点筆者）としつつ，被害弁償が一切なされていないなどの事情も挙げ，検察官の求刑懲役3年に対して懲役2年の実刑判決を宣告している[20]。

2 バイオリン事案の分析

そもそも器物損壊罪について親族相盗例の適用・準用があるか否かであるが，刑法には次のような規定がある。ちなみに，この条文は刑法典の全条文のうち最後に位置するものである。

> 刑法第264条
>   第259条，第261条及び前条の罪は，告訴がなければ公訴を提起することができない。

既に述べた通り，器物損壊罪は刑法第261条が規定する罪であり，親告罪となる。すなわち，刑法第244条第1項の親族相盗例が準用されていないため，刑の必要的免除とはならない。したがって，被害者であるAが告訴をすれば，Xは問題なく訴追され得るし，既に見たように実刑判決が宣告されることもあり得る。

名古屋地裁は，器物損壊罪についても，「親族相盗例の規定の趣旨等を考慮」することにより，被告人Xの行為責任を一定程度減じることを肯定している。これは何故であろうか。確かに，Xはバイオリン等の所有関係について争っており，こうした主張は，今回（第7回）の最初の方（本書103頁）で述べたような，夫婦間の財物に関する帰属関係の不明確さが違法性を減少させるといった親族相盗例の趣旨に関する学説の理解と親和的と言えなくもない。

しかし，名古屋地裁は，本件バイオリン等の所有又は管理がAに属することを明示的に肯定している。したがって，こうした違法性の減少の程度がさほ

---

[20] 名古屋地判平成30・7・19公刊物未登載（LEX/DB: 25449658）。

ど大きいものとは言えないように思われる。

　また，親族関係にある者の財産については，その取得・費消（窃盗など）に
対する誘惑的要素のみならず，損壊に対する誘惑的要素もまた高くなるとして，
責任の減少を肯定すべきであろうか。確かに，「親の物（子の物）を勝手に壊す
子（親）」「一方配偶者の物を勝手に捨てる他方配偶者」といった話は様々な媒
体で見聞きするところではある。しかし，行為者の責任が常に減少するかは疑
問であり，特に本件のように，婚姻関係が既に破綻している別居中の配偶者の
財物が問題となる場合には，責任の減少の程度はさほど大きいものとは言えな
いであろう。

　以上の検討からすると，名古屋地裁の判示は，本件の量刑判断において「親
族相盗例の規定の趣旨等を考慮」することをおよそ否定していない点において
まずは意義があると言うべきであろう。例えば，被害者の養父が同時に成年後
見人である場合に，被害者（養子かつ成年被後見人）の財産を横領した事案に
ついて，最高裁（最決平成24・10・9刑集66巻10号981頁）は，前掲最決平成20・
2・18を引用し，親族相盗例の準用を否定するのみならず，「その量刑に当た
りこの関係を酌むべき事情として考慮するのも相当ではない」（圏点筆者）との
判断を示している。

　このような最高裁判例と比較すると，バイオリン事案における名古屋地裁の
判断は，公的性格を帯びないプライベートな関係における財産犯罪につき，
「法は家庭に入らず」の趣旨を量刑判断において柔軟に考慮する余地を認めた
ものと言うことができよう。とはいえ，名古屋地裁は懲役2年の実刑を宣告し
ており，結論としては刑法が相当強力に（判決時には既に離婚したとはいえ）家
庭に介入している。

　仮に，器物損壊罪についても親族相盗例の準用を認める規定があったとすれ
ば，本件事案であっても刑が必ず免除されることとなり，いかにも結論として
妥当ではないであろう。また，仮に本件事案において，XがAのバイオリン
を転売目的で持ち出したとすれば，器物損壊罪よりも重い犯罪である窃盗罪が
成立するが，その場合には親族相盗例が適用されて，刑が必ず免除されること
になる。このような結論が合理的であるとは筆者には思われないのであるが，
読者の皆さんはいかがであろうか。現状の親族相盗例が本当に妥当なものであ
るのか，改めて考えるべきであると思われる。

第 7 回コメント

家族によって財産管理を行うとき

石綿はる美

　本書第 7 回では，未成年後見人が未成年の子の財産の管理を行っていた事例が紹介されていた（本書 110 頁）。未成年者の財産管理は親権者（民法第 824 条），あるいは未成年後見人が行う（同第 838 条第 1 号，第 859 条）。事理弁識能力を欠く常況にある成年被後見人の財産管理は，成年後見人が行う（民法第 859 条）。未成年後見人・成年後見人には，被保護者の親族が就任することも可能であり，民法上，財産管理能力が十分でない者の財産管理を家族が行うことが想定されているといえよう（欠格事由について，民法第 847 条参照）。なお，2020 年に選任された成年後見人等（成年後見人，保佐人及び補助人）が，本人の親族であるのは全体の 19.7% である[1]。

　では，民法は，財産管理を委ねられた者が，適切な財産管理を行うことを担保するような仕組みを用意しているのだろうか。

　まず，親権者について確認しよう。親権者は子の財産の売却等の処分行為を含む管理権限を有し[2]，子の財産に関する包括的な代理権を有する（民法第 824 条）。広範な権限を有する親権者による権限行使を，裁判所等が監督することはない。親権者は，子といえども「他人」の財産を管理していることになるが，その際の注意義務の程度は「自己のためにするのと同一の注意」でよい（民法第 827 条）。また，子の利益を害するときには管理権喪失の審判を行うことも可能だが（民法第 835 条），裁判所により認容されるのは年数件にとどまる（2020 年は 6 件である[3]）。

　親権者の権限を制約するものとしては，親権者と子の間の利益相反がある行為については，家庭裁判所に請求して特別代理人を選任する必要があることが

---

　1)　最高裁判所事務総局家庭局「成年後見関係事件の概況——令和 2 年 1 月〜 12 月」10 頁。

　2)　我妻栄『親族法』（有斐閣，1961 年）335 頁。

　3)　最高裁判所事務総局家庭局「親権制限事件及び児童福祉法に規定する事件の概況——令和 2 年 1 月〜 12 月」3 頁。

あげられる（民法第826条第1項）。数人の子に対して親権を行う場合に，子の間の利益が相反する行為についても同様である（民法第826条第2項）。ただし，判例によると，利益相反に該当するか否かは，行為を「外形的客観的に」考察して判断する。例えば，親権者Aが子Bを代理してBの所有する不動産に第三者Cの債務を担保するために抵当権を設定することは，外形的客観的には利益相反に該当しない。しかし，その場合でも，親権者の代理権濫用があれば当然には親権者の行為の効果が子に帰属しない。ただし，代理権濫用に該当するのは「子の利益を無視して自己又は第三者の利益を図ることのみを目的としてされる」等特段の事情がある場合であり[4]，その範囲は通常の代理の場合よりも限定されている（民法第107条参照）。

　未成年後見人・成年後見人の裁量は，親権者に比べると制限されているといえよう。まず，財産管理に善良な管理者としての注意義務を負い（民法第869条，第644条），財産目録の作成なども求められる（同第853条以下）。また，後見監督人により監督を受ける可能性もある（民法第848条以下）。さらに，成年被後見人の居住用不動産の売却等の処分については，家庭裁判所の許可が必要である（民法第859条の3）。

　諸外国には，家族による財産管理を，裁判官の関与等によりコントロールする枠組みがある[5]。例えば，フランスでは，親権者が子の不動産など重要な財産を売却する場合には，事前に後見裁判官等の許可が必要である（民法典第387-1条）。また，未成年者の財産を無償で譲渡すること等，禁止されている行為もある（民法典第387-2条）[6]。後見人が財産管理を行う場合も，売買等の処分行為を行う場合には後見裁判官の事前の許可が必要で（民法典第505条），被後見人の財産に危険を与える行為は許可を得ても行うことができない（同第509条）。

---

4)　最判平成4・12・10民集46巻9号2727頁。同判決についても含め，石田剛「親権者による子の代理と利益相反・代理権濫用」水野謙ほか『〈判旨〉から読み解く民法』（有斐閣，2017年）33頁。

5)　諸外国の制度については，「シンポジウム　家族による財産管理とその制度的代替」比較法研究81号（2019年）参照。

6)　フランスにおける家族による財産管理について，拙稿「フランス」比較法研究81号（2019年）31頁。

　外国法と比較すると，日本でも管理権限者が被保護者の財産をより適切に管理することを担保するような枠組みを検討する必要があるようにも考えられる[7]。制度の運用面の工夫や立法の必要性等について考えてみていただきたい。

---

7)　検討課題について，石田・前掲注4）47頁以下。

第8回

両親が子どもを巡って互いに争うとき（その1）

I　はじめに──親による我が子の拐取

　前回（第7回）は，「家族によって自分の大切なものが奪われるとき」と題して，家族間における財産犯罪を巡る問題として重要な「親族相盗例」を扱った。こうした財産の中には，もちろん高額なものからそうでないものまで様々なものがあるが，価額に拘らず，愛着のある「物」を巡る家族間の諍いが最も激しくなる局面の一つが離婚の場面であることは言うまでもないであろう。

　例えば，夫婦が共同で飼っているペットはしばしば，離婚の際にその帰属を巡って大きな問題となる。仮に，夫婦の一方が他方に無断で，共同生活から離脱する際にそのペットを連れ出した場合には，夫婦が共同で占有している「財物」（刑法では動物も「財物」に当たる）を単独の占有に勝手に移したとして，窃盗罪が成立し得る。但し，第7回で扱った「親族相盗例」が適用される結果，その刑は必ず免除されることになる（刑法第244条第1項）。

　離婚の場合に特に顕在化する，「愛着のある存在」を巡る家族内での諍いの中で，ペットを巡る争いよりも格段に深刻で最も激化しやすいのは，我が子を「自分のものにしようと奪い合う」両親間の争いであろう。例えば，離婚に先立って，一方の親が共同生活の場から離脱する際に，他方の親に無断で我が子を連れて行く事態はしばしば起こることである[1]。また，最も大切な存在である我が子をどうしても自分の手元に取り戻したいと願い，別居中の他方の親から我が子を「奪う」ことも決して珍しくない。

　更に，近年では，国際結婚の増加に伴い，こうした我が子の奪い合いが国境を跨いで行われる事例も散見される。例えば，外国で結婚した夫婦のうちの一方が，離婚に先立って他方に無断で我が子を連れて日本に帰国する事例や，日

---

1)　榊原富士子＝池田清貴『親権と子ども』（岩波書店，2017年）109頁。

本で結婚した夫婦のうちの一方が，別居中の他方の下で生活する我が子を連れ去って自分の母国に帰国する事例など，様々な形で，国境を跨いだ我が子の奪い合いが生じるのである。

　それでは，こうした我が子の奪い合いについては，何らかの犯罪が成立しないのであろうか。もちろん，子どもは「物」ではないので，財産犯罪が成立しないのは言うまでもない。しかし，一方の親が無断で他方の親から子どもを引き離しているのであるから，例えば未成年者略取誘拐罪（刑法第 224 条）（以下，略取と誘拐とを合わせて「拐取」とする）は成立しないのであろうか。

　一見すると，この問いは答えるのがさほど難しくないように見えるかもしれない。しかし，未成年者拐取の保護法益は何かという古典的な論点[2]に加え，子の帰属を巡る民事法的な対応との関係や，更には，日本も 2014 年に批准した，「国際的な子の奪取の民事上の側面に関する条約」（いわゆるハーグ〔子奪取〕条約）との関係など，この問題を考えるに当たって検討すべき様々な点が存在し，その問題状況は複雑である。

　今回及び次回（第 9 回）は，こうした我が子の奪い合いと拐取罪の成否という，「家族と刑法」という観点から見て重要な問題を扱うことにする。諸外国でも我が子の奪い合いという事態は同様に生じており，それに対する様々な立法的解決も試みられているが，それぞれの国における解決の仕方にはヴァリエーションがある。こうした諸外国の議論状況を概観することは，我が国の問題解決にとっても有益であろう。そこで，今回は，我が国における民事的な解決の現状を概観した上で，こうした諸外国の状況を見て行くことにする。

II　民事的な解決についての概観

1　民事的な解決の基本的な枠組み

　両親による我が子の奪い合いと拐取罪の成否を検討する前に，そもそも民事においては，一方の親が他方の親から我が子を引き離した場合に，どのような解決が可能なのかについて見ておきたい[3]。

---

　2)　西田典之（橋爪隆補訂）『刑法各論〔第 7 版〕』（弘文堂，2018 年）86 頁以下参照。

　第1に，民法上の規定はないものの，かねてより判例・学説において，親権者である親が子の引渡し請求権を有することが認められており，現在では，そうした請求権の性質は，親権に対する妨害排除請求であると解されている[4]。

　第2に，より迅速に子の身柄を回復する方法として，1948年に制定された人身保護法に基づき，子の引渡し請求（同法第2条参照）も行われてきた。同法は元々，国家権力などによる不当な拘束などに対応するための法律であったが，その手続の迅速さなどの観点から，子の引渡しでも用いられるようになったものである。

> 　但し，最判平成5・10・19民集47巻8号5099頁は，別居中の夫が監護養育する子の引渡しを人身保護法第2条に基づいて妻が請求した事案において，このような請求を肯定するためには「拘束者が（中略）幼児を監護することが子の幸福に反することが明白であることを要する」として，妻の請求を認めた原判決を破棄した。本判決は，人身保護法第2条による請求を，それ以前に比して大幅に制約するものと解されている[5]。

　第3に，家事事件手続法に基づき，離婚後あるいは別居中に，家庭裁判所に対して，子の引渡しの調停・審判の申立てを行うことができる。

2　国際結婚とハーグ条約

　次に，国際結婚の破綻という局面において，一方の親が不法に（典型的には他方の親の同意なく）自分の母国に我が子を連れ去るような場合への対応も必要となる。というのは，他方の親にとっては，外国に我が子が連れ去られた場合に，それを取り戻すことは決して容易ではないからである。このような問題を解決する国際的な枠組みがハーグ（子奪取）条約である。ハーグ条約は，一方の親によって，元の居住国ではない外国に子が連れ去られることで，生活環境の急激な変化などにより，子に対する有害な影響が生じ得ることを前提に，原

---

3)　以下の記述については，東北大学（当時。現・一橋大学）の石綿はる美准教授にご教示いただいた。厚くお礼申し上げる。
4)　最判昭和38・9・17民集17巻8号968頁参照。
5)　大村敦志「判批」法学協会雑誌112巻8号（1995年）147頁。最判平成6・4・26民集48巻3号992頁も参照。

則として元の居住国に子を返還する手続などを定めている。

　ハーグ条約は1983年12月1日に発効したものの，日本は長らくハーグ条約に加入してこなかった。しかし，欧米諸国を中心として多くの国が加入し，未加入の日本に対する圧力が高まる中で日本も加入を決断した。

> 　当時の審議会部会の議事録を見ると，2011年7月時点でハーグ条約締約国は85カ国であるところ，G8のうち加入していないのは日本とロシアのみであり，かつ，ロシアは年内にも発効する予定であるとの説明がなされている[6]。

　その後，日本では2014年4月1日にハーグ条約が発効し，国内実施法も同日に施行されている。ハーグ条約や国内実施法の実施状況については毎年外務省から報告書が出されており，一定の成果を挙げているものと言える[7]。但し，裁判所の返還命令については，その実効性が低いとの批判もなされている。

> 　アメリカ国務省から出されている2018年の年次報告では，日本の状況につき，「2014年のハーグ条約加入以降，一定の進歩が見られる」としつつ，「裁判所の返還命令を執行する実効的な手段が存在せず，その結果，（条約の）不履行がまま見られる」旨の批判がなされている[8]。

3　刑事法が介入する必要性？

　以上でざっと見たように，両親による我が子の奪い合いについては，民事法による様々な解決枠組みが存在している。そもそも，こうした事例に対して刑法が介入するということは，両親のうちのいずれかが子の奪い合いを理由として「犯罪者」となることを意味するのであって，自分のせいで親が処罰されることになり得るという点で，子自身の心理的なショックやその将来に対する悪影響も想定される。また，処罰を恐れた親が子を連れたまま潜伏生活を送り，その間，子に必要な養育・教育などが行われなくなる可能性もある。こうした

---

6)　法制審議会ハーグ条約（子の返還手続関係）部会第1回会議議事録（2011年）5頁以下〔辻阪幹事〕。
7)　外務省ウェブサイトで公表されている実施状況（http://www.mofa.go.jp/mofaj/ca/ha/page25_000833.html#section1〔2021年1月5日閲覧〕）を参照。
8)　Department of State, Annual Report on International Child Abduction 2018, p.21.

観点からは，なるべく民事法による解決を優先させるのが望ましいと言えよう[9]。

　しかし，他方で，民事法による解決が必ずしも功を奏しない場合がある。例えば，一方の親による子の引渡し請求が認められたとしても，他方の親が子と共に行方をくらます事例は想定可能である。また，ハーグ条約に加入していない国の出身者との国際結婚において，一方の親によって一旦当該国に子どもを連れ去られると，他方の親が法的に採り得る実効的な手段は大きく限定されることになろう。

　このように，民事法による解決にも一定の限界があるとすれば，刑事法による介入を認めるべき場合があるように思われる。そこで以下では，諸外国における刑事法的な規制について見て行くことにしたい。

Ⅲ　刑事的規制を巡る諸外国の動向

1　比較の視点

　以下では，ドイツ語圏各国（ドイツ，スイス，オーストリア）及びイギリスの法状況について紹介するが，単に情報を羅列することは，読者の皆さんにとって必ずしも読みやすいものではないと思われる。そこで，これらの国の法状況を理解するための視点について最初に触れておきたい。

　第1に，ドイツ語圏各国及びイギリスにおいては，未成年者に対する親の権利を侵害する犯罪としての拐取罪（未成年者の引離し罪又は児童奪取罪）が存在する点で共通する。すなわち，未成年者を親から引き離す・奪取することによって，親の権利が侵害されるために，そうした事態を処罰する規定がある点で，これらの国には共通点が見られる。

　第2に，ドイツ語圏各国及びイギリスにおいては，未成年者を特に客体とした規定となっているか，それとも成人も含む規定となっているかは別として，客体となる人の自由を侵害する犯罪としての拐取罪が存在する点でも共通する。

---

9)　最決平成 17・12・6 刑集 59 巻 10 号 1901 頁の今井功裁判官補足意見及び滝井繁男裁判官反対意見参照。

すなわち，未成年者を連れ去ることによって，その者の移動の自由が侵害されるために，そうした事態を処罰する規定がある点でも，これらの国には共通点が見られる。

　第3に，これらの共通性にも拘らず，親権者である親による子の連れ去りという問題については，これらの国においては必ずしも対応が同一ではない。それは，親権者は第1及び第2で述べた犯罪の主体から除外されるか否かについて，それぞれの国で理解が異なるからである。以下では，そうした差異についても見て行くことにする。

> 　なお，ドイツ語圏においては，かつては「親権（die elterliche Gewalt）」と言われていたが，その後，未成年の子を養育するのは親の義務であり，こうした義務に資するための権利としての「親の配慮（die elterliche Sorge）」（ドイツ民法第1626条，スイス民法第296条）又は「配慮（Obsorge）」（オーストリア民法第158条）という呼称がなされている。そこで，ドイツ語圏の議論を紹介する際には，「配慮権」又は「配慮」という言葉を用いることにする。

2　ドイツ語圏各国の法状況

（1）　各国の概観

　ドイツ語圏各国の中でも，配慮権者による子の連れ去りについては基本的に拐取罪の成立を否定するオーストリアのような国もあれば，配慮権者による子の連れ去りについても拐取罪の成立を肯定するドイツ・スイスのような国もある。そして，ドイツやスイスで近年特に問題となっているのは，主として国外への子の連れ去りについてである。

（2）　ドイツの法状況

　ドイツ[10]においては，「未成年者の引離し」（ドイツ刑法第235条）という規定が存在する（なお，ドイツ刑法第234条は，人の移動の自由を侵害する罪として「人の強取（Menschenraub）」を規定するが，子の奪い合いという局面では基本的に問

---

10)　以下の記述は，深町晋也「ドイツ刑法における未成年者の引離しを巡る議論状況（上）（下）」法律時報89巻11号・12号（2017年）による。

題とならない)。本条は，第1項で，①暴行・脅迫・策略といった一定の行為手段によって18歳未満の者を親などから引き離す行為，及び②親族以外の者が14歳未満の児童を親などから引き離す行為を処罰する。また，第2項で，③国外連れ出し目的で14歳未満の児童を親などから引き離す行為，及び④国外にいる14歳未満の児童を親に引き渡さない行為を処罰する。

ドイツ刑法第235条　未成年者の引離し（抄）
① 1. 暴行を用いて，相当の害悪を加える旨の脅迫により，若しくは策略により，18歳未満の者を，又は
　 2. 親族ではないのに，児童を
両親，親の一方，後見人又は保護者から引き離し，又はこれらの者に引き渡さなかった者は，5年以下の自由刑又は罰金刑に処する。
② 1. 国外に連れ去るために，両親，親の一方，後見人若しくは保護者から児童を引き離し，又は
　 2. 児童が国外に連れ去られた若しくは児童が国外に赴いた後に，第1号に掲げた者に対して児童を国外で引き渡さなかった
者も，前項と同一の刑に処する。

　上述の①～④の類型においては，②の場合（第1項第2号）を除くと，行為の主体が限定されておらず，配慮権を有する親であっても主体に当たり得る。そして，①の行為手段のうち，「策略」は積極的に騙す場合だけではなく，巧妙に真意を告げない場合も含まれるとされる。したがって，一方の親が他方の親に黙って，子を自宅から連れ出して行方をくらますといった事案[11]でも，①の類型に当たるとして処罰され得ることになる。

　とはいえ，現在のドイツにおいて特に問題となっている事案は，一方の親が他方の親に無断で子をドイツ国外に連れ出す，又は国外にいる子を親に引き渡さない事案（③や④の類型）である。こうした事案では，通常，ドイツの司法機関による決定の執行は著しく困難になるし，相手国がハーグ条約に加入していない場合には子の取戻しは困難を極める。そのため，1998年ドイツ刑法改正において，第2項が新設され，③や④の類型を新たに処罰対象としたのである。近時の判例に現れた事案は基本的に，ハーグ条約に加入していない国への

---

11)　BGHSt 10, 376（ドイツ連邦通常裁判所1957年9月13日判決）参照。

子の連れ去りなどが問題となったものと言える[12]。

（3）　スイスの法状況

　次に，スイスについても簡単に見ておきたい[13]。スイス刑法は，「未成年者の引離し」（同第 220 条）と，監禁罪と同じ条文にある「16 歳未満の者の誘拐」（同第 183 条第 2 項）とを規定する。

スイス刑法
第 220 条　未成年者の引離し
　未成年者をその居所指定権を有する者から引き離し，又はその者に引き渡すことを拒絶した者は，告訴に基づいて，3 年以下の自由刑又は罰金刑に処する。
第 183 条　監禁及び拐取
① 　人を不法に逮捕若しくは監禁し，若しくはその他の方法で不法に人の自由を剝奪した者，又は，人を暴力，策略若しくは脅迫によって拐取した者は，5 年以下の自由刑又は罰金刑に処する。
② 　判断無能力者，抵抗無能力者又は 16 歳に満たない者を拐取した者も，前項と同様とする。

　スイス刑法第 220 条の「未成年者の引離し」については，行為主体の限定がない点でドイツと同じであり，一方の親が他方の親に無断で子を引き離す場合にも本条が成立することになる[14]。但し，実務上問題となる事案の多くは，国境を跨いだ子の連れ去りに関するものであり，本条の意義はこのような事案を処罰することにあるとかねてより指摘されている[15]。
　これに対して，「16 歳未満の者の拐取」（スイス刑法第 183 条第 2 項）については，条文上は行為主体の限定がないものの，16 歳未満の者が自分の居場所を決定する自由という保護法益は，広く親の配慮権（居所指定権）に服することになる。したがって，一方の親が子の居場所を定めた以上，子はその決定に服

---

　12)　BGHSt 44, 355（ドイツ連邦通常裁判所 1999 年 2 月 11 日判決），BGH NStZ 2006, 447（ドイツ連邦通常裁判所 2006 年 2 月 9 日判決）参照。
　13)　以下の記述は，深町晋也「スイス刑法における未成年の子の奪い合いを巡る議論状況（上）（下）」法律時報 90 巻 11 号・12 号（2018 年）による。
　14)　BGE 118 IV 61（スイス連邦最高裁判所 1992 年 1 月 16 日判決）。
　15)　Botschaft 1985, 59.

することになり，その結果，（他方の親の意向に拘らず）本条は成立しないと解されていた（スイス連邦最高裁判所 2000 年 12 月 14 日判決）[16]。しかし，最近のスイス判例は，この点を改めて，子の福祉を理由とした一定の制約を認めるに至っている（スイス連邦最高裁判所 2014 年 12 月 2 日判決）[17]。

（4）　オーストリアの法状況

更に，オーストリアについてもごく簡単に見ておきたい[18]。オーストリア刑法は，「未成年者の引離し」（同第 195 条）と「性的濫用目的での児童の拐取」（同第 101 条）とを規定する。そして，オーストリア刑法第 101 条の拐取罪については，スイス刑法における解釈と同様に，配慮権を有する親が子どもを連れ去る場合であっても，当該親には居所指定権があり，子の居場所を原則として自由に決定できることになるため，（他方の親の意向に拘らず）本条は原則として成立しないことになる。

また，「未成年者の引離し」（オーストリア刑法第 195 条）は，その文言のみを見れば行為主体の限定は存在しないものの，ドイツやスイスとは異なり，配慮権を有する者は，本条の主体から除外されると解されている。したがって，配慮権を有する一方の親が他方の親に無断で子を国外に連れ出すような事案であっても，本条は成立しない。

3　イギリスの法状況

最後に，イギリスの法状況についてもざっと見ておきたい[19]。イギリスにおける児童拐取を巡る法的枠組みは，①一方で制定法，すなわち 1984 年児童奪取法[20]（以下，1984 年法）第 1 条によって，親が 16 歳未満の児童をイギリス国外に連れ去る場合に限って処罰する旨が規定されており，②他方で，コモン

---

16)　BGE 126 IV 221.
17)　BGE 141 IV 10.
18)　以下の記述は，佐藤陽子「オーストリア刑法における未成年者の引離しを巡る議論状況（上）（下）」法律時報 90 巻 2 号・3 号（2018 年）による。
19)　以下の記述は，樋口亮介「イギリスにおける家族による児童の連れ去りに対する処罰のあり方（上）（下）」法律時報 90 巻 4 号・5 号（2018 年）による。
20)　Child Abduction Act 1984.

ロー上の犯罪として，（客体の年齢を問わず）他人を連れ去る行為について，拐取罪（Kidnapping）による処罰が可能となっている。

　①に関して，ドイツ・スイスと比較して興味深いのは，1984年法以前に存在した1861年人身犯罪法第56条の児童窃盗罪（Child Stealing）においては，両親の処罰が明文で排除されていた点である。すなわち，従来は両親を処罰対象から外す制定法を有していたイギリスにおいても，国外に子を連れ去る事案の悪質さに鑑みて，1984年法で当該事案を処罰する規定を導入するに至ったのである。

　他方，②に関して，コモンロー上の犯罪としての拐取罪は，行為主体には限定がないものの，親による連れ去りの場合に，いかなる事案であれば本罪が成立するのかはなお不明確であるとされている。

IV　今回のまとめ

　ドイツ語圏各国及びイギリスという，二つの異なった類型の拐取罪を有する点で共通する国々においても，両親による子の奪い合いという事象が処罰されるのかについては，必ずしも軌を一にしていない。オーストリアのように，「未成年者の引離し」罪の主体から親権者が一律に除外される国と，ドイツ，スイス，イギリスのように，そのような一律の除外は行わない国とでは大きな違いがある。また，主として親による子の国外への連れ去りに着目する点では共通するとして，それを立法で明示的に規定するか否かについても，ドイツ，イギリスとスイスとでは差異がある。こうした立法的決断をどのように評価すべきなのかという視点が，日本法の分析・検討においても欠かせないであろう。

　次回（第9回）では，こうした比較法的な枠組みを援用しつつ，両親による子の奪い合いという我が国においてもアクチュアルな問題について，どのように考えて行くべきかについて検討を加えることにしたい。

◇連載のあとに

1　子の引渡しを実効化するための手段について[21]

　連載においては，裁判所が一方の親から他方の親への子の引渡しを命じる決定を行ったとしても，その実効性が十分に担保されていないとする批判を紹介した。このような問題は，ハーグ条約実施法が規律する国外への子の引渡し（以下，ハーグ事案とする）のみならず，国内での子の引渡しについてもかねてより問題とされていた。

　そもそも，旧民事執行法においては，子の引渡しに関する具体的規定が設けられておらず，実務上は動産引渡執行（民執第169条）の規定によって執行官が直接強制を行っていた。また，子の引渡しに関しては，間接強制（引渡債務を履行しない債務者〔一方の親〕に対して，一定の期間に履行しない場合に間接強制金を課すとの警告によって，債務履行への心理的負荷を与えること）が奏功しない場合に限って直接強制（執行官が直接に子の引渡しを実現させること）がなされるものとされていた。更に，債務者（一方の親）のいるところでしか子の引渡しについての直接強制がなされず（同時存在原則），債務者が子をその祖父母（自分にとっての両親）の下に預けるなどして執行不能にするといった事例が散見された。なお，前述の通り，ハーグ事案に関してはハーグ条約実施法が規律するが，間接強制前置や同時存在原則が同法において明文で規定されていた。

　こうした執行不能事例の多さは，統計データからも看取できる。例えば，2017年における子の引渡しの直接強制の事件数は，既済件数107件であるが，このうち強制執行が完了したものが35件（約33％），強制執行が不能となったものが46件（約43％），取下げが26件（約24％）であった。また，ハーグ事案については，2014年4月から2019年3月までの間に旧ハーグ条約実施法に基づく代替執行が実施された事案は7件あるが，このうち執行不能となったものが6件，取下げが1件である。

　以上のような問題を解決すべく，民事執行法が改正された（2019年5月17日

---

21)　以下の記述は，内野宗揮・論究ジュリスト32号（2020年）55頁以下，今津綾子・法学教室470号（2019年）52頁以下，及び内田義厚・法律のひろば73巻2号（2020年）62頁以下による。

公布，2020 年 4 月 1 日施行）。その内容としては，①間接強制の前置を必要としない場合を明示的に規定し（民執第 174 条第 2 項），②子と債務者（一方の親）との同時存在原則を否定しつつ，債務者のいないところで直接強制が実施されることで生じる子への負担軽減という観点から，原則として債権者（他方の親）の執行場所への出頭を要求することとし（民執第 175 条第 5 項），③債務者（一方の親）の住居等といった債務者の占有する場所以外の場所（例えば子の祖父母の住居等）であっても強制執行を可能としつつ（同条第 2 項），当該場所の占有者（例えば子の祖父母）の同意がなくとも，それに代わる執行裁判所の許可があれば足りるとした（同条第 3 項）。なお，これらの改正は全てハーグ条約実施法においても（民事執行法改正と同時に）なされており，両法の規定内容を一致させている。

2　スイスの拐取罪を巡る議論について

　連載においては，一方の親が他方の親の意思に反して子を連れ出した場合に，子の移動の自由を侵害したとして 16 歳未満の者の拐取罪（スイス刑法第 183 条第 2 項）が成立するかについては，ごく簡単に紹介した。しかし，スイスの判例の変遷を見ると，実に興味深い状況にある[22]。

　この問題を語る上でまずは重要な判例となるのが，BGE 118 IV 61（スイス連邦最高裁判所 1992 年 1 月 16 日判決）である。本件の事案を簡潔に紹介すると以下のようになる。被告人 X 及びその妻 A が両者の子である B 及び C と共に住んでいたところ，1989 年 1 月に A が B 及び C を連れて家を出た。その後すぐに A は離婚訴訟を提起した。同年 4 月 15 日に X が週末の面会交流を行うために B 及び C を連れて行き，休暇を取って 6 週間に渉ってイタリア，ユーゴスラビア，トルコ，ギリシャを回り，その後に B 及び C を A の元に返した。同年 4 月 17 日に A を B 及び C の監護権者とする旨の処分の通知が送達されたが，X がこれを受領したのは帰国後であった。

　1992 年判決は，原則としては居所指定権を有する親には拐取罪が成立しないとしつつ，子の福祉を理由として，居所指定権に対する一定の制約を肯定した。しかし，本件の事案の解決としては，被告人である X が子である B 及び

Cに対して行った取扱いが良好なものであったことなどを理由として，拐取罪の成立が否定された。なお，同判決は，XがAの配慮権を侵害していること自体は認めており，したがって未成年者の引離し罪（スイス刑法第220条）の成立は肯定した点も注意する必要がある。

　これに対して，BGE 126 IV 221（スイス連邦最高裁判所2000年12月14日判決）は明示的に判例変更し，子の福祉を理由として親の居所指定権に対する制約を認めることはできないとして，およそ拐取罪の成立を否定する立場を採用した。2000年判決は，子の福祉は拐取の成否を判断するに当たっては重要な基準ではないという立場を明確にしつつ，子の居所変更がいかなる場合に子の福祉に合致し，いかなる場合に合致しないのかを決定するのは極めて困難であるという理由付けをも併せて述べている。

　ところが，その後再度の判例変更があり，BGE 141 IV 10（スイス連邦最高裁判所2014年12月2日判決）は，明白に子の福祉に反する場合には親の居所指定権は制約を受け，その結果として拐取罪が成立することを認めた。本件の事案を簡単に紹介すると以下のようになる。被告人Xは，別居する生活パートナーAの元から，訪問権の範囲内で両者の子であるB及びCを連れ出したが，母親であるAの同意なくB及びCをナイジェリアに連れ去り，Xの親族に委ねた。その後，Aの単独配慮が認められたにも拘らず，なおXはB及びCをスイスに帰還させることを拒絶し続けており，AはB及びCとコンタクトを取ることすらできない状況にある。

　2014年判決は，B及びCが突然ナイジェリアに連れ出され，長期に渉って母親を失い，かつ住み慣れた環境から切り離されることは，自己のルーツの喪失に等しいと述べた上で，B及びCの福祉・利益は著しく害されていることを肯定した（原判決破棄・差戻し）。

　このように，スイス刑法第183条第2項の拐取罪の成否を巡っては，子の福祉・利益をどのように判断するかが重要な論点となっている。なお，上述の三つの事案はいずれも，被告人が子をスイス国外に連れ出した事案であり，そのような事案だからこそ，子の福祉・利益の侵害が特に問題となるとも言えよう。

第9回

両親が子どもを巡って互いに争うとき（その2）

I　前回（第8回）の議論を振り返って

　前回は，夫婦が別居や離婚に当たって，我が子を自分の手元に置くために互いに争う「我が子の奪い合い」という，我が国でも諸外国でも重要な問題を採り上げた。この問題に関して，我が国においては，家事事件手続法，人身保護法などによる国内法的な対応や，ハーグ（子奪取）条約による国際法上の対応など，民事法上の様々な対応枠組みが構築されている。しかし，こうした民事法上の措置が功を奏しない場合もあり，一方の親が他方の親から子を引き離す事例について，刑事法による解決が必要となり得る点を指摘した。そして，諸外国においても，こうした事例について，一定の場合には拐取罪として処罰対象とされていることを見てきた[1]。

　それでは，我が国においては，このような事例が拐取罪として処罰されるのであろうか。読者の皆さんにとっても，この点が最も関心が深いところであろう。結論から言えば，一方の親が他方の親から我が子を連れ去る事例についても，一定の場合には拐取罪が成立するとされているが，その具体的な処罰範囲は，実は必ずしも明確ではない。今回は，拐取罪規定についての基本的な理解を踏まえた上で，両親による子の奪い合いと拐取罪の成否について分析を加え，なお残る課題について検討を行いたい。

---

1) こうした比較法的な議論状況や我が国の議論状況を広く検討するものとして，筆者が企画担当者となった「拐取罪を巡る比較法的・沿革的分析1〜14」法律時報89巻11号（2017年）〜91巻11号（2019年）がある。ドイツ，スイス，オーストリア，イギリス，アメリカ，カナダ，フランス，デンマーク，台湾の他，旧刑法以来の我が国の議論状況に関する検討や民事法からの検討もなされている。

Ⅱ　拐取罪とは何か

1　拐取罪規定の確認

刑法典は，拐取罪に関する様々な規定（例えば，身代金目的拐取〔刑法第225条の2〕，人身売買〔刑法第226条の2〕など）を置いているが，今回の検討との関係で重要となるのは，以下の条文である。

> 第224条　未成年者を略取し，又は誘拐した者は，3月以上7年以下の懲役に処する。
> 第225条　営利，わいせつ，結婚又は生命若しくは身体に対する加害の目的で，人を略取し，又は誘拐した者は，1年以上10年以下の懲役に処する。
> 第226条　所在国外に移送する目的で，人を略取し，又は誘拐した者は，2年以上の有期懲役に処する。

拐取罪には，「略取」及び「誘拐」という行為態様が規定されている。いずれも，被拐取者を現在の生活環境（未成年者の場合には，保護されている環境）から離脱させて，行為者や第三者の事実的支配下に置くことが必要となる。他方で，略取と誘拐とは，手段としては異なる点がある。略取は，暴行・脅迫を手段とする場合を指すのに対して，誘拐は，欺罔・誘惑を手段とする場合を指す[2]。したがって，例えば幼児の手を強く引っ張って自動車に乗せて連れ去るような場合には前者に当たり，幼児に飴玉をあげて手なずけるなどして自動車に乗せて連れ去るような場合には後者に当たることになる。なお，未成年者拐取罪における「未成年者」とは，現在では20歳未満の者を指すが，民法改正（平成30年法律第59号）により，2022年4月からは18歳未満の者を指すことになる。

2　拐取罪規定の沿革[3]

今回，拐取罪を巡って検討すべき課題の多くは，実は明治13年（1880年）

---

2)　西田典之（橋爪隆補訂）『刑法各論〔第7版〕』（弘文堂，2018年）85頁。
3)　以下の記述は，松原和彦「我が国における拐取罪の沿革（上）（下）──親が主体の事案を念頭に」法律時報89巻13号（2017年），90巻1号（2018年）による。

に制定された旧刑法を巡る議論において既に登場していると言ってよい。そこで，以下では，拐取罪規定の沿革についてごく簡単に見てみよう。

旧刑法の拐取罪規定

第 341 条　12 歳ニ満サル幼者ヲ略取シ又ハ誘拐シテ自ラ蔵匿シ若クハ他人ニ交付シタル者ハ 2 年以上 5 年以下ノ重禁錮ニ処シ 10 円以上 100 円以下ノ罰金ヲ附加ス

第 342 条　12 歳以上 20 歳ニ満サル幼者ヲ略取シテ自ラ蔵匿シ若クハ他人ニ交付シタル者ハ 1 年以上 3 年以下ノ重禁錮ニ処シ 5 円以上 50 円以下ノ罰金ヲ附加ス其誘拐シテ自ラ蔵匿シ若クハ他人ニ交付シタル者ハ 6 月以上 2 年以下ノ重禁錮ニ処シ 2 円以上 20 円以下ノ罰金ヲ附加ス

第 345 条　20 歳ニ満サル幼者ヲ略取誘拐シテ外国人ニ交付シタル者ハ軽懲役ニ処ス

　旧刑法では，20 歳未満の者のみが拐取罪の保護客体とされており，現在の刑法第 225 条に当たる規定は存在しなかった。その理由としては，20 歳以上の者が誘拐されることはなく，また，無理やり略取される場合には逮捕監禁罪が成立するということが挙げられる。

　しかし，旧刑法の拐取罪規定が未成年者のみを客体にしていることは，その保護法益が未成年者自身の自由といった利益だということを意味しない。というのは，旧刑法の制定経緯や判例・学説を見る限り，その保護法益は未成年の子に対する親の「監督権」と解されており，そうした解釈こそが，未成年の子に対する父又は母の親権（監護権）を規定する旧民法第 879 条にも調和すると考えられたからである。すなわち，未成年の子に対する監護権が保護法益とされるからこそ，旧刑法の拐取罪規定における客体は未成年者に限定されていたと言えよう。したがって，例えば，親が自分の子を外国人に引き渡す事例については，旧刑法第 345 条が成立しないと解されることになる。

　これに対して，現行刑法制定の過程では，成年であっても客体とする規定の新設が早い段階で意識され，それに伴い，拐取罪の保護法益として，（成年・未成年を問わず）人の自由であるとする理解が有力化するに至った。但し，現行刑法第 224 条は，旧刑法第 341・第 342 条を引き継いだものであり，親の監護権を保護するという視点が消失したわけではない[4]。

3　現行の拐取罪における保護法益

以上でざっと現行刑法に至るまでの流れを見てきたが，刑法第224条以下の拐取罪規定における保護法益を理解するに当たって今回検討すべき視点が，既にあらかた登場していると言ってよい。すなわち，①未成年者拐取罪（刑法第224条）の保護法益が親の監護権に限定されるか否か，②拐取罪と逮捕・監禁罪（刑法第220条）との関係をどのように考えるべきか，である。

①については，かつては親の監護権を（も）保護法益と解する見解が通説的であったところ，現在では，むしろ未成年者拐取罪の保護法益から監護権を除外し，専ら未成年者の利益に純化する見解が通説化している[5]。こうした見解は，現行刑法が成年者についても保護を広げた趣旨を徹底し，未成年者拐取罪を他の拐取罪とパラレルに解するものと評価できる。

②については，仮に拐取罪の保護法益を被拐取者の自由であるとすると，同様に被害者の（移動の）自由を保護する逮捕・監禁罪との関係が問題となる。逮捕・監禁罪は，身体の移動の自由を保護法益とするため，移動する能力（移動をすることを決定する意思能力）を欠くような嬰児については成立しないと解されている。これに対して，嬰児に対する拐取罪は当然に成立すると考えられている。そこで，このような差異を説明するために，拐取罪の保護法益は被拐取者の自由のみならず，その安全をも含むとする見解が有力に主張されている[6]。

> 専ら未成年者の利益に純化する見解や被拐取者の安全を保護法益に含む見解については，いくつかの指摘が可能である。まず前者の見解に対しては，拐取罪のうち，未成年者拐取にかかる罪のみが親告罪である（刑法第229条）ことをどのように解すべきかが問題となる。他の拐取罪とパラレルに解するのであれば，このような規定の必要性が問題となるからである。
>
> 他方で，後者の見解に対しては，専ら移動の自由を保護するとされる逮捕・監禁罪であっても結果的加重犯としての致死傷罪（刑法第221条）が規定されているのに対して，安全が保護法益に含まれるはずの拐取罪には結果的加重犯の規定が存在しない点が問題となり得るであろう。

4）　大判明治43・9・30刑録16輯1569頁。
5）　西田・前掲注2）85頁以下。
6）　山口厚『刑法各論〔第2版〕』（有斐閣，2010年）89頁以下。

Ⅲ　親による我が子の連れ去りと拐取罪

1　保護法益とそれ以外の観点

　前回（第8回）のドイツ語圏各国やイギリスにおける議論から明らかなように，拐取罪の保護法益をどのように解するかという問題と，両親による子の奪い合いにおいてどの範囲を拐取罪として処罰するかという問題とは，必ずしも連動しない。例えば，ドイツ語圏においては，「未成年者の引離し」罪の保護法益が親権（配慮権）である点は一致するものの，オーストリアのように，配慮権者である限りはおよそ同罪の主体から除外されると解する国と，ドイツ・スイスのように，配慮権者であっても一定の場合には同罪の主体になり得ると解する国とに分かれる。

　また，未成年者の移動の自由を保護法益とする拐取罪についても，一方で，配慮権者は子に対する居所指定権を有し，子の居場所を自由に決定できることとの関係で，およそ本罪が成立しないと解する立場がある。他方で，親の居所指定権であっても子の福祉との関係で一定の制約に服するとして，なお本罪の成立の余地を認める立場もある。前回紹介したスイスの判例は，この両者の間で揺れ動くものであったことを思い出していただきたい（詳細は本書130頁以下を参照）。

　更に，こうした保護法益による議論とは別に，イギリスやドイツのように，国境を跨ぐ子の連れ去り事案に特化した形で，親権者（配慮権者）の処罰を肯定する特別な規定を新設するという政策的決断がなされることもある[7]。このように，両親による子の奪い合いを規律する視点は多様なものと言える。

2　どのような事案が問題となっているのか

　両親による子の奪い合いと一口に言っても，その実態は多岐に渉るが，拐取罪との関係で特に問題が生じるのは，両親が共同親権者の場合である。すなわち，我が国においては，離婚によって単独親権に移行し（民法第819条参照），一方の親のみが親権を有することになるため，離婚後の事例については，今回

---

7)　同様の立法的決断をしたデンマークにつき，松澤伸「親による子どもの連れ去りに関する北欧デンマークの刑事的対応について」法律時報91巻6号（2019年）95頁。

の直接の検討対象からは除かれる。検討対象において典型的なものとして想定されるのは，共同親権者である両親の一方が他方に無断で共同生活の場から我が子を連れ去る事案（共同生活離脱型）や，別居中の両親の一方が他方に無断で，他方の元にいる我が子を連れ去る事案（別居連れ去り型）であろう。

しかし，こうした事案以外にも様々な事案が想定される。例えば，別居中の両親の一方が他方の同意を得て我が子と面会交流をした後に，一方の親が子を他方の親の元に返さない事案や，逆に，別居中の両親の間で子の面会交流に対する取決めをしているにも拘らず，この取決めを守らず一方の親が他方の親に子を面会させない事案もある[8]。また，近時マスコミに大きく取り上げられた事案としては，ハーグ条約に基づく返還命令に反して母親が子を元々住んでいた国（「常居所地国」）に返還しなかったため，父親が人身保護法に基づいて子の引渡し請求を求める訴訟を提起したところ，人身保護請求を否定した原審が最高裁によって破棄差戻しとされ[9]，差戻審でこの請求が是認されたというものがある[10]。こうした諸事案のうち，我が国ではどのような事案が拐取罪として処罰され得るのであろうか。

> なお，刑法における拐取罪の他にも，人身保護法上の「被拘束者」を移動，蔵匿，隠避するなどの行為があった場合には，同法第 26 条により 2 年以下の懲役又は 5 万円以下の罰金が科せられる。したがって，一方の親が他方の親の意思に反して我が子を（人身保護法上）「拘束」していると判断されたときに，我が子と共に行方をくらますような場合については，本条で処罰され得ることになる（本書 147 頁も参照）。

3　判例で問題となった二つの事案
我が国の最高裁判所で示された二つの判断は，いずれも別居中の我が子を連れ去る事案（別居連れ去り型）に関するものである。多少詳しく見て行くことにしよう。

---

8)　榊原富士子＝池田清貴『親権と子ども』（岩波書店，2017 年）87 頁以下参照。
9)　最判平成 30・3・15 民集 72 巻 1 号 17 頁。
10)　名古屋高判平成 30・7・17 判時 2398 号 87 頁。

　一つ目は，国境を跨ぐ子の連れ去りに関するものである[11]。すなわち，オランダ国籍で日本人の妻と婚姻していた被告人が，深夜に，別居中の妻が監護養育していた2人の間の長女（当時2歳4か月）を，オランダに連れ去る目的で，長女が妻に付き添われて入院していた病院のベッド上から，両足を引っ張って逆さにつり上げ，脇に抱えて連れ去り，予め止めておいた自動車に乗せて発進させたという事案である。

　最高裁は，この事案に対して，「被告人は，共同親権者の1人である別居中の妻のもとで平穏に暮らしていた長女を，外国に連れ去る目的で，入院中の病院から有形力を用いて連れ出し，保護されている環境から引き離して自分の事実的支配下に置いたのであるから，被告人の行為が国外移送略取罪[12]に当たることは明らかである」とした上で，「その態様も悪質であって，被告人が親権者の1人であり，長女を自分の母国に連れ帰ろうとしたものであることを考慮しても，違法性が阻却されるような例外的な場合に当たらない」として，刑法第226条の成立を肯定した。

　これに対して，二つ目は，日本国内における子の連れ去りに関するものである[13]。すなわち，被告人は，別居中の妻であるBが養育している長男C（当時2歳）を連れ去ることを企て，保育園の南側歩道上において，Bの母であるDに連れられて帰宅しようとしていたCを抱きかかえて，自己の自動車にCを同乗させた上，自動車を発進させてCを連れ去り，Cを自分の支配下に置いた。その後，被告人は，約6時間半後の夜遅くに，民家等のない林道上において，Cと共に車内にいるところを警察官に発見され，通常逮捕されたという事案である。

　最高裁は，この事案に対して，平成15年決定を引用し，被告人の行為は未成年者略取罪の構成要件に当たるとしつつ，「被告人が親権者の1人であることは，その行為の違法性が例外的に阻却されるかどうかの判断において考慮されるべき事情である」とした。その上で，違法性阻却の判断において，離婚係争中の他方親権者であるBの下からCを奪取して自分の手元に置こうとした

---

11)　最決平成15・3・18刑集57巻3号371頁（以下，平成15年決定とする）。
12)　現在の所在国外移送目的略取罪（刑法第226条）である。
13)　最決平成17・12・6刑集59巻10号1901頁（以下，平成17年決定とする）。

ものであって，被告人がそのような行動に出ることにつき，Cの監護養育上それが現に必要とされるような特段の事情は認められず，こうした行為は「親権者によるものであるとしても，正当なものということはできない」とした。

また，本件の行為態様は粗暴で強引なものである，Cが自分の生活環境についての判断・選択の能力が備わっていない2歳の幼児である，その年齢上，常時監護養育が必要とされるのに，略取後の監護養育について確たる見通しがあったとも認め難いといった事情を挙げて，被告人の行為は，「家族間における行為として社会通念上許容され得る枠内にとどまる」ものとも言えないとした。その結果，違法性阻却を否定して刑法第224条の成立を肯定した。

4　判例に対する評価・分析

判例によれば，たとえ一方の親権者であっても，他方の親権者などによって保護されている環境から我が子を引き離して自己の支配下に置けば，「略取」「誘拐」の構成要件に該当し，後は「親権者による行為」又は「家族間における行為」としての違法性阻却の問題に委ねられることになる。とすれば，既に他方の親権者による保護環境から子が引き離された後に，一方の親権者が他方の親権者に子を返さない事案や，一方の親権者が他方の親権者と子との面会を拒む事案，更には，一方の親権者が，自分の元にいる子を他方の親権者に引き渡す旨の裁判所の命令に従わず，子と共に行方をくらます事案では，そもそも，他方の親権者によって保護されている環境から子を引き離したとは評価できないことになり，拐取罪の構成要件には該当しないことになろう。

> なお，ドイツにおいては，前回（第8回）で検討した1998年改正によって明示的に不作為犯処罰規定が設けられる以前に，既に「不作為による引離し」という概念を肯定することで，自分の子の引渡しを拒むような事案についても，なお「未成年者の引離し」罪の構成要件該当性が肯定されていた。また，フランスにおいては，未成年者の不引渡しが独自の構成要件として規定されている（フランス刑法第227-5条）。

これに対して，一方の親権者が，他方の親権者との共同生活の場から子と共に離脱する事案では，必ずしも「略取」「誘拐」の構成要件に該当しないとは言い切れないであろう。というのは，両方の親権者によって保護されている環

境から子を引き離して，一方の親権者のみが事実的に支配する状況下に置いたと言えるからである。

前回（第8回）の冒頭で述べたように，ペットのような「財物」が問題となる局面では，共同占有から単独占有に移した場合には窃盗罪が成立すると解されている。そして，「略取」「誘拐」という概念が，長らく窃盗罪における占有侵害・占有移転とのアナロジーで説明されてきたことからすると，一方の親権者が他方の親権者に無断でその共同生活の場から子と共に離脱する事案において，同様の理屈が妥当しないとする理由は必ずしも明らかではない。

以上の検討からすると，別居中の子を連れ去る事案（別居連れ去り型）のみならず，共同生活から離脱する事案（共同生活離脱型）に関しても，構成要件該当性の有無よりもむしろ違法性阻却の有無こそが拐取罪の成否にとっては決定的であることになる。そして，行為者が親権者の1人であるという事実もまた，「親権者による行為」又は「家族間における行為」として違法性阻却の枠内で考慮されよう[14]。

親権者であっても構成要件該当性を広く肯定しつつ，違法性阻却で実質的な判断を行うという判断枠組みは，ドイツ語圏を始めとして，諸外国では余り見られないものと言える。多くの国では，例えば，一方の配偶者が，他方の配偶者からの（自分や子に対する）DVから逃れるために子を連れて逃げるといった事案を巡って，緊急避難の成否が問題となる。こうした緊急避難の主張を超えて，実質的な違法性阻却に大きく問題を委ねるという解決方法は，比較法的に見ても稀と言ってよいであろう。

> 例えば，カナダ刑法第285条は，コモンロー上の緊急避難の抗弁とは別個に，DVから逃れるような場合について特別な緊急避難の抗弁を規定する[15]。また，未成年者の不引渡し罪を規定するフランス刑法第227-5条との関係で，一方の親が他方の親に子を引き渡さないのは，子に対する重大な危害が加えられる恐れがあるからだとして，緊急避難の成立が主張されることがある[16]。更

---

14) こうした判断枠組みを正面から是認するものとして，佐野文彦「『家族』間における子の奪い合いに対する未成年者拐取罪の適用に関する試論」東京大学法科大学院ローレビュー11号（2016年）123頁以下。

15) 和田俊憲「カナダ刑法における親による児童の連れ去りに対する処罰のあり方」法律時報90巻9号（2018年）146頁参照。

に，アメリカにおいても，1962年模範刑法典の規定に倣って，監護侵害罪の抗弁として緊急避難の抗弁を規定する州が多いが，こうした抗弁には厳格な手続き要件が課され，あるいは州の外に逃げると抗弁の主張を認めない州もある[17]。

　このような実質的な違法性阻却という判断枠組みは非常に不明確なものであり，処罰範囲の不明確さを招くとの批判も当然考えられる。しかし，オーストリアのように（「未成年者の引離し」罪については）一律に不可罰とする国を除けば，諸外国においても，両親による子の奪い合い事例の処罰範囲が明確であるとは必ずしも言えない[18]。そして，我が国の判例が違法性阻却の枠組みの中で考慮している実質的な要素に着目すると，家庭裁判所による解決の困難性（特に平成17年決定の今井功裁判官補足意見を参照），子の利益・福祉，国外への連れ去り目的など，諸外国においても問題となっている点が同様に問題となっていると評価することが可能であろう。

　そこで，最後に，こうした実質的な違法性阻却という判断枠組みの中で，親権者による行為であるという点をどのように評価すべきかについて，ごく大雑把にではあるが検討を加えることにする。その際には，同様に，親権者による行為として近時問題となっている監禁罪に関する事案と比較することにしたい。

IV　親権者であることが処罰の否定をもたらす理由

1　親による監禁事例

　既述の通り，監禁罪の保護法益は人の移動の自由であるところ，例えば，よちよち歩きの幼児が家の外に出ないように，親がドアに鍵を掛けて一時的に外出するような場合には，子の移動の自由を侵害するものとして「監禁」という

16)　佐藤結美「フランス刑法における未成年者の奪い合いを巡る議論状況」法律時報90巻10号（2018年）110頁参照。

17)　佐伯仁志「アメリカ合衆国における家族による児童の連れ去りに対する処罰のあり方（下）」法律時報90巻8号（2018年）105頁参照。

18)　ドイツにおける「未成年者の引離し」罪（ドイツ刑法第235条）に関してこの点を指摘するものとして，深町晋也「ドイツ刑法における未成年者の引離しを巡る議論状況（下）」法律時報89巻12号（2017年）116頁。

構成要件には該当するように見える。しかし，親権者は子に対して居所指定権（民法第821条）を有し，その居所を決めることができる以上，その限りでは子の移動の自由を制約し得るものと言える。また，前述のような，日常生活においてよくある事例につき，監禁罪で処罰すべきかは疑問であろう。すなわち，親権者が子に対して一定の場所に留まることを強制することが，直ちに監禁罪に当たるとすることはできない。

　裁判例においては，親が子に対して一定の場所に留まるように強制する事案につき，監禁罪の成立を肯定するものが散見される。そうした事案は基本的に，親が子を風呂場の浴槽やトイレの中といった狭い場所に拘束し[19]，あるいは，部屋の中ではあっても子の身体に鎖を巻き付けて南京錠を掛ける[20]といった，身体に対する拘束性が特に高く，子の自由のみならず，その身体に対する危険性や，その心身の健全な成長に対する悪影響も肯定されるような事案である。こうした事案では，監護・教育的措置の範囲に属するとは言えず[21]，監禁罪の成立が肯定されている。

　こうした判断枠組みは，親による場合でも，子の移動の自由を剥奪すれば「監禁」の構成要件に該当するとしつつ，監護・教育的措置といった事由に該当する場合には，例外的に違法性阻却を認めるものと言え，拐取罪の場合と類似の判断枠組みを採用するものと評価し得よう。

　　拐取罪と監禁罪との関係を自覚的に論じるのがスイスの判例である。スイスにおいては，前回（第8回）でも検討した（本書131頁参照）2014年判決が再度の判例変更を行った際に，大要以下のような議論を展開している。すなわち，親による監禁罪に関しては，子の福祉を理由として親の教育権に一定の制約が課される（したがって，自分の子を何日にも渉って閉じ込めて拘禁するような場合には，およそ許される教育的措置とは言えず，監禁罪〔スイス刑法第183条第1項〕が成立する）とした判例[22]が既に存在するが，親の居所指定権についても同様の制約が課されるべきであり，一定の事例については親による場合でも拐取罪（同第183条第2項）の成立が認められるとする。

19）　福岡地判平成22・9・14公刊物未登載（LEX/DB: 25442695），東京地判平成22・9・15公刊物未登載（LEX/DB: 25464234）。
20）　大阪高判平成27・10・6判時2293号139頁。
21）　大阪高判・前掲注20）参照。
22）　6S.145/2003（スイス連邦最高裁判所2003年6月13日判決）参照。

　　但し，こうした議論を行う前提として，スイスにおいては，監禁罪と拐取罪とは，いずれも移動の自由を侵害する犯罪として同一の条文（同第 183 条）に規定されている点に注意すべきである。

2　親による拐取と親による監禁

　拐取と監禁は，しばしば同一の事件で両方が成立し得る。典型的なのは，行為者が被害者をわいせつ目的などで自動車に乗せて連れ去る事案である。こうした事案では，自動車という容易に外に出られない場所に被害者を閉じ込めて自動車を発進させた時点で拐取罪が成立し，かつ，監禁罪も成立するとされることが多い。

　　多少細かい話（罪数論）をすると，判例においては，拐取罪と監禁罪とは併合罪と解されている（最判昭和 58・9・27 刑集 37 巻 7 号 1078 頁）。但し，厳密に言えば，この判例は，身代金目的拐取罪及び監禁罪を併合罪としたものである。未成年者拐取罪と監禁罪については，（両罪がいずれも継続犯であることを前提にして）観念的競合とする裁判例も存在する[23]。

　それでは，一方の親が他方の親に無断で別居中の子を自動車で連れ去るような場合に，拐取罪の成立と同時に監禁罪の成立も肯定されるのであろうか。平成 15 年決定及び平成 17 年決定は，いずれも自動車による連れ去りが問題となっているが，そもそも監禁罪に関しては起訴されていない。

　まず，親などではない第三者による自動車を利用した未成年者の拐取事案であっても，常に監禁罪について併せて起訴されているわけではない。それゆえ，行為者が一方の親であることを理由として，平成 15 年決定・平成 17 年決定においては監禁罪では起訴されていないとはもちろん言えない。

　しかし，親による拐取と親による監禁とで，「親権者による行為」又は「家族間における行為」という点では共通しつつも，違法性阻却の枠組みにおいて考慮される実質的な要素が異なるのであるとすれば，そうした差異がどこから生じるのかを正面から検討すべきであろう。今回は，そこまで踏み込んだ検討を行うことはできないため，この点は問題提起に留めたい。

---

23)　奈良地判平成 28・1・8 公刊物未登載（LLI: L07150023）。

V　終わりに

　我が国においては，両親による子の奪い合いを巡って，特に共同生活の場から一方の親が他方の親に無断で子を連れて離脱する事案を巡り，拐取罪がどのような場合に成立するのかは非常に不明確である。また，共同親権を有する一方の親が他方の親に子どもを引き渡すことを拒絶するような事案については，少なくとも現在の理解では，「略取」「誘拐」の構成要件に該当しないことになる。

　しかし，これらの事案に関しても，一定の場合には正面から拐取罪として処罰対象に含めることを認めるべきか否かを巡り，今後は立法論の次元でも，また，解釈論の次元でも，ますます議論が行われるようになるものと思われる。「親権者による行為」又は「家族間における行為」であっても刑法が介入すべき場合があることはもちろんであるが，その範囲をどのように確定すべきかは，これからも難問であり続けるであろう。

◇連載のあとに

1　別居中の子の連れ去り事案について

　平成10年代の二つの最高裁判例（平成15年決定・平成17年決定）が登場した後に，両親間の子の奪い合いにおいて拐取罪の成立が裁判所によって肯定された事案は，公刊物やオンラインデータベースを調査する限りでは，さほど見当たらない。その中で，やや古いものではあるが，実の父親である被告人につき，所在国外移送目的略取罪（刑法第226条）の成立を認めた裁判例[24]について紹介したい。

　本件の事案は，単純化すると以下のようになる。外国籍を有する被告人は，別居中の妻であるAのもとで平穏に暮らしていた長女B（当時1歳）をAに無断で連れ去り，アメリカ合衆国へ出国させることを企て，Bの居住するC方居宅に玄関から侵入し，連れ去りを阻止しようとするD（Bの祖母）に暴行を

---

24)　新潟地判平成23・7・5公刊物未登載（LLI/DB: L06650360）。

加えた上で，居間にいた B を抱きかかえて連れ去った。なお，被告人は A から，A 及びその家族に近寄らないように裁判所に対して保護命令を申し立てられており，被告人もそのことを理解していた[25]。

　本件において，新潟地裁は，所在国外移送目的略取罪の成立を認めつつ，量刑判断において，「犯行動機は，身勝手とはいえ，父親の娘に対する愛情の発露として理解することができ，異国の地にあって，約 2 か月にわたり娘と会えない中で思い詰めていったとうかがわれる経緯にも酌むべき余地がないとは言えない」として，「父親の娘に対する愛情の発露」を一定の有利な事情として考慮している（結論として，懲役 2 年執行猶予 4 年の宣告）。

　本件で認定された犯行の具体的経緯や被告人の行為態様からすれば，本罪の構成要件該当性が肯定され，かつ，違法性阻却を認めるべき事情も存在しないことになろう。その場合に問題となるのは量刑判断であるが，被告人が実の親である（共同親権者である）という事実がどの程度被告人に有利に考慮されるのか（特に，本件で執行猶予が付される上でどの程度この事実が考慮されているのか）は，必ずしも明らかではない。

　また，このような親の「愛情の発露」をどのように解するべきなのかは，例えば児童虐待を巡る事案の量刑判断においても問題となる[26]，それ自体として重要な課題である。

2　拐取罪が保護する利益は何か

　連載においては，我が国の未成年者拐取罪（刑法第 224 条）の保護法益が何かにつき筆者の立場を明言することを回避していたが，親による子の奪い合いという問題領域を考えるに当たっても重要な問題である。そこで，改めてこの点を検討してみたい。

　既に連載でも述べたように，我が国においては，未成年者拐取罪の保護法益を巡って，親の有する監護権であるとする見解と，親の権利・利益でなくむしろ子の利益，特にその自由や安全であるとする見解とが対立している。後者の

---

25)　なお，平成 17 年決定の事案においても，被告人は別居中の妻から DV 防止法に基づく保護命令を申し立てられ，実際に保護命令が発されている。

26)　深町晋也「目黒女児虐待死事件——児童虐待の刑法的課題」法学セミナー 793 号（2021 年）22 頁。

見解は，親権や監護権といった権利には未成年者の利益と区別されるような独自の利益性が存在しないとの観点から，これらの権利を拐取罪の保護法益から排除するという思考に基づくものと言えよう[27]。

　しかし，ドイツ，スイス，オーストリアといったドイツ語圏各国はもとより，イギリス，アメリカ，カナダ，フランス，デンマーク，台湾といった諸法域に目を向けても，親権における親の義務性を強調し，未成年者の利益のために親権が存在することを正面から肯定するにも拘らず，拐取罪の保護法益からおよそ親権を除外している法域は存在しない[28]。むしろ，拐取罪の類型に応じて，親権を保護法益とするものと未成年者の自由を保護法益とするものとに区別するという基底的な思考を見出すことができるのである。

　それでは，未成年者の利益とは別個に，親権又は監護権を保護法益とすべき理由はどこにあるのであろうか。例えば，台湾の刑事法学においては，監督権を未成年者の健全な成長にとって必要な制度として保護するという考え方[29]が採用されているが，こうした理解は，我が国においても採用することは十分に可能であろう。

　ここで筆者の見解を端的に示すと，以下のようになる[30]。すなわち，未成年者の自由や身体の安全といった短期的スパンで判断可能な利益とは異なり，未成年者の健全な発達・成長といった長期的なスパンによる考慮が不可欠な利益は，その侵害や危殆化を判断しがたい性質を有する。そこで，子にとって健全な発達・成長に資するものが何かという判断をまずは親権者に委ねてその監護権を保護することにより，最終的には未成年者の利益を保護する，との枠組みである。

　このような理解からすれば，親などの家族構成員によらない通常の拐取については，それが親の監護権を侵害するために，直ちに構成要件該当性が肯定され，緊急避難のような違法性阻却事由が存在しない限りは，拐取罪が成立する

27）　山口・前掲注 6）92 頁。
28）　深町晋也「親による未成年の子の奪い合いと拐取罪の成否を巡る諸問題——日本法の新たな地層」法律時報 91 巻 11 号（2019 年）118 頁参照。
29）　黄士軒「台湾における親による児童の連れ去りに対する処罰のあり方（上）」法律時報 91 巻 3 号（2019 年）120 頁。
30）　深町・前掲注 28）119 頁参照。

ことになる。他方，一方の親が他方の親から子を連れ去る事案については，連載において述べたように，仮に別居連れ去り型のみならず共同生活離脱型についても拐取罪の構成要件該当性を肯定するとしても，違法性阻却の枠組みにおいて，「親権者による行為」又は「家族間における行為」という観点から，一方の親による連れ去りが子の福祉・利益に資するか否かといった点についての精査が必要となる。

　なお，本書校正時に，別居後の面会交流調停を悪用して自分の子を連れ去ったとして未成年者誘拐罪（及び人身保護法違反〔本書137頁参照〕）の成立を肯定し，懲役1年6月執行猶予5年を宣告した津地判令和3・6・11公刊物未登載に接した。本件は，共同親権者である被告人Xが，離婚に向けて別居中であった妻Bの養育監護する子A（当時2歳）を，面会交流の終了時刻を経過してもBに引き渡すつもりがないのに，その意思があるように装って，家庭裁判所の面会交流の調停手続において，面会交流時間を平成30年12月24日午前10時から午後4時とする条件を受け入れる旨嘘を述べてBを誤信させ，Aの引渡しを受け，令和2年8月18日までAを自己の支配下に置いたという事案である。津地裁は，最高裁平成17年決定の掲げる，①正当な親権の行使に当たるか，また，②家庭内における放任行為として社会通念上許容され得るか，という2つの違法性阻却基準のうち，特に②について詳細に検討を加え，Xの「行為の目的・態様等に鑑み，家庭裁判所の紛争解決機能を真向から否定する振る舞い」であって，「このような野放図な実力行使（自力救済）」は許容されないとして違法性阻却を否定した。

　本件は別居連れ去り型に属する事案であるが，本判決が，❶面会交流後に子を他方親権者に返さなかった不作為ではなく，虚偽の事実を述べて子の引渡しを受けるという作為による誘拐を認めた点，❷1年半以上の期間に渉る誘拐を継続犯として認めた点，❸家裁の紛争解決機能に反する振る舞いであることを強調して「家庭内における放任行為」ではないとした点，❹Xが愛情をもってAを養育し，Aの安全という点では深刻な悪影響が生じなかったことを執行猶予選択の上で重視した点など，注目すべき点が多い。

第8回・第9回コメント

親が子どもを連れて別居するとき

石綿はる美

　本書第8回・第9回で扱われたような両親による子の奪い合いに巻き込まれることは，子の利益にならない。本コメントでは，親による子の奪い合い，特に実力による奪い合いを可能な限り防ぐための法的枠組みについて考えたい。

　実力による子の奪い合いを防ぐためには，まずは最初の実力による子の移動を認めないということが重要であり，他方の親権者の「同意または裁判所の許可を得ないでなされる一方的な」別居は極力避けるべきではないかとの指摘もある[1]。また，このような事案の刑事法上の扱いの不明確さについても指摘されている（本書144頁）。本コメントではこのような事案を「子連れ別居」と呼び，子連れ別居が民事法上どのように扱われているのか（1），子連れ別居が生じる遠因であると考えられる，監護者・親権者の指定の際の判断基準（2），離婚後の両親と子の交流（3）について紹介する。

1　子連れ別居の民事法上の扱い

　両親の双方が子に対して親権を有していることから考えると，他方の親の同意なく無断で子を連れ出すことは，他方の親の権利を侵害するようにも思われる。また，子にとっても，突然に他の親と引き離され，住み慣れた場所，知人等との関係性を断たれることは，必ずしも利益ではないだろう。

　もっとも，民事法上，裁判例において，子を主に養育していた親による子連れ別居は必ずしも違法とはされておらず[2]，学説においても一概に違法とすることはできないとされている[3]。

　その背後には，次のような価値判断がある。第1に，子を主に監護している親が幼い子を置いて家を去ることは難しく，そのような親が子を連れて出る

---

1)　早川眞一郎「『子連れ里帰り』の行方」森島昭夫＝塩野宏編『変動する日本社会と法──加藤一郎先生追悼論文集』（有斐閣，2011年）168頁。
2)　早川・前掲注1) 153頁。
3)　二宮周平『家族法〔第5版〕』（新世社，2019年）120頁。

ことはやむを得ない。第 2 に，相手方配偶者から暴力を受けている配偶者が
子を連れて別居するような場合に，子を連れて逃げる権利を認めるべきである。
DV や児童虐待に対する厳格な対応策が十分とは言えない日本において，当事
者にとって子連れ別居はこれらの危険から逃れる唯一の手段である場合もあ
り[4]，子連れ別居を一律に違法とすることは，暴力を受けている配偶者及び子
の利益が害されることにもなろう[5]。

　しかしながら，上述のように，子連れ別居は必ずしも子の利益にならない。
実務上も，子連れ別居の経緯・態様によっては，それが違法ないし不当である
とされる判断も見られるようになっているとの指摘もある[6]。

　では，どのように対応していくべきか。大きな方向性としては，α. 原則と
して，子連れ別居を行う，あるいは行った場合には，速やかに「何等かの対
応」をする，β. DV や児童虐待など緊急性が認められる事案については，例
外的な対応をするという枠組みが考えられよう。

　具体的に検討する必要があるのは，α「何等かの対応」が何か，また，その
対応を別居前に行うのか，それとも別居後に行うのかである。なお，以下では，
β についてその都度言及はしないが，全ての場合において，無視することがで
きない重要な問題であることは，ここで強調しておきたい。

　解釈論としては，ハーグ条約の枠組みを参照し，子の連れ去り（子連れ別居
も含まれ得る）があった場合に「迅速に人身保護請求に基づき原状回復を行い」，
監護のあり方の判断は家庭裁判所が行うべきであるとの提案もあるが[7]，提案
者自身が認識するように解釈論による対応には限界もあろう。

　立法論としては，子連れ別居について，原則として，「事前に家庭裁判所の
許可を得る」ことも考えられよう[8]。また，家族法研究会（本書 78 頁参照）に

---

4)　佐藤千恵「子の引渡しに関する審判前の保全処分および人身保護請求の新たな役割に
ついての検討」中京学院大学経営学部研究紀要 23 巻（2016 年）48 頁。
5)　許末恵「『拐取罪を巡る比較法的・沿革的分析』に対する民法からのコメント（1）」
法律時報 91 巻 4 号（2019 年）117 頁注（58）。
6)　早川・前掲注 1) 153 頁。
7)　早川眞一郎「子の奪い合いについての一考察」中川良延ほか編『日本民法学の形成と
課題——星野英一先生古稀祝賀論文集（下）』（有斐閣，1996 年）1237 頁以下，同
「子の引渡しをめぐる実体法上の問題」論究ジュリスト 32 号（2020 年）78 頁以下。
8)　早川・前掲注 7) 1243 頁。

おいては,「両親が別居をするときは, 別居開始まで又は別居後速やかに, ①
子の監護をすべき者, ②父又は母と子との面会及びその他の交流, ③子の監護
に関する婚姻費用の分担その他の子の監護について必要な事項を, 両親の間の
協議又は家庭裁判所で定めることとする規律を設けること」の検討が提案され
ている[9]。別居時に, 子の養育環境が大きく変化することに注目し, 子の監護
に関することについて, 両親が話し合うような枠組みを作成しようとするもの
である。なお, 協議や家庭裁判所による決定は, 別居前に行われることが理想
であろうが, 別居に至る様々な事情があることを鑑みると, 別居してから一定
期間が経過するまでに, 行うようにすることが考えられよう。もっとも, 単身
赴任による別居など様々な家族の形がある中で,「別居」という概念をどのよ
うに定義するのかという, それ自体が困難な問題がある。

2　監護者・親権者の指定の判断基準[10]

（1）　概　要

　子連れ別居が行われる理由に, 別居・離婚時の監護者・親権者の指定に際し
て, 子と共にいる方が有利であると考えられていることもあるだろう。

　家事事件手続における子の監護に関する処分, 子の監護に関する処分の審判
前の保全処分という方法を利用し, 別居・離婚時の監護者・親権者を指定する
場合, 判断基準としては,「子の利益」が最優先基準（民法第 766 条 1 項後段）
となる。

> 　具体的な考慮要素は, 以下のようなものであるとされる。
> 　父母側の事情として, ①監護の実績（現在の監護状況）, ②監護能力（年齢・
> 性格・健康状況, 家庭環境〔経済力・就労状況・同居家族〕, 居住環境, 保育ある
> いは教育環境, 監護補助者の状況など監護体制, 性格や生活態度, 子に対する愛情,
> 監護意思, 暴力や虐待の有無）, ③監護開始の違法性, ④面会交流についての許
> 容性（フレンドリー・ペアレント・ルール）, ⑤申立ての真摯さ（復縁や恨みなど
> 他の目的の有無）がある。
> 　また, 子の側の事情として, ⑥子の意思, 年齢, 性別, 心身の発育状況, ⑦

9)　家族法研究会「家族法研究会報告書」129 頁。
10)　梶村太市ほか『家族法実務講義』（有斐閣, 2013 年）170 頁以下〔榊原富士子〕,
　　二宮・前掲注 3）115 頁以下, 松本哲泓「子の引渡し・監護者指定に関する最近の裁判
　　例の傾向について」家庭裁判所月報 63 巻 9 号（2011 年）1 頁。

従来の養育環境への適応状況，⑧監護環境の継続（＝親の監護の実績），⑨環境の変化への適応性，⑩父母および親族との情緒的結びつき，きょうだいとの関係，などが挙げられる。

　なお，親権者・監護者の変更の判断の際の考慮要素も，基本的には，親権者・監護者の決定の際と同様であるが，監護の実績と子の意思が特に重視される[11]。既に，親権者・監護者の決定を当事者あるいは家庭裁判所により行っていることから，著しい事情変更や，既に指定されている親権者等に子の監護を行わせることが子の利益に反することが明らかであるなどの事情が必要であると考えられている（民法第819条第6項）。

　以下では，既に述べた①から⑩の要素のうち，子連れ別居が生じる遠因となっているとも指摘される，①監護の実績（子からみると⑧），③監護開始の違法性について，簡単に触れたい。

(2)　「監護の実績」

　監護の実績について，2点指摘をしたい。

　第1は，「主たる監護者」という考え方である。これは，「婚姻中子の養育を主に担ってきた親が別居・離婚後も子の養育を継続すること」は，子と養育者との愛着関係や心理的絆が子の健全な成長・発育のために重要であり，子の利益に合致すると考えられていることに由来する考慮要素である[12]。実務では，仮に，主たる監護者でなかった者が現在監護していたとしても，過去の監護に問題がなく，引取体制が整っている限り，原則として，主たる監護者へ引き渡すという方針が取られている[13]。

　「主たる監護者」要素については，原則的に重視される要素として機能するものではなく，考慮すべき要素の一つに過ぎないとすべきという見解がある一方で[14]，最近の実務では，主たる監護者が誰か，同居中に主たる監護を担っていた者が誰かということが，決定基準の重要な要素になっているのではない

---

11)　梶村ほか・前掲注10) 175頁以下〔榊原〕。

12)　山口亮子「子の引渡し（監護紛争）の解決手法」二宮周平編集代表『現代家族法講座第2巻 婚姻と離婚』（日本評論社，2020年）357頁。

13)　松本・前掲注10) 6頁。

14)　松本・前掲注10) 6頁。

かとの指摘もある[15]。いずれにしても「主たる監護者」という要素は，家裁
による親権者・監護者の決定の判断時点での監護者ではなく，別居・離婚前の
状況で判断をするということを明確にすることで，子連れ別居・子の奪い合い
を防ぐ必要があろう。

　第2は，「現状の監護の継続性」である。親権者・監護権者の決定に際して
この考慮要素が特に重視されているともいわれる[16]。ただし，この要素を重
視すると，結局，子と長く一緒にいることが重要であるということになり，子
連れ別居や，物理的に子を奪い合うことが誘発される[17]。仮にこの要素を重
視するのであれば，子の利益のためになぜ重視する必要があるかを明らかにす
るべきであろう。

　実際，「別居中の子の生活の継続と監護の継続が子の生活の安定に資する」
という考え方に対しては，面会交流が一般的ではなく，離婚によって他方の親
と子が決別していた時代背景があると分析し，別居により子のこれまで（別居
前）の生活の継続性が断絶されることの問題意識を有するべきとの指摘もあ
る[18]。最近では，違法な奪取により始まった監護については，必ずしも監護
の実績としては評価をしないこともあるという[19]。

（3）　「監護開始の違法性」

　面会交流中に子を無断で連れ去る，調停や審判，あるいは当事者間の合意を
無視して無断で連れ去る，同居親に対して暴力をふるって実力で子を奪うよう
な場合には，奪取行為に違法性があると判断され，監護者等の指定の際に消極
的に評価される傾向にある[20]。

　では，子連れ別居はどう判断されるのか[21]。子連れ別居の場合は，相手方
に黙って，承諾を得ずに子を連れて別居を開始することが多いが，その奪取の

---

15)　池田清貴ほか「座談会──子の引渡しをめぐって」道垣内弘人＝松原正明編『家事
　　法の理論・実務・判例4』（勁草書房，2020年）63頁以下。
16)　梶村ほか・前掲注10) 171頁以下〔榊原〕。
17)　梶村ほか・前掲注10) 171頁以下〔榊原〕，二宮・前掲注3) 115頁。
18)　山口亮子『日米親権法の比較研究』（日本加除出版，2020年）248頁。
19)　梶村ほか・前掲注10) 173頁〔榊原〕。
20)　梶村ほか・前掲注10) 173頁〔榊原〕，二宮・前掲注3) 116頁。
21)　松本・前掲注10) 30頁以下。

開始の態様は，物理的には穏当な場合も多い。子連れ別居を開始した際の子の
年齢や意向，連れ出すに当たっての経緯・態様などを総合的に考慮するものと
されているが，特に，夫の暴力等から逃れるための別居である場合には違法で
あると判断されない傾向にあるという[22]。

(4)　今後の方向性

　家庭裁判所による判断過程がブラックボックス化しているとの指摘もあり，
監護者・親権者の決定の際の考慮要素を明確化する必要性も提示されてい
る[23]。考慮要素が，別居・離婚時の両親の行動に影響を与え得る可能性を念
頭に置き，子の利益に適うように考慮要素を明確化することを目指す必要があ
ろう。

3　離婚後の両親と子の交流

　別居・離婚後に，非同居親が子と交流することができなくなる（と当事者た
ちに解されている）ことも，子連れ別居が行われる理由の一つであろう。実際に，
ひとり親世帯の調査では，面会交流の取決めをしているのが，母子世帯で
24.1％，父子世帯で27.3％にとどまり，実際に実施しているのも，母子世帯
で29.8％，父子世帯は45.5％である[24]。もっとも，家裁実務においては，
子の福祉に反する特段の事情がない限り，面会交流を認めようとする「面会交
流原則実施」の流れがあるとの指摘もある[25]。

　現在，離婚後も両親が子を養育し・交流できること等を目指し，離婚後の共
同親権制度の導入を求めるような動きもあるが（第5回コメント〔本書81頁以
下〕参照），共同親権制度を導入するだけでは，問題は必ずしも解決しないであ
ろう。仮に，共同親権制度を導入したとしても，多くの場合，子はどちらかの
親のもとで主に暮らすと考えられる。より重要なのは，両親が離婚をした状況

---

22)　山口・前掲注 12) 361 頁。
23)　家族法研究会・前掲注 9) 130 頁以下。
24)　厚生労働省「平成 28 年度全国ひとり親世帯等調査結果報告」62 頁以下。
25)　栗林佳代「離婚後の親子の交流（面会交流）の保障」二宮編集代表・前掲注 12)
　　320 頁，細矢郁ほか「面会交流が争点となる調停事件の実情及び審理の在り方」家庭裁
　　判所月報 64 巻 7 号（2012 年）75 頁。

で，どのように共同して子を養育していくことが可能なのか，何が子にとって望ましい形なのかを検討することであろう。

　家族法研究会では，両親と子の交流についても，別居時・離婚時に今後の交流についての取決めを促進すること[26]，別居親と子のみの交流に不安を有する親のために，面会交流支援機関の援助を受け面会交流が行えるように制度を整備すること[27]，などが検討されている。さらには，コロナ禍において広く用いられるようになったオンライン会議システムの zoom などのツールを使った交流を促進すること[28] など，様々な方向からの方策を検討することが可能であろう。

4　終わりに

　本コメントでは，「子連れ別居」という事象を手掛かりに，別居・離婚時の両親と子の関係性についての現状及び今後の課題について検討してみた。両親間にとってはその関係の破綻・終結を意味する別居・離婚という出来事が，子に与える負担をできるだけ少なくするように工夫していくことが，子の利益のために大切なことであろう。

> 　養育費についても，取決め・履行ともに必ずしもその割合が高くないという問題がある（本書 81 頁以下参照）。両親の間で定めた養育費が支払われないことは，子の養育環境の悪化・貧困につながる問題であり，子の利益のために避けるべき事態である。養育費の取決め・履行の促進については，家族法研究会でも検討が行われ[29]，2021 年 3 月からは法制審議会家族法制部会で審議が行われている。また，この問題が，社会的に注目を集めたこともあり，2020 年 1 月に「養育費勉強会」が，同年 6 月に「不払い養育費の確保のための支援に関するタスクフォース」，「法務省・養育費不払い解消に向けた検討会議」が設置され，議論が行われた[30]。
> 　これらの動向に注目していただくとともに，なぜ，親族間の扶養義務（民法

---

26)　家族法研究会・前掲注 9）83 頁以下。
27)　家族法研究会・前掲注 9）121 頁以下。
28)　池田ほか・前掲注 15）92 頁〔鈴木裕一発言〕。
29)　家族法研究会・前掲注 9）83 頁以下及び 107 頁以下。
30)　各研究会については，法務省ウェブサイト「父母の離婚後の子育てに関する法制度の調査・検討状況について」（http://www.moj.go.jp/MINJI/minji07_00054.html）から確認できる。

第 877 条第 1 項）の中で子に対する養育費のみがこのように注目されている
のか，また，場合によっては実体法上・執行法上特別な地位に置くことまで認
め得るのかという，理論的な点についても考えてみていただきたい。

第 10 回

死者がその家族によって弔われないとき

I　はじめに——私的な追憶から

　2018 年 6 月初旬に，母方の祖母が亡くなった。100 歳を目前にした死であり，日本人女性の平均寿命（87.26 歳）[1] からしても長生きであったと評すべきであろう。しかし，それでもやはり，筆者にとっては様々な思いが募る出来事であった。筆者が生まれた函館に母方の実家はあるが，ここ暫くは年に 1 度の墓参りでしか戻らない場所となっていた。

　母方の実家から連絡を受けて，急いで函館に向かい，何とか通夜には間に合った。翌日には荼毘に付され，いわゆる「骨上げ」が行われた。焼かれた遺骨を全て骨壺に納める[2] のであるが，壺の大きさと遺骨の量との関係で，適宜，骨を砕いて入れていくのが大変に印象的であった。その後，台の上にわずかに残ったのは灰ばかりであった。ふと，この灰はどのように処分されるのかと考えた。すなわち，遺灰は遺骨としての法的保護を受けるのであろうか，という疑問が脳裏をよぎったのである。

　我が国には死体損壊罪（刑法第 190 条）という犯罪がある。厳密に言えば，死体のみならず，遺骨や遺髪なども保護する規定であり，遺灰を廃棄する行為も本罪に該当するのではないか。あるいは，遺骨を砕いて骨壺に入れる行為は本罪に該当しないのであろうか。

　他方で，そもそもこうした行為は火葬という葬送に伴うものであり，我々の社会習俗に合致したものである。むしろ，こうした葬送をせず，死体をそのまま放置する方が，我々の死者に対する追慕の情を害するものと言えよう。

---

1)　厚生労働省「平成 29 年簡易生命表の概況」（2018 年 7 月 20 日公表）2 頁。
2)　遺骨を全て骨壺に納めるか，それとも一部のみを納めるかは，地域によって違いがあるようである。

こうした観点から，近時重要な議論対象となっているものとして，自宅内で家族が死亡した後，残された家族がその遺体を弔わずに放置する事例を挙げることができる。

　　裁判例において散見されるのは，出産後間もなく死亡した自分の子の死体を自宅内で放置する事案（例えば，大阪地判平成30・7・2公刊物未登載〔LEX/DB: 25449610〕）と，自宅で死亡した同居の親の死体を（親の年金などをその後も受領し続けるために）自宅内で放置する事案（例えば，名古屋高金沢支判平成24・7・12公刊物未登載[3]）である。

今回（第10回）の原稿を執筆している最中にも，自宅で死亡した母親の遺体をそのまま放置した（いわゆる「ひきこもり」状態にあった）息子が逮捕されたとの報道に接した[4]が，このような事案はしばしば生じている。そこで今回は，死体損壊等罪の基本的な理解を踏まえた上で，家族構成員が死亡した後，他の家族構成員によって（適切に）弔われなかった場合について，検討を加えることにしたい。

Ⅱ　死体損壊等罪とはどのような規定か

1　条文の確認
死体損壊等罪を規定する刑法第190条は，以下のような条文である。

　　第190条　死体，遺骨，遺髪又は棺に納めてある物を損壊し，遺棄し，又は領得した者は，3年以下の懲役に処する。

条文をざっと見る限りでは，死体や遺骨等を「損壊」，「遺棄」，「領得」する行為を処罰しており，遺骨の一部である遺灰を捨てる行為や，そもそも遺体を

3)　松下裕子「判批」警察学論集66巻5号（2013年）169頁以下参照。
4)　神奈川新聞オンライン版2018年11月5日（https://www.kanaloco.jp/news/social/entry-38604.html〔2021年5月3日閲覧〕）。

茶毘に付す行為ですら本罪に該当しそうにも見える（但し，後に検討するドイツ語圏各国では処罰対象とされている，死体に対する侮辱・凌辱的行為については処罰対象とされていない[5]）。このように，一見すると本罪の成立範囲は広いため，どのような観点から処罰範囲を適切に限定すべきかが問題となる。

2　保護法益による議論

刑法第 190 条の保護法益としては，死者に対する国民一般の敬虔感情と解する見解が通説的と言える[6]。これに対して，後に検討するドイツにおける議論の影響の下，死者の人格権を本条の保護法益と解する見解も有力に主張されている[7]。

これらの見解は，「いかなる方式の葬送であれば死体を物理的に損壊しても刑法第 190 条が成立しないのか」という問いに対しては一定の解決をもたらし得る。前者の見解からは，死者に対する国民一般の敬虔感情を害しないような行為，例えば，我が国において社会的に是認された方式の葬送に基づく行為（火葬，土葬等）については，その結果として死体が物理的に損傷されたとしても，本罪の成立が否定されることになる。他方，後者の見解からは，死者の生前の意思に合致するような行為であれば，たとえ国民一般の敬虔感情を害するような行為（例えば鳥葬や風葬といった方式の葬送）であったとしても，なお本罪の成立が否定されることになる。

しかし，こうした保護法益の議論は，死者の弔いがなされなかった場合に，いかなる条件の下で本罪が成立し得るのかという今回の検討課題に対しては，なお十分に答えるものではない。というのは，ここで問題となるのは，「いかなる方式の葬送であれば死体を物理的に損壊しても刑法第 190 条が成立しないのか」という問いではなく，「およそ何らの葬送もなされずに死体が放置される場合にも刑法第 190 条が成立しないのか」という問いだからである。不作為の形態による死体の遺棄は，果たして処罰に値するのであろうか。この問いに

---

5)　なお，改正刑法草案第 242 条第 2 項は「死体を陵辱」することを処罰する規定を設けている。
6)　西田典之（橋爪隆補訂）『刑法各論〔第 7 版〕』（弘文堂，2018 年）430 頁，西田典之ほか編『注釈刑法　第 2 巻』（有斐閣，2016 年）676 頁〔嶋矢貴之〕。
7)　松宮孝明『刑法各論講義〔第 5 版〕』（成文堂，2018 年）429 頁。

答えるためには，不作為で犯罪が実現されたときに，そのような犯罪実現を回避すべき義務（作為義務）がどのような場合に肯定されるのかを見てみる必要がある。以下では，不作為による殺人罪（刑法第199条）や保護責任者遺棄罪（刑法第218条）を中心に検討を加える。

Ⅲ　不作為犯の処罰根拠と不作為の死体遺棄罪

1　作為義務を基礎付ける根拠は何か

　例えば，人を殺そうと考えてナイフで刺して死なせた場合に，殺人罪が成立することは問題ないであろう。これに対して，海で溺れている人を死ねばよいと思って救助しないで死なせた場合にも同様に殺人罪が成立するのかは一個の問題である。というのは，海で溺れている人を救助しなかった者が多数いる場合に，「誰がその人を助けるべきであったのか」が問題となるからである。その場にいた全ての者に殺人罪が成立するとすれば，著しく妥当性を欠く結論であろう。

　そこで，刑法では，このような不作為によって犯罪が実現された場合に，不作為犯として責任を問われるのは，犯罪実現を回避すべき義務（作為義務）を負う者のみであると考えられている。こうした作為義務がどのような場合に発生するのかと言えば，学説では様々な見解が主張されているが，判例・裁判例を概観すると，親子関係のような一定の緊密な関係が存在する場合の他，契約で保護を引き受ける場合や，自動車ではねるといった先行行為によって危険を作り出した場合など，様々な類型が存在する[8]。それでは，死体損壊等罪についても，このような作為義務の発生根拠に関する議論がそのまま妥当するのであろうか。

2　死体損壊等罪の不作為類型

　既に見たように，我が国の刑法第190条は，死体等を「領得」する行為の他，「損壊」や「遺棄」する行為をも処罰対象としている。死体の「損壊」とは，

---

[8]　西田典之『刑法総論〔第2版〕』（弘文堂，2010年）121頁以下。

死体を物理的に損傷することと解されており，基本的には死体を切断する行為
や焼損する行為[9]）といったように，作為による形態が想定されているものと
言える。

> 　理論的には，葬祭義務者が死体を放置して腐敗させた場合には，不作為の死
> 体損壊罪が問題とならないではないが，こうした腐敗については，以下で述べ
> る遺棄行為に包含されると解されている（名古屋地岡崎支判平成 23・3・24 季刊
> 刑事弁護 67 号 97 頁参照）。

　これに対して，死体の「遺棄」については，作為による遺棄，例えば，被害
者を殺害した後に，土の中にその死体を埋める行為（大判昭和 11・1・29 刑集 15
巻 30 頁），あるいは，屋内の床下にその死体を隠匿する行為（最判昭和 24・11・
26 刑集 3 巻 11 号 1850 頁）のみならず，不作為による遺棄も判例・裁判例におい
ては広く肯定されている。それでは，不作為による遺棄はどのような場合に認
められるのであろうか。

3　不作為の死体遺棄罪

　不作為の死体遺棄罪の成立を巡っては，既に 100 年ほど前に，生まれたばか
りの我が子を砂の中に埋めて窒息死させた後，そのまま死体を放置して立ち
去ったという事案で，当時の大審院は，葬祭義務者が葬祭する意思なく死体を
放置する場合に不作為の死体遺棄罪が成立するとの一般論を示しつつ，本件に
つき，母親は慣習上，死亡した子の葬祭義務を負う旨判示した（大判大正 6・
11・24 刑録 23 輯 1302 頁）。その後，判例においては，一般論として，葬祭義務
を負う者のみならず，死体の監護義務を負う者についても不作為の死体遺棄罪
が成立する旨が示され（大判大正 13・3・14 刑集 3 巻 285 頁），更に，具体的な事案
において，被告人が死体の監護義務を負うことを理由として不作為の死体遺棄
罪の成立を認める下級審裁判例も登場するに至った。

　例えば，①重過失によって被害者（被告人の祖母）を死亡させた被告人につ
き，被害者の子（被告人の父）が屋内で就寝中のために被害者の死亡に気づい

---

9)　大塚仁ほか編『大コンメンタール刑法〔第 3 版〕第 9 巻』（青林書院，2013 年）243 頁
〔岩村修二〕。

ていない状況においては，孫である被告人には祖母の死体を監護する義務があるとしたもの（仙台高判昭和 27・4・26 特報 22 号 123 頁）や，②被害者の親から依頼を受けて重病であった被害者を預かっていたものの，被害者が死亡した後もなお親にその事実を知らせずに死体をミイラ化させた事案で，被告人に死体の監護義務を認め，被害者死亡の事実を親などに伝え，死体の引渡しが完了するまでの間は死体を適切に保管する義務があるとしたもの（福岡高宮崎支判平成 14・12・19 高刑速（平 14）号 184 頁）がある。

　このように，判例・裁判例においては，葬祭義務者については，死者の親や子など，親族の中でも特に親密な関係にある者である場合に認められ，また，監護義務者についても，死者の親族（裁判例①）や，あるいは死者の親などから保護を引き受けた者（裁判例②）に限定されているように見える。他方，被害者を殺害した者であっても，こうした葬祭義務（や監護義務）を有しない限りは，なお不作為の死体遺棄罪が成立しないとされている（大判昭和 8・7・8 刑集 12 巻 1195 頁）。

　このような判例・裁判例の傾向は，既に見た不作為犯一般の議論と共通する部分もあるが，異なる部分もある。特に重要な差異としては，殺人罪や保護責任者遺棄罪では，被害者の生命・身体に危険な先行行為を行った者についてもなお作為義務が肯定される[10]のに対して，死体遺棄罪については，被害者を殺害するといった先行行為があっても，それが作為義務を基礎付けない点である。その限りでは，不作為の死体遺棄罪の成立についてはより限定的な視点が存在するようにも見られる。

　このような差異は，死体遺棄罪の本質に基づくものであろうか。この点を検討するに当たっては，死体に対する罪に関する不作為犯の成否を巡るドイツ語圏各国の議論状況が興味深い示唆をもたらすものと思われる[11]。そこで，以下ではドイツ語圏各国における死体に対する罪を巡る議論状況を紹介することにする。

---

10)　例えば，自分が引き起こした交通事故の被害者についても保護責任（作為義務）が生じるとされている（最判昭和 34・7・24 刑集 13 巻 8 号 1163 頁）。
11)　こうした観点からの検討を行うものとして，高等裁判所判例研究会「高裁判例研究　死体遺棄罪の成立する場合」判タ 209 号（1967 年）59 頁以下〔藤井一雄〕参照。

Ⅳ　ドイツ語圏各国における死体を巡る処罰規定

1　ドイツ語圏各国の条文と保護法益

　ドイツ刑法第 168 条，オーストリア刑法第 190 条，及びスイス刑法第 262 条は，いずれも死者の安寧・平穏を阻害する罪を規定する。以下で関係する各条文を見てみよう。

ドイツ刑法第 168 条
　権利者の占有する死体若しくはその一部，死亡した胎児若しくはその一部，若しくは死者の遺灰を権限なく奪取した者，又はこれらに対して冒瀆的な狼藉行為をした者は，3 年以下の自由刑に処する。

オーストリア刑法第 190 条
　死体，死体の一部若しくは遺灰を処分権者から引き離し，若しくは埋葬所若しくは安置所からこれらを持ち去った者，又は死体を虐待し，若しくは死体，遺灰，埋葬所，安置所若しくは追憶所を冒瀆した者は，6 月以下の自由刑又は360 日以下の日数罰金刑に処する。

スイス刑法第 262 条
①　死者の安息所を粗野な方法で冒瀆し，葬列若しくは葬祭を悪意で妨害若しくは冒瀆し，又は死体を冒瀆若しくは公然と侮辱した者は，3 年以下の自由刑又は罰金刑に処する。
②　死体若しくはその一部又は遺灰を権利者の意思に反して奪取した者は，3 年以下の自由刑又は罰金刑に処する。

　いずれの国においても，死体等をその占有を保持する権限ある者から奪取する（又は引き離す）罪（死体奪取罪）と，死体等に冒瀆的な行為を行う罪（死体冒瀆罪）とが併せて規定されている点が特徴的と言える。他方，我が国のように，死体等を損壊する行為や遺棄する行為をそれ自体として処罰する規定は存在しない。

　なお，ドイツ語圏各国においては，これらの罪の保護法益は，我が国と同様に死者に対する一般的な敬虔感情であるとされている[12]。そして，こうした敬虔感情を考慮するに当たっては，死者の人間の尊厳や死者の人格権といった個人的法益に属する要素も併せて言及されることが多い[13]が，死者についてはもはや「人間の尊厳」を観念し得ないといった批判[14]も有力である。

2　不作為による死者への冒瀆？

　以上で見たように，ドイツ語圏各国と我が国とでは，死者に対する一般の敬虔感情を保護する罪を有する点では共通するが，その罪が規定する行為態様は大きく異なる。ドイツ語圏各国における死体冒瀆罪は，死者に対する敬虔さを著しく欠く粗野な行為，すなわち，死者に対する侮蔑を明確にし，死者を愚弄するような行為を処罰対象とするものである[15]。例えば，死体を蹴りつける，死体に唾を吐きかけるといった行為は死体の冒瀆に該当することになる。

　これに対して，死体を物理的に損壊する行為や遺棄する行為，例えば，ドイツの判例で問題となった事案のように，目立たずに運び出すために死体を切断するような行為であっても，当該行為が死体に対する侮蔑的な性質を有していない限りは，なお死体に対する冒瀆としては処罰されない[16]。

　　　オーストリアにおいても，遺体を焼却して地中に埋める行為について，通常の死体の取扱い（すなわち火葬）としてもこうした行為は広く行われていることを理由として，死体の「虐待」とは言えないとされている[17]。但し，スイスにおいては，殺害した後の死体にガソリンをかけて火をつけた事案で，死体冒瀆罪の成立が肯定されている[18]。

　死者に対する侮蔑を明確にし，死者を愚弄するような行為は，通常は作為によってなされるものであって，不作為によってなされることは基本的には想定しがたい。例えば，殺害した後に，死体をそのまま放置して立ち去るような行為は，それ自体としてみると，死体に対する侮蔑を示すような行為とは評価しがたいであろう。そして，今回検討対象とされている，家族構成員が何らの弔

12)　*Bosch/Schittenhelm*, in: Schönke/Schröder StGB Kommentar, 30. Aufl. (2019), Vor §§ 166 ff. Rn. 2; *E. Mayer/Tipold*, in: Salzburger Kommentar zum StGB Band 4, 25. Lfg. (2011), § 190 Rz. 7 f.; *Fiolka*, in: Basler Kommentar zum Strafgesetzbuch II, Art. 137-392 StGB, 4. Aufl. (2019), Art. 262 Rn. 6.

13)　*Bosch/Schittenhelm*, a. a. O. (Anm. 12), Vor §§ 166 ff. Rn. 2.

14)　*Fiolka*, a. a. O. (Anm. 12), Art. 262 Rn. 8.

15)　*Bosch/Schittenhelm*, a. a. O. (Anm. 12), § 168 Rn. 10.

16)　BGH NStZ 1981, 300.（1981 年 2 月 24 日決定）

17)　*Bachner-Foregger*, in: Wiener Kommentar §§ 188-191 (2009), § 190 Rz. 10.

18)　スイス連邦最高裁判所 2003 年 10 月 9 日判決（BGer 6S.309/2003［du 09.10.2003］）。

いもせずに死体を放置するといった不作為についても同様である。その限りでは，不作為による死体冒瀆罪の成立は基本的に否定されることになろう。

　しかし，死体に対する冒瀆が不作為によってなされることがあり得ないわけではない。この点を明らかにするのが，以下で述べるスイスの事案である。本件では，山岳事故による犠牲者であるＡの死体が，家族の依頼を受けた葬儀会社に搬送されたものの，当該会社の従業員は，大量の血液にまみれたＡの死体を清めることなく２日間に渉って放置した。原審が死体冒瀆罪（スイス刑法第 262 条）の成立を否定したのに対して，スイス連邦最高裁判所 2010 年 1 月 25 日判決[19]は，「死体を清めない」という不作為であっても，死体に対する敬意を著しく欠いた行為であって不作為の死体冒瀆罪が認められるとして，破棄差戻しとしたのである。

> 　なお，スイス刑法第 11 条第 1 項は，義務に反する不作為によって犯罪がなされた場合に処罰を認める総則規定を置き，同第 2 項で，義務の発生根拠として，法令，契約，危険の引受け及び危険の創出を規定している。

　以上より，死体の冒瀆は死体に対する侮蔑を明らかにする行為であり，通常は作為でなされることが想定されるものの，不作為による場合であっても死体に対する敬虔感情を著しく欠くような粗野な取扱いがなされることがあり得ないわけではないと結論付けることが可能である。このように，ドイツ語圏各国と我が国とでは，死者に対する一般の敬虔感情を保護法益とする点では共通するものの，敬虔感情を害するような行為態様の規定に差異があり，こうした差異が，不作為犯の成立範囲に反映していると言える。

Ｖ　再び我が国の議論に戻って

1　死者に対する敬虔感情を害する不作為

　死者に対する敬虔感情を保護するとしても，どのような行為がそうした敬虔感情を害する行為として想定されるのかは，国によって異なる。では，我が国

---

19)　BGer 6B_969/2009 (du 25.01.2010).

においては，どのような行為が死者に対する敬虔感情を害する行為として想定されているのであろうか。

我が国の刑法第190条は，死体等の「領得」の他，「損壊」及び「遺棄」を規定する。しかし，既に検討したように，我が国において社会通念上認められた葬送である火葬が，それ自体として見れば死体を物理的に損壊させていることは否定し得ない。それにも拘らず火葬につき本罪の成立が否定される理由は，社会的に是認された方式による葬送の結果としての死体の物理的損壊は，死者に対する敬虔感情を害しないからであろう[20]。

このような理解からは，社会的に是認された方式による葬送を行わない結果として死体が物理的に損壊し，また，死体が放置されたままでいることは，死者に対する敬虔感情を害する行為であり，したがって，こうした葬送を行うべき者が葬送を行わないことは本罪による処罰の対象に含まれることになる。では，一体誰が葬送を行うべきなのであろうか。あるいは，先に検討したように，被害者を殺害するという先行行為を行った者にはなぜこうした義務が課せられないのであろうか。

後者の疑問に対しては，例えば，交通事故の被害者からすれば，たとえ自分を轢いた加害者であっても，ひとまず被害者を病院に連れて行くことで死なずに済む以上，こうした救助義務を課すことが合理的であるのに対して，死体遺棄については，被害者を殺害した加害者によって弔われたとしても，およそ死者に対する社会の敬虔感情は充たされないとして，両者の違いを説明することも考えられる[21]。

しかし，葬祭義務についてはこうした説明が妥当するとしても，監護義務については妥当しにくい。というのは，監護義務に関する前出の裁判例②を見れば分かるように，被告人に監護義務が肯定された事案においては，被告人自身が死者の葬送を行うことは期待されておらず，むしろ，他の葬祭義務を有する者に対して死体を引き渡す等の義務を負うに留まるからである[22]。

---

20) 嶋矢・前掲注6) 678頁参照。
21) 橋爪隆「判例講座・刑法総論 第2回 不真正不作為犯における作為義務」警察学論集 69巻2号（2016年）123頁参照。
22) 嶋矢・前掲注6) 679頁参照。

2　監護義務が限定される理由

　以上の理解からは，（故意または過失で）被害者を死亡させた者や，同僚と一緒に飲食をして共に店を出たところ，その同僚が自分の目の前で第三者によって殺害された者[23]　に対しても，例えば警察に通報するなどして，死体が適切に葬祭義務者に引き渡されるようにする義務を負わせることは十分に可能であるようにも見える。それにも拘らず，このような場合にまで監護義務を肯定することが不当であるとすれば，その理由は何であろうか。

　率直に言えば，筆者にも確たる答えがあるわけではない。しかし，一つのあり得る理屈としては，葬祭義務がそうであるように，監護義務もまた，一定の家族的な関係（あるいは家族によって死体の監護を委託されたという関係）を前提とするものだとの考え方があろう。このように考えると，家族こそが死者を弔うべき第 1 次的な立場にあり，そのような立場にある者が適切に葬祭義務や監護義務を履行することを怠ったことを理由として不作為の死体遺棄罪が成立する，とまとめることができよう。

VI　なぜ家族に葬祭義務が課されるのか

　最後に，なぜ親や子のような家族に葬祭義務が課されるのかについて検討したい。実は，法令において，葬祭義務を規定する根拠条文が存在するわけではない。

> 　例えば，民法第 897 条第 1 項は，祭祀に関する権利の承継として「系譜，祭具及び墳墓の所有権は，前条の規定にかかわらず，慣習に従って祖先の祭祀を主宰すべき者が承継する」と規定するに留まり，葬祭義務者については何も規定していない。また，戸籍法第 87 条は，死亡の届出を行う義務を有する者の順位を規定しているが，葬祭義務への言及はない。保護責任者遺棄（致死）罪（刑法第 218 条・第 219 条）については，例えば親の監護義務（民法第 820 条）といった法令上の根拠が援用可能であるのとは対照的と言える[24]。

---

23)　一緒に飲食をした同僚が第三者に重傷を負わされて立ち上がることができなくなったにも拘らず，これを放置して立ち去った被告人に対して，保護責任者遺棄罪における保護責任を肯定した事案として，岡山地判昭和 43・10・8 判時 546 号 98 頁参照。

　こうした根拠規定の不存在を反映してか，判例・裁判例においても，親や子が葬祭義務を有する根拠として，既に見たように，法令ではなく慣習に依拠するものが散見される。同様に，我々の多くは，親や子のような家族こそが，死者の葬送を行うべきだと当然のように考えているものと思われる。

　そして，このような感覚は，死体損壊等罪の保護法益である死者に対する一般の敬虔感情と連動しているように思われる。すなわち，死体が家族による適切な葬送によって弔われることが，死者に対する一般の敬虔感情を充足するという理解である。このような理解からは，家族が死体を弔わずに放置することは，死者に対する一般の敬虔感情を害する典型的な行為であって，不作為の死体遺棄罪を肯定すべきだということになろう。

　しかし，家族が死亡した後もなお，残された家族に葬祭義務が常に肯定されるのだとすれば，過度の負担になるような場合も想定し得るように思われる。例えば，配偶者による DV や親による暴力などに長らく苦しめられた者に対してこのような葬祭義務を課すことは，当該配偶者や親が亡くなった後にまで，一定の繋がりを強いることにもなろう。家族が葬祭義務を負うとは言っても，当該家族が自ら死者の葬送を行うことが常に義務付けられるというわけではない。例えば，同居の家族が死亡した場合にも，他の親族や行政当局など，葬送を適切に行い得る者にその旨を連絡すれば，不作為の死体遺棄罪は成立しないと解することができるように思われる。

Ⅶ　終わりに

　死者が適切に弔われたと言えるか否かの判断は，時に困難を極める。今回は扱うことができなかったが，例えば「散骨」といった新たな方式の葬送をどこまで許容すべきかは，「家族と刑法」という観点からも重要な問題である。我々の社会においては，家族によって弔われることが多くの場合は期待されているが，家族によって「どのように」弔われることが期待されているのかは不

24)　萩野貴史「死体遺棄罪における『遺棄』概念に関する覚書」名古屋学院大学論集（社会科学篇）53 巻 4 号（2017 年）201 頁参照。

明確な領域が大きい。今回の検討によって，こうした問題に対する読者の皆さんの関心が高まればと願う次第である。

◇連載のあとに

1　新たな葬送の方式と死体損壊罪の成否

　連載においては，新たな葬送の方式については検討することができなかったが，厚生労働省が公表している平成 30 年度（2018 年度）の「衛生行政報告例」（第 4 章生活衛生第 6 表）によれば，（死胎を含まない）死体総数 138 万 4990 体のうち，実に 138 万 4873 体が火葬とされており，それ以外の「埋葬」に区分されるのは 117 体に過ぎない[25]。このように，我が国においては，遺体の殆どがまずは火葬されることになる。しかし，火葬の後，遺骨をどのように取り扱うかについては，なお難しい問題が存在する。

　例えば，（火葬後の遺骨の）散骨といった新たな葬送の方式が果たして刑法第 190 条の死体損壊罪に該当しないのかは，必ずしも明らかではない[26]。新聞報道（中日新聞 2018 年 2 月 6 日 38 面）によると，散骨が刑法第 190 条に当たるか否かにつき，「省としての公式見解はない」と法務省担当者が発言したとされており，非常に不明確な法状況であることは否定できない。

　既に連載においても言及したように，本罪の保護法益を死者の人格権に求める見解からは，死者の生前の意思に合致する限り，こうした新たな葬送についても許容されることになる。しかし，こうした見解については，死者の生前の意思に合致する限り，およそいかなる遺体の取扱いについても許容することになりかねないとの疑念も生じ得よう。例えば，生前に「自分の遺体はこのまま放置しておいてくれ」との意思が表示されたとして，遺族がその意思を尊重し

25)　https://www.e-stat.go.jp/stat-search/files?page=1&layout=datalist&toukei=00450027&tstat=000001031469&cycle=8&tclass1=000001132823&tclass2=000001132824&tclass3=000001134083&tclass4val=0（2020 年 11 月 4 日閲覧）。
26)　原田保「死体損壊・遺棄罪の成立範囲」愛知学院大学論叢法学研究 46 巻 2 号（2005年）24 頁以下。なお，新聞記事に関する情報をご教示いただいた愛知学院大学の原田保教授に感謝申し上げる。

て死体を放置した場合に，果たして不作為の死体遺棄罪が成立しないと解すべきかは疑問である。

　したがって，本罪の保護法益を国民一般の敬虔感情に求めつつ，死者の生前の意思についても一定の客観的な制約を設ける必要があろう。

2　葬送方式の類型化

　火葬（や土葬）といった，我が国において広く認められている葬送ではなく，風葬や鳥葬といった葬送を認めるべきかについては，学説においても強い違和感や躊躇が示されている[27]。これに対して，一旦火葬に付された後の遺骨の取扱いについては，散骨を始めとする様々な葬送の方式につき，むしろ積極的に肯定するべきとも言えよう。

　このように，新たな葬送の方式とは言っても，①既に広く社会的に是認されている火葬に付された後の遺骨を巡る問題と，②風葬のように，火葬とは異なる葬送を巡る問題とは，切り離して論じることが妥当であるように思われる。②については，正に国民一般の死者に対する敬虔感情が類型的に侵害されるものとして，たとえ死者の生前の意思に合致するとしても許容されず，死体損壊罪の構成要件該当性が認められることになる。したがって，一定のマイノリティ集団において火葬や土葬とは異なる葬送方式が選択されている場合には，そうしたマイノリティ集団における宗教的・文化的価値に基づく違法性阻却の余地が問題となろう。

　これに対して，①については，既に一旦は国民一般の目から見て是認される方式での葬送がなされた以上は，その後の遺骨の取扱いについても，死者の生前の意思なども考慮した上で，認められる範囲を広げて解釈すべきである。例えば，散骨については，（「死者の尊厳」[28]を害するものとして評価するかはともかく）「遺骨をゴミのように扱う」といった態様でない限り広く認めるべきであり，国民一般の死者に対する敬虔感情を侵害しないものとして，死体損壊罪の構成要件該当性を否定すべきである。

---

27)　原田・前掲注26）25頁，高山佳奈子・法学教室285号（2004年）45頁，町野朔『犯罪各論の現在』（有斐閣，1996年）88頁。

28)　「死者の尊厳」を理由に「葬送の自由」を制約する見解（田近肇「葬送の自由と死者の尊厳」法学セミナー788号〔2020年〕24頁）を参照。

第 10 回コメント

死者が臓器提供の意思表示をしていたとき

石綿はる美

　本書第 10 回では,「死体」「遺体」という語が用いられていたが,これは物なのか,物であるとしたら誰のものなのか。これ自体が大きな問題であるが[1],ここでは,1997 年に成立し,2009 年に改正された臓器の移植に関する法律(以下,「臓器移植法」)が示唆することを指摘したい。

> 第 6 条第 1 項　医師は,次の各号のいずれかに該当する場合には,移植術に使用されるための臓器を,死体(脳死した者の身体を含む。以下同じ。)から摘出することができる。
> 一　死亡した者が生存中に当該臓器を移植術に使用されるために提供する意思を書面により表示している場合であって,その旨の告知を受けた遺族が当該臓器の摘出を拒まないとき又は遺族がないとき。

　臓器移植法第 6 条第 1 項第 1 号によると,死亡した者本人が臓器提供の意思表示をしていたとしても,遺族が反対の意思表示をした場合には,臓器提供が行えない。つまり,死体の処分権は,完全に本人に帰属するのではなく[2],遺族にも一定程度帰属し得るという考え方が表れているように思われる。

　死体に関しては,遺骨の所有権等,死者を弔うという意味で問題になることが多かったが,医療技術・科学技術の発展により,臓器の利用等,従前とは異なる面が注目され,新たな利用方法が生じる可能性もあり得る。死体の法的地位は,今後さらに議論が進められるべき問題であろう[3]。

---

1)　例えば,櫛橋明香「人体と所有権」法学教室 417 号(2015 年)4 頁。
2)　大村敦志『新基本民法 8 相続編』(有斐閣,2017 年)37 頁。
3)　窪田充見『家族法〔第 4 版〕』(有斐閣,2019 年)373 頁,水野紀子「遺体の法的地位」森島昭夫 = 塩野宏編『変動する日本社会と法——加藤一郎先生追悼論文集』(有斐閣,2011 年)689 頁。

第 11 回

子どもが親による保護を受けられないとき

I　はじめに

　この連載でこれまでに扱ってきた問題の多くは，家庭内の弱者，その中でも特に子どもが被害者となるものであった。例えば，第3回・第4回で扱った児童に対する性的虐待はその代表的な事例であるし，前回（第10回）で扱った死体遺棄罪においても，嬰児が死亡した後に遺棄される事例が散見される。このように，家庭によって守られるべき弱い存在が，むしろ家庭において被害者となってしまう事象は，「犯罪の温床」としての家庭が有する機能に由来するものと言えよう。

　家庭によって守られるべき弱者が，家庭において適切に保護されないといった事例のうち，刑法典が典型的に想定しているのが，保護責任者遺棄罪（刑法第218条）である。本罪は，高齢者や幼年者といった他人の助けを必要とする弱者を保護する責任を有する者が，そうした弱者を遺棄する，またはその生存に必要な保護をしない（不保護）場合に成立する。

　保護責任者遺棄罪の成立が問題となる典型例としてすぐに思い浮かぶのは，いわゆる「捨て子」である。かつて，「コインロッカーベイビー」と呼ばれる事象が大きな社会問題となったことを覚えている読者もいることであろう。これに対して，21世紀になって激しい論争を巻き起こしたのが，「こうのとりのゆりかご」あるいは「赤ちゃんポスト」と呼ばれる設備である。

> 　「赤ちゃんポスト」という呼称にはネガティブなイメージがあるとの指摘は十分に尊重に値する[1]。しかし，既に社会的に広く知られている呼称でもあり，また，後に紹介するようにドイツにおける同様の施設についてもこの呼称による訳が我が国で定着しているため，読者の理解を優先して本書では「赤ちゃん

---

1)　NHK取材班『なぜ，わが子を棄てるのか』（NHK出版，2018年）33頁以下。

ポスト」の表記で統一する。

　出産したものの，その子を育てることができない事情を有する母親による悲
劇的な結末を防止するために，熊本市の慈恵病院が，子どもを匿名で手放すこ
とができる仕組みを設けてから 10 年以上が経過している。しかし，今なお
様々な課題があるとの指摘がなされており[2]，その中には，保護責任者遺棄罪
の成否に関するものも含まれている。

　そこで，今回は，子が親による保護を受けられない事例として，特に「赤
ちゃんポスト」について採り上げ，その刑法上の問題につき，保護責任者遺棄
罪との関係を中心に検討することにする。

Ⅱ　保護責任者遺棄罪とは何か

1　条文の確認

　保護責任者遺棄罪を規定する刑法第 218 条は，以下のような条文である。

> 第 218 条　老年者，幼年者，身体障害者又は病者を保護する責任のある者が
> これらの者を遺棄し，又はその生存に必要な保護をしなかったときは，3 月
> 以上 5 年以下の懲役に処する。

　条文を見ると，老年者や幼年者といった扶助を必要とする者（要扶助者）の
みが客体となっており，また，（刑法第 217 条が規定する単純遺棄罪とは異なり[3]）
そうした客体を「保護する責任」を有する者のみが主体となっている。そして，
こうした保護責任者が要扶助者を「遺棄」し，または「生存に必要な保護」を
しない場合に本罪が成立する。

　しかし，どのような行為をすれば（あるいはしなければ）本罪が成立するのか
は，この条文を見ただけでは必ずしも明らかではない。そこで，本罪の保護法

---

2)　熊本市要保護児童対策地域協議会こうのとりのゆりかご専門部会「『こうのとりのゆり
　かご』第 4 期検証報告書」（2017 年）49 頁以下。
3)　刑法第 217 条と第 218 条との関係を巡る議論については，西田典之（橋爪隆補訂）『刑
　法各論〔第 7 版〕』（弘文堂，2018 年）29 頁以下参照。

益を概観しつつ，こうした点についても検討を加えてみたい。

2　保護法益による議論

　保護責任者遺棄罪の保護法益については，保護責任者遺棄致死傷罪（刑法第219条）が存在することから，「致死」及び「致傷」の危険性，すなわち，生命及び身体に対する危険から被害者を保護するものと解する立場が通説的な理解と言ってよい[4]。

　また，条文の文言からは，「遺棄」や「不保護」をすれば直ちに本罪は成立し，それ以外に，生命・身体に対して具体的に（すなわち，高度の）危険を生じさせる必要はないと解するのが通説的な理解である[5]。

　しかし，この二つの理解を組み合わせると，身体に対する危険のみが生じるような「遺棄」「不保護」であっても，直ちに保護責任者遺棄罪が生じることになりかねない。このような帰結は，少なくとも「不保護」については，「生存に必要な」という限定が付されていることからしても不当であろう[6]。そして，我が国の判例・裁判例においては，「遺棄」と「不保護」とは必ずしも明確に区別されない場合も多く，また，区別されるにしても，両者の差が保護法益の差として解されてはいない[7]。これらの点に鑑みると，生命に対する危険が存在せず，身体に対する危険のみが肯定される事案が処罰されるべきなのかは疑問の余地がある。

　　近時の最高裁判例（最判平成30・3・19刑集72巻1号1頁）は，保護責任者「不保護」罪の成立には，要扶助者につき，「その生存のために特定の保護行為を必要とする状況」が存在することが必要と判示している。
　　また，「遺棄」と「不保護」の区別が不明確な下級審裁判例として，自動車内に幼児を置き去りにし，そのまま放置して熱中症により死なせた事案を巡り，置き去りは「遺棄」に，放置は「不保護」に当たるとしつつ，いずれについても「死亡する危険」を認定しているもの（大阪地判平成30・7・18公刊物未登載〔LEX/DB: 25449635〕）や，同様の事案につき，放置による「遺棄」を肯定しつ

4)　西田・前掲注3）28頁参照。
5)　西田・前掲注3）28頁参照。
6)　山口厚『刑法各論〔第2版〕』（有斐閣，2010年）31頁。
7)　こうした分析に関しては，東京大学（当時。現・同志社大学）助教の池田直人氏のご教示を得た。厚くお礼申し上げる。

つ，同時に「不保護」にも言及するもの（静岡地浜松支判平成30・2・16公刊物未登載〔LEX/DB: 25560151〕）がある。

3 保護責任とは何か

前回（第10回），死体遺棄罪の成否を検討した際に，不作為による死体遺棄罪は，死体に対する葬祭義務や監護義務を負う者といった，死者と一定の緊密な関係を有する者を中心にして成立する旨を論じた。これに対して，保護責任者遺棄罪における保護責任は，少なくとも判例や通説的見解によれば，不真正不作為犯における作為義務と同様のものと理解されている。したがって，親子関係のような一定の緊密な人的関係が存在する場合はもちろん，契約で保護を引き受ける場合や，自動車ではねるといった先行行為によって危険を作り出した場合など，多様な事案において保護責任が肯定されることになる[8]。

こうした判例・通説の立場は，後に検討するドイツにおける通説的理解と通底するものがある[9]。判例・通説は，要扶助者である被害者の生命・身体に対する危険性を除去する義務を，人的に緊密な関係を有さない者にも課すことによって，生命・身体という重大な法益の保護を広汎に図ろうとするものと理解することができよう。

以上の検討をまとめると，我が国における保護責任者遺棄罪は，判例や通説的な見解からすれば，相当程度広汎に成立し得ることになる。それでは，「赤ちゃんポスト」に子を預け入れる親には，保護責任者遺棄罪が成立することになるのであろうか。この点を巡っては，ドイツ語圏各国において，既に様々な議論がなされているところである。そこで，以下では，こうした議論状況を概観することで，我が国の議論との比較を行うことにしたい。

---

8) 西田典之『刑法総論〔第2版〕』（弘文堂，2010年）121頁以下。
9) 松原和彦「保護責任者遺棄罪における『保護責任』についての一考察（2）」北大法学論集57巻5号（2007年）212頁参照。

Ⅲ　ドイツ語圏各国における遺棄罪規定

1　ドイツ語圏各国の条文と保護法益

　ドイツ刑法第221条，オーストリア刑法第82条，スイス刑法第127条は，いずれも遺棄罪（Aussetzung）を規定している。多少煩雑になるが，まずは各条文を見てみよう。

> ドイツ刑法第221条
> ①1. 人を救助のない状況に置き，又は，
> 　2. 人を監護し，若しくは人に対するその他の援助を義務付けられているにもかかわらず，救助のない状況で放置し，
> 　かつ，これによりその人を死亡の危険若しくは重大な健康障害の危険に晒した者は，3月以上5年以下の自由刑に処する。
> ②　行為者が
> 　1. 自己の子，若しくは生活遂行において自己に教育若しくは世話が委ねられた人に対して犯行を遂行し，又は，
> 　2. 犯行によって，被害者の重大な健康障害を引き起こした
> 　ときは，1年以上10年以下の自由刑に処する。
> ③　行為者が犯行により被害者の死亡を引き起こしたときは，3年以上の自由刑に処する。
> ④　省略
>
> オーストリア刑法第82条
> ①　他人を救助のない状況に置き，かつ，当該状況で放置することで，その生命に危険を生じさせた者は，6月以上5年以下の自由刑に処する。
> ②　自己の監護下にあり，又はその他救助する義務（オーストリア刑法第2条）のある他人を救助のない状況で放置することで，その生命に危険を生じさせた者も，前項と同様に処罰される。
> ③　当該犯行によって被危殆者の死を引き起こしたときは，行為者は1年以上10年以下の自由刑に処する。
>
> スイス刑法第127条
> 　自己の監護下にあり，又は自己が配慮する義務がある脆弱者（Hilflosen）を，その生命に対する危険若しくはその健康に対する重大で直接的な危険に晒し，又は当該危険に放置した者は，5年以下の自由刑又は罰金刑に処する。

　文言の表現に多少の差異はあるものの，いずれの国においても，被害者を救助のない状況に「置く」場合と，既に救助のない状況に置かれた被害者をその

まま「放置する」場合とを分けて規定する点では共通している。ちなみに，かつてのドイツ語圏各国においては，我が国の保護責任者遺棄罪のように，被害客体が幼年者など一定の類型に限定されていたが，現在ではこうした限定はなされていない。そのため，「健康な成人を厳寒期の山中に遺棄する」といった事例も，遺棄罪で処罰されることになる。

　保護法益に着目すると，ドイツ及びスイスにおいては，生命又は重大な健康障害に対する危険が，また，オーストリアにおいては，生命に対する危険のみが捕捉されており，いずれの国においても，少なくとも軽微な健康障害については，処罰対象から除外されている。

　なお，かつてのドイツ刑法第 221 条は，我が国の保護責任者遺棄罪と同様にその保護法益を必ずしも明示していなかった。そこで，旧規定に関する通説的見解は，我が国の通説と同様に，本条の保護法益を生命又は身体の危険と解しており，「重大な」といった限定を付していなかった[10]。しかし，1998 年改正によりこの点が明文で規定されるに至り，軽微な健康障害を除外する趣旨が明確になった。

　また，ドイツ語圏各国においては，いずれも遺棄罪が具体的危険犯として規定されている。すなわち，条文上，危険の発生が要求されており，こうした具体的危険が存在しない限り，本罪が成立しないことになる[11]。

　以上をまとめると，現在のドイツ語圏各国の遺棄罪は，①少なくとも軽微な健康障害については保護法益から除外され，②危険の具体的な発生が要求される点で，我が国の保護責任者遺棄罪に関する通説的見解とは異なっている。

2　被害者を救助する義務の発生根拠

　ドイツ語圏各国では，被害者を救助のない状況（危険な状況）で「放置する」類型については，一定の救助義務を有する者のみが犯罪の主体とされている。そこで，いかなる場合にこうした義務が発生するのかが問題となる。

---

10)　*Eser/Sternberg-Lieben*, in: Schönke/Schröder StGB Kommentar, 30. Aufl.（2019), § 221 Rn. 1.

11)　*Neumann/Salinger*, in: Nomos Kommentar StGB Band2, 5. Aufl.（2017), § 221 Rn. 3; *Hilf*, in: Salzburger Kommentar StGB 17. Lfg.（2007), § 82 Rz. 3; *Maeder*, in: Basler Kommentar zum Strafgesetzbuch I, Art. 1-136 StGB, 4. Aufl.（2019), Art. 127 Rn. 18.

　この点，オーストリア刑法第82条第2項は，不真正不作為犯における作為義務を規定する同第2条を明示的に援用しており，先行行為に基づく救助義務も肯定されている[12]。ドイツやスイスにおいても議論状況は同様であり，不真正不作為犯における作為義務の発生根拠に関する議論をそのまま援用する見解が通説的である[13]。

　なお，ドイツにおいては，一定の緊密な人的関係に基づく場合にのみ救助義務を肯定するという見解[14]も主張されてはいる。しかし，既に述べたようにこうした見解は必ずしも通説的ではなく，ドイツの判例もこうした理解には立っていない[15]。

3　赤ちゃんポスト（Babyklappen）を巡る議論

　熊本市の慈恵病院が設置した「赤ちゃんポスト」は，ドイツの「赤ちゃんポスト（Babyklappen）」を参考にしたものである[16]。ドイツの「赤ちゃんポスト」は，1999年にハンブルク州の民間非営利団体（登録社団）であった（現在は有限会社である[17]）SterniParkによって開始された「捨てられた赤ちゃん・プロジェクト」に端を発する。当時のハンブルクでは，嬰児が遺棄されて死亡後に発見されるという事件が多数発生し，その多くが冬に凍死していたことから，暖かく安全な場所で嬰児を保護できる設備として「赤ちゃんポスト」が考案された[18]。

　その後，「赤ちゃんポスト」は，ドイツ全土で設置されるようになった。具体的には，2007年時点で76か所あり[19]，2016年時点では93か所に上る[20]。

---

12)　*Hilf*, a. a. O.（Anm. 11），§ 82 Rz. 48.

13)　*Eser/Sternberg-Lieben*, a. a. O.（Anm. 10），§ 221 Rn. 10; *Maeder*, a. a. O.（Anm. 11），Art. 127 Rn. 11.

14)　*Neumann/Salinger*, a. a. O.（Anm. 11），§ 221 Rn. 27.

15)　BGHSt 26, 35（ドイツ連邦通常裁判所1974年12月5日判決）.

16)　慈恵病院理事長であった蓮田太二氏による，『ゆりかごにそっと』（方丈社，2018年）93頁以下参照.

17)　http://www.sternipark.de/index.php?id=30（2020年11月5日閲覧）.

18)　落美都里「子どもの将来から見る『赤ちゃんポスト』──ドイツの現状を比較して」レファレンス689号（2008年）60頁.

19)　落・前掲注18）66頁.

20)　こうのとりのゆりかご専門部会・前掲注2）9頁.

また，オーストリアやスイスにおいても，同様の設備が相次いで設置されるようになった。

　このように，嬰児の死亡を回避するために設置された「赤ちゃんポスト」に対しては，倫理的，法的，社会的な問題などに関する独立の専門家委員会であるドイツ倫理委員会のレポートにおいて，実際に嬰児の死亡数を減少させているのかという疑義が提起されている[21]。また，ドイツ語圏各国において，「赤ちゃんポスト」は多様な法的問題を生じさせており，刑法上も，様々な犯罪構成要件の成否が議論対象とされている[22]。

> 　特に重要となるのが，親が匿名のままで子を「赤ちゃんポスト」に預け入れた場合に，子が自己の出自を知る権利（ドイツ基本法第2条第1項参照）が害される点である。また，刑法上も，扶養義務違反罪（ドイツ刑法第170条），配慮・教育義務違反罪（同第171条）の成否や，第8回でも採り上げた未成年者の引離し罪（同第235条）の成否が（他方の親からの引離しとの関連で）問題となり得る。

　他方，遺棄罪との関係では，ドイツ語圏各国における遺棄罪は，被害者の生命（・重大な健康）に対する危険が具体的に発生する必要がある点が重要である。そして，「赤ちゃんポスト」は遺棄された嬰児などにとって安全な場所であり，生命（・重大な健康）に具体的な危険が生じず，遺棄罪が成立しないとの理解が主流と言えよう[23]。

> 　前述のドイツ倫理委員会のレポートにおいても，遺棄罪の成否は論じられていない。なお，オーストリアにおいては，未成年者の養育義務を負う者が，当該養育義務を免れるために当該未成年者を棄てる場合を処罰する規定（オーストリア刑法旧第197条）が，「赤ちゃんポスト」の設置に伴って2001年に削除されるなど，「赤ちゃんポスト」に対する刑法的な立場が明確にされている。

21)　Deutscher Ethikrat, Stellungnahme Das Problem der anonymen Kindesabgabe (2009), S. 22.
22)　Deutscher Ethikrat, a. a. O.（Anm. 21），S. 39 f., S. 60 f.
23)　*Hilf*, a. a. O.（Anm. 11），§ 221 Rz. 39; *Maeder*, a. a. O.（Anm. 11），Art. 127. Rz. 21.

Ⅳ　再び我が国の議論に戻って

1　遺棄罪規定と「赤ちゃんポスト」との関係

以上で見たようなドイツ語圏各国における議論状況とは異なり，我が国の保護責任者遺棄罪においては，少なくとも通説的見解によれば，軽微な健康障害についても保護法益から除外されず，かつ，具体的危険の発生についても立証は不要とされている。こうした規定の下では，親が子に対する保護意思を喪失してその子を「捨てる」行為は，それ自体として子の身体に対する危険を生じさせるような行為であると評価される可能性がなお残る。

これに対して，「赤ちゃんポスト」については，その受入れ態勢の安全性が非常に高いものと評価されており[24]，親の元にいるのと同程度，あるいはそれ以上の安全を子に提供し得るとされれば，「赤ちゃんポスト」に子を預け入れる行為は，そもそも「遺棄」にすら当たらないとの理解も可能となる。ドイツ語圏各国においても，「赤ちゃんポスト」に子を預け入れることはそもそも「救助のない状況」に置くことに当たらないとする見解が有力に示されており[25]，我が国においても同様に，保護責任者「遺棄」罪は成立しないと考えることができよう。

2　不保護との関係

しかし，以上のように解したとしてもなお残るのが，保護責任者「不保護」を巡る問題である。子を預け入れるために熊本市にある慈恵病院を訪れるのは，熊本市内の人間とは限らない。むしろ遠い場所から航空機，新幹線や自動車を利用して，生後間もない嬰児を預けにやってくるという事例が多いことが指摘されている[26]。このような事例においては，（特に母親が秘密裡に自宅出産を行ったような場合には，）生後間もない嬰児に対して直ちに必要となる医療上の措置が講じられないままに，長時間の移動が嬰児に強いられているのであって，その生命・健康に対する危険を否定することは困難であろう[27]。

---

24)　こうのとりのゆりかご専門部会・前掲注2）51頁。
25)　*Hilf,* a. a. O.（Anm. 11），§ 221 Rz. 39.
26)　こうのとりのゆりかご専門部会・前掲注2）18頁，21頁。
27)　こうのとりのゆりかご専門部会・前掲注2）62頁以下。

　要するに，こうした事例においては，親が子の生存に必要な保護行為，すなわち，「直ちに近隣の医療施設において医療上の措置を講じさせる」という保護行為を行っていないとして，そのような親についてなお保護責任者「不保護」罪が成立する可能性を否定しきれないように思われる。

3　問題の解決に向けて

　以上で検討した問題は，慈恵病院が「赤ちゃんポスト」による受入れ態勢の安全性をいかに高めたとしても，なお解消されるものではない。というのは，慈恵病院以外に「赤ちゃんポスト」を設置する組織・団体が存在しない現状においては，危険を冒してでも我が子を慈恵病院に預けようと遠距離から訪れる親が今後も現れることが予想されるからである。

　そのような観点からは，ドイツ語圏各国のように，「赤ちゃんポスト」を設置する組織・団体が数多く存在するようになることが問題解決に資するように思われる。しかし，神戸市のマナ助産院が，2017 年に「赤ちゃんポスト」の設置を計画している旨を公表したものの，その後，常駐医師の不在を理由に設置を見送ったことが新聞で報道された[28]。高い安全性を有する設備の導入は必ずしも容易なものではなく，日本国内において，少なくとも短期的な未来として，こうした設備が十分に導入されるようになるとは言いがたいであろう。

　以上のように，「赤ちゃんポスト」を巡って顕在化した問題は，民間の取組みのみで解決が可能なものかは疑わしい。したがって，国による新たな立法や施策の推進，例えばドイツにおいて 2014 年に実現した「秘密出産」の法制度化[29]といったことも検討に値する。とはいえ，秘密裡に出産したいと考えるほどに追い詰められた状況にある女性にとっては，いくら公的制度が整備されたとしても，そうした制度の利用を躊躇する可能性も否定できない[30]。妊娠・出産を巡る多様な事情を背景とした女性のニーズを考慮する必要があろう。

---

28)　日本経済新聞 2017 年 7 月 14 日（https://www.nikkei.com/article/DGXLASDG14HBU_U7A710C1CR8000/〔2020 年 11 月 5 日閲覧〕）。
29)　渡辺富久子「ドイツにおける秘密出産の制度化──匿名出産及び赤ちゃんポストの経験を踏まえて」外国の立法 260 号（2014 年）65 頁以下。
30)　渡辺・前掲注 29) 71 頁。

V　終わりに

　今回は，親が子の保護を（十分に）行わない場合，特に「赤ちゃんポスト」との関係で保護責任者遺棄罪の成否を検討した。しかし，「赤ちゃんポスト」を巡る法的議論は，親が子の保護を行わない場合に，遺棄罪の成否に留まらず，多様な問題が生じることを明らかにしている。既に述べた「秘密出産」の導入の可否はその一例であるし，それ以外にも，ドイツにおいては，扶養義務者がその義務を履行しなかった場合に関する処罰規定が存在し（ドイツ刑法第170条），親が子の保護を行わない場合の刑法的規律という問題が多面的なものであることを窺わせる。これらの問題についても，いずれ検討する機会があればと考えている。

◇連載のあとに

1　秘密・内密出産と出自を知る権利
　連載で採り上げた熊本市の慈恵病院は，2019年12月に，今度は我が国で初の内密出産を受け入れる旨の発表を行った。報道[31]によれば，妊婦が孤立した状況で出産が迫っている場合などに限り匿名で出産できる，事実上の「内密出産制度」を導入するとのことである。具体的には，同病院の新生児相談室長に身元を明かすのを条件に仮名での出産を認め，妊婦が経済的に苦しい場合には，病院が医療費を立て替える。また，出産した子が一定の年齢に達して希望すれば，病院の新生児相談室で親の情報を閲覧できるようにする。但し，出産が切迫した妊婦が名前を一切明かさない場合でも受け入れることを検討するとのことである。
　しかし，その後の報道[32]によると，内密出産の現行法上の取扱いについて熊本市が国に照会したところ，法務省は2020年7月27日付の回答で，「仮定

---

[31]　以下の記述につき，日本経済新聞2019年12月7日（https://www.nikkei.com/article/DGXMZO53096790X01C19A2000000/〔2020年11月6日閲覧〕）参照。
[32]　以下の記述につき，朝日新聞2020年8月25日（https://www.asahi.com/articles/ASN8S6V6HN8STLVB00H.html〔2020年11月6日閲覧〕）参照。

の事実に基づく照会に回答することは困難」として戸籍法などの適法性について判断を示さず，また，厚生労働省も同日付の回答で，「内密出産が法令に直ちに違反するものではない」としつつ，子の出自を知る権利の観点から，市が病院側を指導する必要があるとした。その結果，熊本市は，同年8月24日に慈恵病院に対して「法令に抵触する可能性を否定することは困難」との立場を示し，内密出産制度の実施を控えるように市長名の通知により要請したとのことである。

　このように，内密出産制度の導入において問題となるのは，子が自らの出自を知る権利との抵触である。ドイツにおいて2014年に秘密出産（vertrauliche Geburt）制度が導入される際に，最も問題となったのもこの点であり，匿名で出産する母親の利益と自らの出自を知る子の権利とを調整した末の制度と言える[33]。具体的には，同制度を規定するドイツの妊娠葛藤法では，母親は匿名で出産することができる旨が規定されており，同時に，相談所は母親の身元（これは有効な身分証明書により確認される必要がある）を記載した子の出自証明書を発行しなければならない。そして，子が自分の出自証明書を閲覧する権利が生じるのは，満16歳に達した時点である（但し，母親には一定の場合に，子の閲覧権を制限することを請求できる）[34]。

　これに対して，我が国においては，そもそも子の出自を知る権利が（どの程度）保障されるのかがそもそも明らかではない。この問題は，生殖補助医療においては精子又は卵子のドナー（提供者）を知る権利という文脈で長年議論されている。厚生労働省の審議会が2003年4月28日に公表した報告書（厚生科学審議会生殖補助医療部会「精子・卵子・胚の提供等による生殖補助医療制度の整備に関する報告書」）は，15歳以上の者には出自を知る権利を保障すべきとしたが，その後依然としてこうした権利が法的に規定されない状況が続いている。

　このように，子の出自を知る権利が（どの程度）保障されるのかが不明であるという状況は，正に内密出産の現行法上の取扱いの不明確さとリンクしている。前者の問題の解決こそが，後者の問題の解決を一定程度もたらすものと言えよう。

---

33)　BT-Drs. 17/12814, S. 2.
34)　渡辺・前掲注29) 69頁以下参照。

他方で，どうしても秘密裡に出産したいと切羽詰まった状況にある女性にとっては，子の出自を知る権利が保障されればされるほど，公的な形での出産を躊躇するようになることは否定しがたいであろう。例えば，女性が，第3回・第4回で扱った親による性的虐待の結果として妊娠し，しかも母体保護法第14条第1項第2号（「暴行若しくは脅迫によつて又は抵抗若しくは拒絶することができない間に姦淫されて妊娠した」場合の規定）による人工妊娠中絶が許容される期間（現在では妊娠満22週未満）が経過した場合には，正にこのような状況に直面することが予想される。

以上のように，公的制度としての内密出産をどのように構築するかは，多様な考慮を要する難しい問題である（石綿・第11回コメントも参照）。

2　保護責任者遺棄・不保護罪とネグレクト

親による子のネグレクト，すなわち親が子の養育，保護，世話などを怠り放任する行為については，保護責任者遺棄・不保護（致死）罪（刑法第218条・第219条）に該当する事案も存在する。よく見られる事案としては，連載においても採り上げたように，自動車内に幼児・児童を置き去りにしてその場を離れた結果，熱中症などで幼児・児童が死亡するという事案があり，それ以外にも，家庭内でのネグレクトの結果，子を死なせた場合に本罪の成否が問題となる。

しかし，ネグレクトか否か，より明確に言えば，何が必要とされる保護・世話・養育等であって，どのような場合にそれらを怠ったと言えるのかという判断は，時に困難を極める。その点が特に明らかになったのが，近時の最高裁判決（最判平成30・3・19刑集72巻1号1頁。以下，平成30年判決とする）である。事案の内容は相当に複雑であるため簡略化して紹介すると，被害者Aは，生後ほどなくして，筋力が弱く運動能力の発達が遅れる病気である乳児重症型先天性ミオパチー（以下，ミオパチーとする）に罹患しているとの診断を受け，退院後は被告人Xの母親（Aの祖母）方で，Xと同居して生活していた。その後，Xは夫B（Aの養父）と同居し始め，Bとの間に子Cをもうけ，以後はX，B，A及びCの4人で生活していた。Aは2歳11か月を迎えるころには自ら食事もでき，独立歩行もできるようになり，医師からは今後は相談事があるときに診察を受ければよく，定期的な診察は不要である旨告げられた。Aは出生後，同年代の女児の平均体重を総じて下回っていたが，身長は順調に伸びていた。

しかし，Aの食生活は不規則であり，Xはその改善を試みたもののうまく行かず，Aは，その体重が減少し，最終的には低栄養に基づく衰弱により3歳10か月で死亡した。

第1審では，保護責任者不保護（致死）の客観的事実，すなわちAが「十分な栄養を与えられなかったために低栄養に基づく衰弱により死亡した」点は認定されたものの，Aが十分な栄養を与えられていない状態にあることをXが認識していたとは言えないとして，保護責任者不保護の故意が否定されて無罪となった。その後，第2審では故意が肯定されたためにX側が上告したところ，最高裁は，保護責任者不保護の故意を否定した第1審の判断を是認した（すなわち，Xの無罪が確定した）。

最高裁は，不保護による保護責任者遺棄罪の実行行為につき，「同条の文言及び趣旨からすると，『老年者，幼年者，身体障害者又は病者』につきその生存のために特定の保護行為を必要とする状況（要保護状況）が存在することを前提として，その者の『生存に必要な保護』行為として行うことが刑法上期待される特定の行為をしなかったことを意味すると解すべき」（圏点筆者）とした上で，「同条が広く保護行為一般（例えば幼年者の親ならば当然に行っているような監護，育児，介護行為等全般）を行うことを刑法上の義務として求めているものでないことは明らかである」（圏点筆者）と述べている。

このような平成30年判決の判示は，最高裁調査官の解説によれば，「幼児の監護親であるといった関係のみから，常に一般的抽象的に広範な義務内容が直ちに基礎付けられるものではないとの趣旨を明らかにしたもの」[35]とされ，ネグレクトが直ちに本罪の成立を基礎付けるものではないことを示したものと言えよう。

このような立場から，平成30年判決は，本件における「刑法上期待される特定の行為」として，被告人X及び夫Bによる食事提供行為を問題とすることなく，「適切な栄養摂取方法について医師等の助言を受けるか又は適切な医療措置をAに受けさせること」のみを問題としている。すなわち，Xらが食事を適切に提供しなかったことが直ちに本罪の実行行為とされたのではない。というのは，ミオパチーに罹患したAの特性に応じて食生活を改善させる知

35）　向井香津子「解説」法曹時報72巻3号（2020年）168頁。

識を X らが有しない以上，このような X らに期待されるのは，専門的知識を有する第三者の介入を要求する行為だからである[36]）。

　平成 30 年判決は，単に食事を与えないという不作為ではなく，専門的知識を有する第三者の介入を要求しなかった不作為を問題とすることで，そのような第三者の介入の必要性を X が認識していた（すなわち本罪の故意があった）ことを否定した第 1 審の判断を是認し，X は無罪とされたのである。

　以上のように，刑法第 218 条との関係で親が子に対していかなる保護，育児等を行う義務を有するのかは，非常に難しい問題を含んでいる。次回（第 12回）で扱う児童虐待との関係で言えば，我が国においては児童虐待罪という犯罪が存在しないこともあり（本書 89 頁参照），保護責任者遺棄・不保護罪がその役割を担う局面があることは否定できない。他方で，親の裁量的判断を否定して安易に本罪の成立を肯定することは，平成 30 年判決が否定した立場，すなわち，「広く保護行為一般」を行うことを「刑法上の義務」とすることになろう。ここでもまた，例えば第 5 回で問題となったように（本書 73 頁），親権者の裁量的判断とその限界という問題が生じているものと言えよう[37]）。

36）　池田直人「判批」論究ジュリスト 30 号（2019 年）196 頁。
37）　遠藤聡太「判批」刑法判例百選 II 各論〔第 8 版〕（有斐閣，2020 年）21 頁。

第 11 回コメント

子を出産したことを秘密にしたいとき

石綿はる美

　本書第 11 回では，赤ちゃんポストに関連して，内密出産・秘密出産の話が取り上げられた。日本民法には内密出産を正面から認める条文は存在しない。それでは，法律上の母子関係はどのように成立するのか。まずは，次の条文を見ていただきたい。

> 民法第 779 条　嫡出でない子は，その父又は母がこれを認知することができる。

　この規定を見ると，嫡出でない子（非嫡出子），つまり父母の間に婚姻関係のない子については，母子関係は認知により生じ，母が認知をしないのであれば，子との間の母子関係が生じないようにも思われる（「嫡出」という語については，第 2 回コメント〔30 頁〕参照）。実際，民法の起草者は，出生届に必ず母の名を書かなくてはいけないとすると，捨て子や嬰児殺の可能性があることを指摘し，母の認知を必要とする条文を制定した[1]。

　しかしながら，判例は，「母とその非嫡出子との間の親子関係は，原則として，母の認知を俟たず，分娩の事実により当然発生すると解するのが相当である」とする[2]。このため，母の認知が問題になる場面はほとんどないとされている[3]。条文が，空文化しているのである。

　また，嫡出である子の母子関係の成立についても，民法の明文の規定はないが，同様に，分娩の事実により発生すると考えられている[4]。いずれも，母子

---

1)　大村敦志『民法読解　親族編』（有斐閣，2015 年）154 頁以下，二宮周平編『新注釈民法（17）』（有斐閣，2017 年）602 頁〔前田泰〕。
2)　最判昭和 37・4・27 民集 16 巻 7 号 1247 頁。
3)　前田陽一ほか『民法VI 親族・相続〔第 5 版〕』（有斐閣，2019 年）133 頁〔本山敦〕。その他，判例・学説については，二宮編・前掲注 1）602 頁以下〔前田〕。
4)　窪田充見『家族法〔第 4 版〕』（有斐閣，2019 年）165 頁以下。

関係については，分娩者が生物学上の母であるということが当然の前提であったことに由来する。

　　生殖補助医療技術の発達により，第三者の卵子を利用して子を出産する（卵子提供），あるいは自らの卵子を利用して第三者に子を出産してもらう（代理懐胎）ということが可能になり，分娩者が生物学上（遺伝上）の母であるという前提が，当然ではなくなっている。このように，分娩者＝生物学上（遺伝上）の母でないという事例において，自然生殖の場合と同様に分娩者を法律上の母とするのか，あるいは別の規律を設けるのかについて，日本は長らく立法的な対応をしていなかった。
　　2020年12月，議員立法により，「生殖補助医療の提供等及びこれにより出生した子の親子関係に関する民法の特例に関する法律」（以下，「特例法」という）が成立した。同法第9条は，「女性が自己以外の女性の卵子（その卵子に由来する胚を含む。）を用いた生殖補助医療により子を懐胎し，出産したときは，その出産した女性をその子の母とする。」と規定する。したがって，第三者の卵子を利用して出産した場合でも，分娩者が法律上の母となることが明らかにされた。
　　また，特例法についての委員会審議の際には，本書182頁で言及されていた出自を知る権利について，かなり議論がされたようである[5]。もっとも，出自を知る権利については，その権利の内容について様々な意見があること，生殖補助医療の分野だけではなく色々な場面に波及する問題であること等から，特例法では明文化されなかった。ただし，特例法の附則第3条第1項第3号で，「他人の精子又は卵子を用いた生殖補助医療の提供を受けた者，当該生殖補助医療に用いられた精子又は卵子の提供者及び当該生殖補助医療により生まれた子に関する情報の保存及び管理，開示等に関する制度の在り方」について，「おおむね2年を目途として，検討が加えられ，その結果に基づいて法制上の措置その他の必要な措置が講ぜられるものとする」（同項柱書），とされている。近いうちに，生殖補助医療によって生まれた子の出自を知る権利についての議論行われることが予想される。皆さんには，今後の動向にも注目していただきたい。

　なお，日本では，未婚女性が子を出産した場合等において，他者の嫡出子として出生の届出をする等，実際の親子関係とは異なる虚偽の出生の届出をすることで，出生の秘密を隠し，事実上「内密出産」が行われてきたという指摘も

5）　以下，内田亜也子「生殖補助医療の提供等に関する法整備の実現と課題」立法と調査431号（2021年）216頁以下。

ある[6]。実際に，そのような届出に医師が関与していた「菊田医師事件」と呼ばれる事件もある。また，この事件をきっかけに，特別養子縁組制度が創設された（菊田医師事件や特別養子縁組については，本書 227 頁参照）。

　特別養子縁組制度では，子は 1 度，実母の戸籍に記載される必要があり，自分の戸籍に子を出産した事実を反映させたくないという母の希望は叶えられない。もっとも，本書第 11 回で扱われたような問題が生じるのは，子の出生が戸籍に記載されるということを恐れているからだけなのだろうか（そうであるならば，内密出産の制度を導入すれば，問題が解決される可能性は高まろう）。そもそも，望まない妊娠をした女性が社会的に孤立していること等，その他の要因についての検討・対応も必要であろう。

---

6)　判例をもとにこのような分析をするものとして，石井美智子「『内密出産』としての虚偽の嫡出子出生届」法律論叢 91 巻 1 号（2018 年）1 頁。

第 12 回

子が親から「しつけ」を受けるとき

Ⅰ　はじめに──親が子を育てるためにできること・できないこと

　人はその成長の過程で，自分自身や他人に対して危険な行為を（その危険性
を十分に理解しないままに）行うことがある。例えば，小さな子が突然走り出し，
車道に飛び出して自動車と衝突しそうになることは珍しくない。そこで，親が
我が子の手をしっかりと握って急に走り出さないようにしていた場合に，子の
移動の自由を侵害しているとしても，それが逮捕罪（刑法第 220 条）に当たる
と考える人はいないであろう。

　それでは，親が車道に飛び出そうとした子の腕を引っ張って歩道に連れ戻し
た後に，子の顔を平手打ちにして，「もうこういった危険なことをしてはいけ
ない」と教え諭す場合はどうであろうか。顔面を平手打ちにする行為は，暴行
罪（刑法第 208 条）でいう「暴行」に該当するであろう。

> 　通説によれば，暴行罪の「暴行」は，「他人の身体に対する物理力の行使」
> と定義されている[1]　ため，顔面の平手打ちは正に「暴行」に該当する。但し，
> 判例によれば，「人の身体に対し不法な攻撃を加えること」（最判昭和 29・8・
> 20 刑集 8 巻 8 号 1277 頁）と定義されるため，「不法な」の解釈次第ではそもそ
> も「暴行」にすら当たらないであろうが，懲戒権に基づく攻撃だからこそ「不
> 法」とは言えないのだとすれば，この後検討することと同じ問題が生じる。

　しかし，こうした行為は，同時に，社会における危険な存在について子に教
え諭す目的でなされている。この場合に，暴行罪が成立すると考えるべきなの
かは難しい問題である。

　同様の行為を全くの第三者が行った場合には，いくら教育的な目的があった

---

1)　西田典之（橋爪隆補訂）『刑法各論〔第 7 版〕』（弘文堂，2018 年）39 頁。

としても，「親でもないのに顔面を平手打ちにすることは許されない」と考える人が多いであろう。これに対して，親が行う場合にはなお許容されるとすれば，そこには，「親という立場にあるからこそ，自分の子に対する懲戒的な措置を行うことも許される」という理解があるように思われる。子が心身共に健全に成長するためには，自分自身や他人に対して危険な行為をしないということを学ばなければならず，こうした教育を行うのは親の義務だとも言える（民法第820条）。そこで，親が子にこうした教育を行う際に，子の身体や精神に負荷を与えるような手段を採ることもまた，親の権利としての懲戒権（民法第822条）に含まれるとの理解である。ここで，民法の条文を見ておこう。

第820条　親権を行う者は，子の利益のために子の監護及び教育をする権利を有し，義務を負う。

第822条　親権を行う者は，第820条の規定による監護及び教育に必要な範囲内でその子を懲戒することができる。

しかし，親自身は教育的な目的，あるいは「しつけ」の目的だと考えていたとしても，得てして懲戒的な措置はエスカレートしやすい。特に，子が自分の言うことを聞かない場合に，親が怒りなどの感情が昂ったために過剰な暴力を振るうことは，児童虐待の事案においては決して稀なことではない。そして，親が「しつけ」目的と称して過剰な暴力を子に行うとき，我が子を死亡させるといった極めて悲劇的な結末が生じることもある。目黒女児虐待死事件や野田市女児虐待死事件といった悲惨な事件が相次いだことを受けて，2019年3月時点での報道によれば，政府は親権者による体罰を（罰則は規定しないものの）禁止することを明示した「児童虐待の防止等に関する法律」（以下，児童虐待防止法）などの改正案を閣議決定し，その附則において，施行後2年を目途に懲戒権についても検討を行う旨が示されているとのことである[2]。

そこで，今回（第12回）は，親による子の「しつけ」を巡る議論について，特に懲戒権の刑法上の意義や体罰禁止規定がもたらす刑法的な効果などを中心に検討を加えることにする。

2)　日本経済新聞2019年3月19日（https://www.nikkei.com/article/DGXMZO42635980 19032019CC0000/〔2020年11月8日閲覧〕）。

Ⅱ　懲戒権を巡る議論状況

1　懲戒権とは何か

　既に見たように，民法第 822 条は，親権に基づく監護・教育に必要な範囲内で，子に懲戒を加えることができる旨を規定している。ここでいう「懲戒」とは，「親権者による子の監護教育上から見ての子の非行，過誤を矯正善導するために，その身体または精神に苦痛を与える制裁であり，一種の私的な懲罰手段」とされている[3]。したがって，「懲戒には体罰が含まれると解される」が，「親権者が『しつけ』の名の下に子の心身に悪い影響を与えるような行為は，本条の懲戒に当たらない」とされる[4]。この規定は，居所指定権（民法第 821 条）や職業許可権（民法第 823 条第 1 項）と同様に，民法第 820 条が規定する身上監護権の一部を具体化したものと理解されている[5]。

2　懲戒権規定の意義

　これに対して，民法第 820 条の身上監護権こそが本質的な規定であるという立場からは，むしろ民法第 822 条のような個々の規定は不要とする有力な見解が主張されている[6]。こうした論者からは，かつて民法第 822 条には，家庭裁判所の許可を得て子を「懲戒場に入れることができる」といった規定が存在したが，平成 23 年（2011 年）民法改正により削除されており，懲戒権が強制履行を認めることを明示するための規定としての意義が失われた以上，敢えて同条を残す必要がないとの見解も示されている[7]。

　事実，2011 年民法改正に関する法制審議会の部会においては，民法第 822 条を積極的に残すべきであるとの意見はほぼ見られず，むしろ削除すべきとの

3)　於保不二雄＝中川淳編『新版注釈民法(25) 親族(5)〔改訂版〕』（有斐閣，2004 年）108 頁〔明山和夫＝國府剛〕。但し，平成 23 年民法改正以前の解説である。
4)　前田陽一＝本山敦＝浦野由紀子『民法Ⅵ 親族・相続〔第 5 版〕』（有斐閣，2019 年）173 頁。
5)　前田ほか・前掲注 4) 173 頁。
6)　大村敦志「親権・懲戒権・監護権──概念整理の試み」能見善久ほか編『野村豊弘先生古稀記念論文集──民法の未来』（商事法務，2014 年）579 頁。窪田充見『家族法〔第 3 版〕』（有斐閣，2017 年）285 頁も参照。
7)　大村・前掲注 6) 570 頁参照。

意見が複数の委員・幹事から強く主張されていた[8]。しかし，最終的には，「本来することができる懲戒の範囲内のしつけをしている大多数の親権者に問題があるのではなく，懲戒として許容されない虐待について独自の主張をして，懲戒権を言い訳にする者があることに問題があ」り，それにも拘らず「規定を削除すると，逆に本来できるしつけができなくなるといった誤った受け止め方がされ」ることへの懸念が示され，「子の利益のために」という限定を付しつつ，なお民法第 822 条を削除しなかったという経緯がある[9]。

法務省担当者の解説[10]によれば，民法第 822 条の規定自体を削除しなかった理由として，「単に懲戒権に関する規定を削除したとしても，これを児童虐待の口実としていたような親は他の口実を持ち出すようになるのではないか」という点も挙げられている。

懲戒権については，民法第 822 条の他に，学校教育法第 11 条で教員の懲戒権が規定されている。具体的には以下のような条文である。

> 第 11 条　校長及び教員は，教育上必要があると認めるときは，文部科学大臣の定めるところにより，児童，生徒及び学生に懲戒を加えることができる。ただし，体罰を加えることはできない。

本条が教員の懲戒権に関して体罰を明示的に禁止していることからすると，こうした規定を有しない民法第 822 条においては，「子の利益のために」という限定が付されていても，なお体罰が一律には禁じられていないと解されることになろう[11]。そして，親による体罰が刑法上許容されるかという問題に関しても，民法第 822 条を根拠として，親による体罰は一定限度に留まる限り刑法第 35 条の規定する「法令行為」として違法性が阻却されるという帰結が導かれることになる[12]。但し，児童虐待防止法第 14 条第 2 項により，「児童虐待に係る暴行罪，傷害罪その他の犯罪」（圏点筆者）については，親権者である

---

8)　法制審議会児童虐待防止関連親権制度部会第 8 回会議議事録（2010 年）34 頁以下。

9)　法制審議会児童虐待防止関連親権制度部会第 10 回会議議事録（2010 年）4 頁以下。

10)　飛澤知行編著『一問一答 平成 23 年民法等改正』（商事法務，2011 年）19 頁。

11)　前田ほか・前掲注 4）173 頁も参照。

12)　大塚仁ほか編『大コンメンタール刑法〔第 3 版〕第 2 巻』（青林書院，2016 年）370 頁〔小林公夫〕。

ことを理由にその責めを免れないとされており，少なくともこの限りでは，違法性阻却も否定されると解されることになろう。

　これに対して，ドイツ語圏各国においては，既に民法上，こうした懲戒権規定は削除されており，また，ドイツ・オーストリアにおいては，更に進んで，民法上，明示的な体罰禁止規定が存在する。では，こうした法制度の下では，親の体罰や親による身体的・精神的な侵害といった問題は（特に刑法的な問題としても）既に解決済みとなっているのであろうか。以下では，この点を見てみることにしよう。

Ⅲ　ドイツ語圏各国における議論状況の分析・検討

1　ドイツ語圏各国における現行規定の概観

　ドイツ・オーストリア・スイスのいずれにおいても，かつては民法上，親の懲戒権を認める規定が存在した。しかし，現在ではこうした規定は存在しない。

　ドイツにおいては，1958年改正までは，「父は教育権に基づき子に対して適切な懲戒手段を講じることができる」（ドイツ民法旧第1631条第2項第1文）という規定が存在したが，1958年改正により当該規定が削除された。但し，両方の親による懲戒権自体は，ドイツ民法旧第1631条第1項が規定する親の教育権によって基礎付けられていた。その後，数度の改正を経て，2000年改正により，現在のドイツ民法第1631条第2項が規定されるに至った。その内容は，同項第1文で「児童は暴力によらずに養育される権利を有する」とされ，また，同項第2文で「体罰，心理的侵害又はその他の品位を貶めるような措置は許容されない」とされた。

　また，オーストリアにおいては，オーストリア民法旧第145条が「両親が……不道徳な，不服従な，又は家庭の秩序を乱す子を過度に渉らずその健康を害しない方法で懲戒することができる」旨を規定していたが，1977年改正で削除された。また，1852年オーストリア刑法典第413条は，「家庭での懲戒権は，被懲戒者の身体に傷害が生じるような虐待に渉ってはならない」旨規定していたが，1975年に現行刑法典に改正される際に削除された。その後，1989年にオーストリア民法旧第146条aとして，暴力の行使等を許容しない旨の規

定が導入され，現在では，オーストリア民法第137条第2項において，「あらゆる暴力の行使及び身体的若しくは心理的苦痛の附加は許容されない」旨が規定されている[13]。

更に，スイスにおいては，スイス民法旧第278条により，親が「子の教育に必要な懲戒手段を講じる」ことができる旨規定されていたが，同規定は1978年新児童法施行によって削除された。しかし，親の体罰禁止を明文化すべきとの度重なる動議[14]が議会において否決されており，ドイツ・オーストリアとは異なって，依然として体罰禁止の明文規定が存在しない。

> 例えば，2018年までスイス国民議会議員であったGalladé Chantalによる2015年6月18日付の動議（15.3639）に対して，同年8月19日に付されたスイス連邦参事会（日本でいう内閣に当たる）のコメントは，「確かに現行民法においては明示的な懲戒禁止規定は存在しないが，今日の理解からすれば，親の懲戒権は子の福祉とは調和し得ない。こうした法状況に鑑みると，このような原則を民法上明示的に規定する必要はない」としている。最終的に本動議は，2017年5月3日に国民議会で反対多数（賛成51票：反対128票）により否決されている[15]。

2　刑法上の問題

以下では，懲戒権規定を削除し，かつ，体罰禁止規定を明文化したことに関して，刑法上の議論が活発になされているドイツの状況について紹介したい。まずは，問題となるドイツ民法第1631条の全訳を掲げることにしよう。第1項が親の配慮権及び義務を規定し，第2項が体罰禁止等を規定する。

---

13)　Vgl. *Ewald Filler*, Vom "archaischen Züchtigungsrecht" zum "absoluten Gewaltverbot"（https://www.gewaltinfo.at/betroffene/kinder/gesetzliches_gewaltverbot.php〔2020年11月8日閲覧〕）

14)　humanrights.ch のウェブサイトを参照（https://www.humanrights.ch/de/menschenrechte-schweiz/inneres/gruppen/kinder/zuechtigungsverbot-schweiz〔2020年11月8日閲覧〕）。

15)　https://www.parlament.ch/de/ratsbetrieb/suche-curia-vista/geschaeft?AffairId=20153639（2020年11月8日閲覧）

> ドイツ民法 1631 条（身上配慮の内容及び限界）
> ①　身上配慮は子を養育し，教育し，監督し，及びその居所を決定する義務及び権利を包摂する。
> ②　子は暴力によらずに教育される権利を有する。体罰，心理的侵害又はその他の品位を貶めるような措置は許されない。

　ドイツにおいては，2000 年改正で体罰禁止規定が明文化された際に，二つの観点が示されていた。それは，①子の暴力によらない教育を受ける権利を強調することで，いわゆる「暴力の連鎖」（暴力を受けて成長した子は，他人に対して暴力を振るう傾向が強くなる）を防止すること，及び②家族を処罰することなく，家庭内の教育における暴力を撲滅すること，である[16]。本改正の立法趣旨は，あくまでも教育における親の意識を変えること（警告効果）にあって，親に対する制裁を拡張することは直接には意図されておらず[17]，したがって，処罰範囲の拡張は必ずしも意図されていなかった。

　こうした観点から，ドイツの刑法学においては，従来から不可罰と考えられてきた範囲（例えば教育目的での臀部への平手打ち）をなるべく維持したままで，ドイツ民法第 1631 条第 2 項の体罰禁止規定と平仄を合わせた解釈を行うという議論が有力に主張されている。その代表が，ドイツ民法第 1631 条第 2 項は，品位を貶めるような体罰のみを禁止しているのだと解する立場から，逆に，品位を貶めない体罰，具体的には，教育目的で行われた適度の（maßvoll）物理力の行使であれば，なお傷害罪（ドイツ刑法第 223 条）にいう「他の者を身体的に虐待」したとは言えないとする見解である[18]。

> 　但し，ドイツの民事学説においては，立法者意思はあらゆる体罰を禁止するものであって，身体的懲戒が品位を貶める措置に当たらないといった議論はもはや終わったものと解すべきとされている。とはいえ，身体的に作用を及ぼす

---

16)　BT-Drs. 14/1247, S. 5 f. Siehe auch *Roxin*, Strafrecht Allgemeiner Teil Band I, 4. Aufl.（2006), 17/36.

17)　*P. Huber*, in: Münchener Kommentar zum Bürgerlichen Gesetzbuch Band 9 Familienrecht Ⅱ（2017), § 1631 Rn. 27.

18)　*Beulke*, Neufassung des § 1631 Abs. 2 BGB und Strafbarkeit gemäß § 223 StGB, in: Festschrift für Hans-Ludwig Schreiber（2003), S. 39 f.

あらゆる行為が禁じられるわけではなく，子の過誤に対する制裁としてなされる行為のみが禁じられるとされており，予防目的でなされる行為は必ずしも体罰に当たらないとされる[19]。この理解からは，今回の冒頭で挙げた事例における「子の腕を引っ張って歩道に連れ戻す」行為は危険の予防目的でなされているため，なお「体罰」には当たらないことになる。

　ドイツ刑法学においても，ドイツ民法第 1631 条第 2 項があらゆる体罰を禁止しているとの前提から，①親の教育権（基本法第 6 条第 2 項）に抵触するためドイツ民法第 1631 条第 2 項を違憲無効とする見解，②ドイツ刑訴法第 153 条以下の規定により，検察官による手続打切りを認めるべきとする見解，あるいは③人的処罰阻却事由を肯定することで不可罰とすべきとする見解など，多様な見解が主張されている[20]。

　以上のように，教育目的からなされた適度の物理力の行使については，その法的構成はともかくとして，親の教育権（基本法第 6 条第 2 項）を尊重する観点からなるべく処罰を否定したいという理解が，ドイツの刑法学においては広く共有されていると言えよう[21]。

IV　我が国の議論に戻って

1　親の体罰を禁止することで生じる影響

(1)　判例・裁判例の紹介

　児童虐待防止法において，親による体罰禁止が明文化された場合には，刑法上も，懲戒権の行使として体罰を行うことは刑法第 35 条によって正当化されなくなろう。しかし，それで問題が終わるわけではない。仮に，学校教育法第 11 条但し書のような規定が導入される場合には，何が禁止される「体罰」に当たるのかが問題となる。そこで，教員の生徒に対する物理力の行使が同法の

---

19)　*P. Huber*, a. a. O.（Anm. 17），§ 1631 Rn. 17 ff. 木村敦子「懲戒権に関する照会事項（ドイツ）」法制審議会民法（親子法制）部会第 10 回会議（令和 2 年 9 月 8 日）参考資料 10-2（2020 年）14 頁も参照。

20)　Vgl. *Roxin*, a. a. O.（Anm. 16），17/37 ff.

21)　Vgl. *Sternberg-Lieben*, in: Schönke/Schröder StGB Kommentar, 30. Aufl.（2019），§ 223 Rn. 23.

「体罰」に当たるか否かを巡る判例・裁判例を見てみることにしたい。

　刑法上，この点が問題となった判例・裁判例は少なくないが，被告人の無罪を認めた裁判例もある。例えば，被告人が，被害生徒の軽はずみな言動をたしなめるために，被害生徒の前額部付近を平手で1回押すように叩いた他，右手の拳を握り，そのまま拳を振り下ろしてその頭部をこつこつと数回叩いたという事案で，「学校教育法の禁止する体罰とは要するに，懲戒権の行使として相当と認められる範囲を越えて有形力を行使して生徒の身体を侵害し，あるいは生徒に対して肉体的苦痛を与えることをいう」と論じた上で，本件行為は，被害生徒に対して「教育上の生活指導の一環として行う意図でなされた」ものであり，「懲戒権の行使としての相当性の範囲を逸脱して」被害生徒の「身体に不当・不必要な害悪を加え，又は同人に肉体的苦痛を与え，体罰といえる程度にまで達していたとはいえ」ないとし，刑法第35条の法令行為に当たり違法性が阻却されるとして暴行罪の成立を否定したものがある（東京高判昭和56・4・1判時1007号133頁）。また，同様の判断枠組みによって，被告人に対して挑発的な言動を行った被害生徒に対する暴行につき，刑法第35条の正当業務行為による違法性阻却を肯定したものもある（横浜地判平成20・11・12季刊刑事弁護59号207頁）。

　更に，刑事事件ではないものの，公立小学校の教員が，悪ふざけをした2年生の男子生徒を追いかけて捕まえ，その胸元の洋服を右手で掴んで壁に押し当てて大声で叱った行為につき，同生徒が，休み時間中に，廊下を通りかかった女子生徒数人を蹴った上，これを注意した同教員の臀部付近を2回蹴って逃げ出したことに対して行ったものであるとの事案で，最高裁は，本件行為が同生徒の身体に対する有形力の行使であることを認めつつ，同生徒を指導するために行われたものであり，「悪ふざけの罰として」同生徒に「肉体的苦痛を与えるために行われたものではないことが明らか」であるとした上で，「本件行為は，その目的，態様，継続時間等から判断して，教員が児童に対して行うことが許される教育的指導の範囲を逸脱するものではなく，学校教育法11条ただし書にいう体罰に該当するものではない」と判示し，国家賠償法第1条第1項の違法性を否定した（最判平成21・4・28民集63巻4号904頁）。

(2)　判例・裁判例の分析

　以上で見てきた判例・裁判例の判断に共通するのは，①当該行為が教育的な指導目的によるものなのか，それとも罰として肉体的苦痛を与える目的であったのか，②当該行為の態様などからして，相当な範囲を逸脱するものなのかを考慮している点である。あくまでも「体罰」が禁止されている点からすれば，罰として肉体的苦痛を与える目的で行われているのか，それとも教育的な指導目的で行われているのかは重要な差異であろう。また，教育的な指導という正当な目的に照らしてその範囲を超える不均衡な手段ではないという点は，違法性阻却事由に共通する限定であろう。

　しかし，罰を与える目的か教育目的かの区別は実はさほど明確ではない。そもそも，身体的な罰を与えることで児童の非行・過誤を矯正する場合に，両目的の厳密な区別は困難である。もちろん，単に憤激に任せて暴行を加えるような場合には教育目的が否定されることになろうが[22]，それは罰を加える目的だからというよりは，端的に教育目的が欠けるからであろう。

　なお，親が子に対して行う教育は，教員によるものに比べて広汎であり，全人格の育成に及ぶ（これが「しつけ」であるとも言えよう）ことからすると，正当目的として認められる範囲が広くなることはむしろ当然と言える。例えば，裁判例においては，「被害者に日頃から食べ物の万引きや盗み食いなどの問題行動」があり，事件当日にもそうした問題行動を疑わせる出来事があったため，被告人に「しつけとして，被害者を立たせて反省させるという目的」が存在することを否定できないとしたものがある（岡山地判平成 23・11・25 公刊物未登載〔LEX/DB: 25480827〕）。他方で，子がまだ幼少である場合には，そもそも「しつけ」としての行為の意味すら理解できないため，「しつけ」目的を認めることは困難であろう[23]。

　更に，教育的指導として相当な範囲の逸脱をどのように判断するのかも不明確である。既に見たように，頭を叩く，胸ぐらを掴むといった，外形からすると不相当にも見える行為が正当な懲戒であるとされる場合もあり，手段の過剰性や法益侵害結果の重大性などを広汎に考慮した上で個別具体的に判断せざる

---

22)　岡山地倉敷支判平成 19・3・23 公刊物未登載（LEX/DB: 25420864）参照。
23)　神戸地判平成 26・12・18 公刊物未登載（LEX/DB: 25447067）参照。

を得ないことになろう。

　従来，親による子に対する暴力を巡る裁判例においては，親による虐待や危険な監禁などの結果として子が死亡した事案が数多く見受けられる。こうした事案において懲戒権による違法性阻却が認められないのは，生命侵害という結果を惹起したと評価される場合はもちろん，そうした因果関係が立証されないとしても手段の過剰性[24]という観点からすれば当然と言える。

　これに対して，より軽微な暴行や監禁であったとしても，体罰禁止規定の導入により処罰されるようになるのかは，なお不明確である。処罰範囲を明確化する観点からも，禁止される体罰の範囲を可能な限り立法などによって明確化することがまずは必要となろう。

> 　教員による体罰に関しては，文部科学省「体罰の禁止及び児童生徒理解に基づく指導の徹底について（通知）」（2013年3月13日付）の別紙「学校教育法第11条に規定する児童生徒の懲戒・体罰等に関する参考事例」において，体罰に当たるか否かについての具体的な例示がなされているが，親による体罰に関しては，より広汎な事情を考慮する必要があろう。

2　親の懲戒権を否定することで生じる影響

　既に見たように，平成23年（2011年）民法改正を巡っては，民法第822条の親の懲戒権規定を削除すべきとの議論が有力に主張されていた。それでは，仮に懲戒権規定が削除されたとして，刑法上はどのような影響が生じるであろうか。

　まず指摘しておくべきことは，民法第822条の懲戒権規定が削除されたとしても，親権者が身上監護権（民法第820条）に基づき，子に一定の教育や監護を行う権利自体は否定されない。したがって，こうした教育・監護権の一環として，子に対して一定の強制的な措置を採ることが可能である。

　しかし，より重要となるのは，親権者であることを理由とした処罰の否定という議論は，懲戒権の行使の局面に限られない点である。すなわち，全くの第三者が同様の行為をした場合には処罰されるとしても，親権者が行ったことを

---

24)　東京高判平成29・9・26高刑速（平29）号179頁参照。

理由に不可罰とすべき局面は，様々な形で想定し得るのである。

　実は，こうした局面は，これまでの連載においても度々取り扱われている。例えば，第 9 回では，①共同親権者の一方が他方親権者の下にいる子を拐取する事案において，全くの第三者が同様の行為を行う場合に比して，「親権者による行為」又は「家族間における行為」であることを理由として処罰範囲が限定されることや，②親による子の監禁については，その生命・身体や心身の健全な成長に対する危険性が生じるような場合に処罰が肯定されている点を検討した。また，第 5 回では，児童の裸体を成長記録のために家庭内で描写するような場合には，なお児童ポルノ禁止法による処罰が否定される点を論じた。こうした様々な問題領域への波及効果も考慮しつつ，親権者の行為や家族間の行為であることを理由とした処罰の否定という問題を扱う必要がある。

V　終わりに

　今回の検討により，我々の社会においては，親権者が行ったことを理由として，第三者が同様の行為を行った場合に比して，処罰範囲を限定しなければならない局面が様々な形で想定し得ることが明らかになったと思われる。それぞれの局面において，必ずしも処罰範囲は明確とは言えないこともあり，そうした場合に，解釈論のみならず，立法による明確化が必要とされることもあろう。その意味でも，「家族と刑法」に関する議論は重要性を有するものと言える。

◇連載のあとに

1　児童虐待防止法の改正

　連載においては，児童虐待防止法の改正案が閣議決定されたことに言及したが，その後，本法案は 2019 年 6 月 19 日に国会で可決・成立し（同年 6 月 26 日に公布），一部の規定を除いて 2020 年 4 月 1 日に施行された。今回のテーマに関する同法第 14 条第 1 項の改正は次の通りである。

> 児童虐待防止法第 14 条（下線部が改正部分）
> 　児童の親権を行う者は，児童のしつけに際して，体罰を加えることその他民法（明治 29 年法律第 89 号）第 820 条の規定による監護及び教育に必要な範囲を超える行為により当該児童を懲戒してはならず，当該児童の親権の適切な行使に配慮しなければならない。

　一読して分かるように，本改正においては，「しつけ」に際して，「体罰を加えること」による「懲戒」を禁じているものの，その具体的な範囲は明らかではない。厚生労働省「体罰等によらない子育ての推進に関する検討会」が 2020 年 2 月に公表した報告書である「体罰等によらない子育てのために」5 頁によれば，「身体に，何らかの苦痛を引き起こし，又は不快感を意図的にもたらす行為（罰）である場合は，どんなに軽いものであっても体罰に該当」するとされ，以下のような行為が体罰に該当するとされている。

> ・言葉で 3 回注意したけど言うことを聞かないので，頬を叩いた
> ・大切なものにいたずらをしたので，長時間正座をさせた
> ・友達を殴ってケガをさせたので，同じように子どもを殴った
> ・他人のものを取ったので，お尻を叩いた
> ・宿題をしなかったので，夕ご飯を与えなかった
> ・掃除をしないので，雑巾を顔に押しつけた

　他方で，「罰を与えることを目的としない，子どもを保護するための行為（道に飛び出しそうな子どもの手をつかむ等）や，第三者に被害を及ぼすような行為を制止する行為（他の子どもに暴力を振るうのを制止する等）等は，体罰には該当しません」（同 6 頁）とされており，連載においても検討したように，「罰」を与える目的で行われるか否かが重視されている。

2　体罰を禁じることの意義

　前述の報告書の立場は，①「罰」を与える目的か否かでまずは区別しつつ，②「罰」目的であれば軽微な有形力の行使も禁止するが，「保護」目的であれば軽微な有形力の行使は禁止しないものと整理できよう。このような判断プロセスは，連載で扱った学校教育法第 11 条但し書の「体罰」該当性を巡る判断

と軌を一にするものと言える。回顧的な制裁としての罰と，予防的な介入としての保護措置とを区別し，前者についてはおよそ許容しないとするものと位置付けることができよう。

　罰を加えるのは単に回顧的な制裁としてのみならず，むしろ，将来，同様な子の非行が行われることを防ぐためでもある（教育効果を追求する目的）とすれば，このような目的による区別に理由があるのか疑問が生じるところでもある。しかし，体罰禁止規定が有する意義は，仮にこうした体罰という手段によって一定の教育効果が追求可能であるとしても，それは暴力による支配をもたらすものであり，体罰よりも侵害性の少ない手段を採ることが子育てにおいては必要であるという理解を社会に広げることであろう。その意味で，本改正は，ドイツにおける体罰禁止規定の導入意図と同様，体罰を用いない教育を行うように親の意識を変える効果（警告効果）をまずは追求したものと考えるべきであろう。

　他方で，本報告書が「体罰」として挙げる行為を行ったとして，直ちに刑法上暴行罪といった犯罪が成立するのかはなお明らかではない。そもそも，本報告書自体，体罰禁止規定は「親を罰したり，追い込むことを意図したものではな」い（報告書5頁）としており，処罰範囲の拡張は意図されていないように見える。したがって，刑法上の処罰範囲については，依然として不明確であると評価せざるを得ないであろう。

　実は，このような刑法上の処罰範囲を考える上で示唆的なデータが，令和2年版の犯罪白書[25]において示されている。それによると，児童虐待の検挙件数は平成26年（2014年）以降増加の一途を辿っているが，その中でも令和元年（2019年）の検挙件数は顕著に増加している（前年比42.9％増）。特に増加しているのは傷害（848件）及び暴行（703件）であり，親が子に対して暴力を振るうことに対し，刑法がより積極的に介入するようになっていると言えよう。このような検挙件数の増加は，児童虐待による傷害・暴行を事件として認識し検挙する意識が捜査機関において高まっていることの反映と見ることができる。

　実際，近時は特に，被害児童の死亡や重大な傷害を惹起した事案（重大事案）ではなくとも起訴がなされ，有罪判決が出される事例が散見される。例えば，

25）　法務総合研究所『令和2年版犯罪白書』172頁。

4歳の長男Aが飲食店内でいたずらなどをしたため，それが悪いことであるとAに注意するため，店を出た後に駐車場に停めてあった自動車内で，Aに対して被告人の方に顔を向けるよう指示をしたが，Aがそれに従わなかったので，Aの左頬を引っ張るためにその頬を1回つまんだ父親である被告人の行為につき，暴行罪に当たるとして罰金5万円（求刑・罰金10万円）を宣告したものがある（仙台地判令和2・12・16公刊物未登載）。なお，本件は改正児童虐待防止法の施行（2020年4月1日）以前に生じた事件である。しかし，仙台地裁は，本件被告人の行為の目的はしつけ目的であって正当であるとしたものの，手段としては「過剰な対応」であって，「より穏当な方法」によらない「乱暴な態様」であり，Aにとっては「恐怖を覚える心理的に過酷な体験」と言え，かつ，帰宅後に自宅でAに対する指導を行うのではなく，空間上の制約がある自動車内でAに対する本件のような指導を行った点に問題があるなどとして，手段の相当性を否定し，懲戒権の行使としての正当行為（刑法第35条）による違法性阻却を否定した。ここで仙台地裁は，事件当時において「しつけ」による有形力の行使が広範に許容されていたと解釈することはできないとして，懲戒権の行使の範囲内とする弁護人の主張を退けている。

　このように，「しつけ」を理由とした有形力の行使が，懲戒権の範囲内であるとして正当化される範囲については，本判決では相当程度限定的に判断されていると言えよう。すなわち，少なくとも有形力の行使という局面においては，親権者の裁量的な判断の余地[26]は相当程度減縮しているものと言える[27]。第11回で扱った保護責任者遺棄・不保護罪でも問題となったが（本書185頁），ここでもまた，親権者の裁量的判断とその限界が問題となっている。

　以上で検討したような，親権者の裁量的な判断の余地が減縮する傾向は，民法第822条の懲戒権規定が仮に削除されることになれば，更に進行するようにも思われる。石綿・第12回コメントにおいては，①懲戒権規定の改正論議に

26)　深町晋也「目黒女児虐待死事件——児童虐待の刑法的課題」法学セミナー793号（2021年）22頁参照。
27)　仙台地判令和2・12・16の事案で言えば，Aがいたずらなどを行った後，①親が直ちに自動車内で注意・指導を行うか，それとも②自宅に帰ってから注意・指導を行うかは，親の裁量に委ねられるべき事項とも言える。しかし，仙台地裁はそうした裁量を否定し，②の方法によるべきとしたものと評価できる。

おいては，「体罰はいけない」というメッセージの付与が意識されていること，しかし同時に，②そうした意識は，懲戒権規定改正の有する民事法上の効果が必ずしも明確ではないことを背景とすることが指摘されている。刑法においては，①のメッセージを捜査機関や刑事裁判所が正面から受け止める場合には，②においても身体的懲戒に対する処罰範囲の拡張という形でその効果が生じることになろう。仙台地判令和 2・12・16 の判断は，正にその現れの一つであると評価できよう。

　しかし，本判決のように，暴行としての法益侵害性が低い行為しか問題とならない事案において，正当行為としての違法性阻却が否定され，その結果として暴行罪の成立範囲が拡張していくということは，そのような軽微な事案を契機として刑法が親子関係に介入し，親が「犯罪者」として処罰されることを意味する。この場合に，親子の再統合にいかなる影響が生じるかは重要な問題である。特に，継続的な虐待が問題となる事案において，捜査機関や刑事司法が適切に介入することで親子の再統合が促進される場合もあるであろうが，常にそうなるとは限らない。このような観点からも，刑法が積極的に介入することの当否を慎重に検討する必要があろう[28]。

---

28)　深町晋也「刑法が家族の問題に関わるとき」法学セミナー 799 号（2021 年）53 頁以下参照。

第12回コメント

親による体罰を民法で禁止するとき

石綿はる美

　本書193頁以下ではドイツ語圏各国の懲戒権規定を巡る議論の紹介があった。本コメントでは，フランス及び日本における議論を紹介する。

1　フランス民法典の改正
（1）　従前のフランス法の概要
　フランス民法典には，1804年の立法当初は「懲戒権 droit de correction」の規定が置かれていた[1]。本書191頁で紹介されていた日本のかつての懲戒権規定と類似するもので，父の権限により子を拘禁するものである。教育・矯正の側面がないことや，1900年代に入り利用が激減したこともあり，1935年・1945年に改正が行われ，最終的に，1958年にこの規定は削除された。
　条文が削除されたにもかかわらず，学説・判例において，子に対するしつけや教育のための軽微な有形力の行使は懲戒権（droit de correction）の行使として認められると解されていた[2]。この懲戒権概念は，特に，刑事法との関係で意味を持つ。親権者や教師が，子に対する軽微な有形力を行使することが許容され，正当化事由として刑事責任を負わないとされた。軽微な有形力は，慣習により限定された方法による体罰というという形でのみ行使が認められ，平手打ちや子の尻を叩くことが例として挙げられている。

（2）　2019年の民法典改正
　改正の背景には，国際社会からフランス政府に対して子に対する体罰の禁止

---

1)　詳細は，小口恵巳子『親の懲戒権はいかに形成されたか』（日本経済評論社，2009年）203頁以下，久保野恵美子「親権者の懲戒権への家庭裁判所の関与について」論究ジュリスト32号（2020年）51頁以下，田中通裕『親権法の歴史と課題』（信山社，1993年）58頁以下。
2)　以下，Bonnet, Droit de la famille, 7ᵉéd, Bruylant, 2018, n.247, p.159, 島岡まなほか著『フランス刑事法入門』（法律文化社，2019年）49頁。

規定を設けるよう働きかけがあったこと，日常的な教育的暴力は子に対して悪影響を与えること[3]が明らかになったことなどがある。立法過程での資料によると，フランスの親の 85％が教育的な暴力を行ったことがあり，50％以上の親は，自らが受けた教育により体罰が有効なものだと信じて，10 歳未満の子を叩いているともいう[4]。

> 　2015 年にヨーロッパ社会権委員会により，フランスには，子に対する全ての体罰を禁止する規定がなく，ヨーロッパ社会憲章第 17 条に違反しているとの指摘があった[5]。もっとも，民法典において身体の不可侵が定められており，（同第 16-1 条），同第 371-1 条第 2 項は，「親権は，子の人格に対して払われる敬意のなかで，（中略）両親に属する」と規定すること，親権の行使は，子の利益のみを目的とするものであることから，従前から子に対する身体的暴力・精神的暴力の禁止は含意されていたとの説明もある。

　日常的な教育的暴力の禁止に関する 2019 年 7 月 10 日の法律では，次の条文が新設された。

> 民法典第 371-1 条第 3 項　親権は身体的暴力又は精神的暴力を用いずに行使される。

　「身体的暴力又は精神的暴力」には，体罰，その他子に対して行使される全ての侮辱が含まれるとされる[6]。身体的・精神的暴力の禁止規定に違反しても民事法上のサンクションはないことから，象徴的な改正にとどまるのはないかとの指摘もある。しかし，民法典で全ての暴力が禁止されることで，学説・判例で形成された懲戒権の概念も否定されるのではないかと考えられている[7]。

---

3)　Assemblée Nationale, n°1414, Rapport, pp.7 et s.
4)　Assemblée Nationale, n°1414, Rapport, p.7.
5)　Malaurie et Fulchiron, Droit de la famille, 6ᵉéd, LGDJ, 2018, n.1571, p.729.
6)　Sénat, Rapport, n° 601, p.9.
7)　Sénat, Rapport, n° 601, pp.9 et s.

2　日本における民法改正の動き

(1)　改正の背景

日本では，2019 年 7 月から法制審議会民法（親子法制）部会（以下，「法制審」）において，懲戒権に関する規定（民法第 822 条）の見直しが行われている[8]。その理由は，主に二つある。第 1 に，本書 200 頁以下で紹介された2019 年 6 月の児童虐待防止法の改正の際に，「政府は，この法律の施行後 2年を目途として，民法第 822 条の規定の在り方について検討を加え，必要があると認めるときは，その結果に基づいて必要な措置を講ずるものとする」との検討条項が設けられたことである。第 2 に，懲戒権が児童虐待の口実として利用されていることである[9]。

以下では，現在行われている法制審議会の議論を紹介する。2011 年の懲戒権の規定の改正や，2019 年の児童虐待防止法の改正については，本書第 12回を確認していただきたい[10]。

(2)　改正の選択肢

改正に関連する規定は民法第 820 条・第 822 条（本書 190 頁参照）である。

見直しの方向性としては，①懲戒権の規定（民法第 822 条）を削除する，②民法第 822 条の「懲戒」の語を改める，③体罰禁止を明文で定める，の三つだが，これらは，必ずしも排他的なものではなく，④ ①及び③の組み合わせ等も考えられる。さらに，⑤児童虐待防止法第 14 条で体罰の禁止が定められたことから，民法の懲戒権に関する規定については現状維持とすることもあり得よう[11]。

懲戒権の規定の見直しについては，中間試案公表前は，法制審議会の第 1回・第 2 回・第 6 回の会議において主に議論された。一方で体罰は禁止すべきであるが，他方で親が子に対して「正当なしつけもできなくなるのではない

---

[8]　法制審の部会資料や議事録は，法務省ウェブサイト「法制審議会─民法（親子法制）部会」（http://www.moj.go.jp/shingi1/shingi0350004.html）において確認できる。

[9]　法制審「部会資料 1」1 頁，同「部会資料 2」1 頁。

[10]　白須真理子「民法 822 条における親権者の懲戒権」法学セミナー 781 号（2020年）1 頁も参照。

[11]　以上，法制審「部会資料 1」2 頁以下，同「部会資料 2」2 頁。

か」という懸念を抱くことがないような配慮も必要である[12]，という方向性
について，委員・幹事の意見は一致しているように見受けられる。つまり，親
権を行使する者が「できないこと」を示すと同時に，「できること」も示すこ
とを目指すことになる。

（3）　改正議論の紹介
　第6回で甲・乙・丙案の三つが提示され，一部修正される形で中間試案が
提示されている。中間試案の内容は以下のものである。

> 甲案　民法第822条を削除する。
> 乙案　親権を行う者は，その子に対し，第820条の規定による監護及び教育
> 　のために必要な指示及び指導をすることができる。ただし，体罰を加えるこ
> 　とはできない。
> 丙案　親権を行う者は，第820条の規定による監護及び教育を行うに際し，
> 　体罰を加えてはならない。

　甲案は，（2）の①の方向性を踏襲する。民法第822条を削除することで
「懲戒はできない」と示すとともに，民法第820条は依然として存在するこ
とから，親権者は子の監護・教育に必要な範囲の行為は「できる」[13] ことを
示唆するものである。
　ただし，甲案には，次のような懸念がある[14]。第1に，「懲戒権」を削除
したとしても，児童虐待等をする親が言い訳に用いるのが「懲戒」から「監
護・教育」などという別の言葉に置き換わるだけとも考えられる。もっとも，
立案担当者は，児童虐待防止法第14条第1項に体罰禁止の規定があること
から，同条項に規定されている行為について，民法上も許容されないことは法
律上示されており，体罰禁止を民法上規定する必要は高くないと説明する[15]。
第2に，何が許容される行為か，必ずしも明確にはならないとも考えられる。

---

12)　法制審「部会資料1」3頁。
13)　法制審「部会資料2」4頁，同「部会資料6」3頁。
14)　法制審「部会資料2」4頁，同「部会資料6」3頁。
15)　法務省民事局参事官室「民法（親子法制）等の改正に関する中間試案の補足説明」4
　頁。

上記のように民法第 820 条に基づき子の監護・教育に必要な範囲の行為はできるという点が，広く国民に伝わるかは懸念されるところである。

　民法第 822 条を削除するという甲案に対し，乙案・丙案は同条を修正するものである。

　乙案は，(2) の②の方向性を踏襲し，「懲戒」が「懲らしめる」というような強力な権利であるといつ印象を与えることから，別の言葉に置き換えるものである。この案では，どのような語を用いれば，体罰は「許されない」が，一定の行為は「許される」ものとして，広く解され得るかがポイントになろう。

　当初は，「しつけ」という語が提案されていたが，「しつけ」と称して児童虐待が行われていたこと等が指摘され[16]，第 6 回会議では，「訓育」という語が提案された[17]。これは，国語学者にもヒアリングをし，体罰を含まない語として提案されたものであるが，監護・教育の概念との区別が必ずしも明確ではない，耳慣れない語であるなどの指摘があった[18]。そこで，中間試案においては，児童の権利に関する条約第 5 条の「父母（中略）がその児童の発達しつつある能力に適合する方法で適当な指示及び指導を与える責任，権利及び義務を尊重する。」という文言を参考に，「指示及び指導」という語が提案されている。また，乙案では，「指示及び指導」に代えて「指示及び助言」とするなど細かな注記があるが，この点は中間試案を確認していただきたい。

　丙案は，(2) の④の方向を採用するものと整理できよう。甲案と同様に，民法第 820 条に基づき子の監護・教育は「できる」ことを示唆するとともに，親権者の裁量の行使として「許されない」行為を限定的に規定する[19]。もっとも，禁止される行為について，児童虐待防止法第 14 条第 1 項と同内容を定めることに意味があるのかという指摘もなされている[20]。

　なお，第 6 回会議では，「親権を行う者は，第 820 条の規定による監護及び教育に際して，子の人格を尊重するとともに，体罰を加えてはならない。」（下線は筆者）という文言が提案されていた[21]。「子の人格を尊重する」という

16）　法制審「第 2 回議事録」18 頁〔大森幹事発言〕。
17）　法制審「部会資料 6」1 頁，詳細は同 3 頁以下。
18）　法制審「第 6 回議事録」45 頁以下〔磯谷委員・窪田委員・棚村委員発言〕。
19）　法務省民事局参事官室・前掲注 15）9 頁。
20）　法制審「部会資料 2」6 頁。

文言により，罵詈雑言などの子の精神に影響を与える行為の禁止も明確になる[22]。立案担当者は，フランスなど諸外国のように「精神的暴力」の禁止を明示することは難しいとする[23]。仮にそうなのであれば，「人格の尊重」という文言を入れることは，体罰以外にも禁止される行為があることを示す点で意義があるようにも思われる。

「人格の尊重」という文言は，中間試案においては，丙案としてではなく，民法第 820 条に，「（前略）監護及び教育に際して，子の人格を尊重しなければならない。」と追記することが提案されており，子の監護・教育全般において，子の人格の尊重が必要なことを明確にしている[24]。

法制審では丙案が支持を集めているようである[25]。中間試案を公表し，パブリック・コメントにより集まった意見を踏まえ，2021 年 5 月から法制審議会で再度検討が行われている。

第 16 回会議では，中間試案の乙案・丙案の「体罰」という文言を，「体罰又は児童虐待」とすることにつき検討することが提案されている[26]。パブリック・コメントにおいて，体罰のみが禁止される行為として規定されることで，不適切な行為が限定的に解されてしまう恐れがあるとの指摘があったこと等に基づく提案であるようである[27]。もっとも，仮に「児童虐待」という文言を民法第 822 条に入れる場合，民法第 834 条の「虐待」概念との関係等について明らかにする必要があろう。

（4）　改正のメッセージ性？

上記の改正案を議論する中で，法制審議会では，懲戒権規定の改正及び改正後の条文が国民にどのようなメッセージを与えるかということが意識されている。例えば，第 1 回会議では，懲戒権の削除が，体罰はいけないという明確

---

21)　法制審「部会資料 6」1 頁。
22)　法制審「部会資料 6」6 頁。
23)　法制審「第 6 回議事録」50 頁〔平田幹事発言〕，法務省民事局参事官室・前掲注 15) 7 頁。
24)　「民法（親子法制）等の改正に関する中間試案」1 頁。
25)　法制審「部会資料 13-1」5 頁。
26)　法制審「部会資料 16-1」1 頁。
27)　法制審「部会資料 16-1」3 頁。

なメッセージになるとの指摘がある一方で[28]，どのような行為が許されない
のかということを条文に書くことの方が，強いメッセージになるとの指摘も
あった[29]。また，今回の改正は，民法第822条が裁判規範としてのみなら
ず，行為規範としてどう動くかとも関連するとの指摘もなされている[30]。

　このような議論の背景には，懲戒権の規定や体罰の禁止が，国民に密接に関
連する問題であると同時に，体罰を行った場合の民事法上の効果が必ずしも明
確ではない，あるいは民事法上の効果が必ずしも想定されていないことがあろ
う。なお，民事法上の効果としては，子に対する不法行為責任を負う（民法第
709条）可能性，行為の程度によっては親権喪失（同第834条）・親権停止（同
第834条の2）の可能性，別居・離婚時の監護者・親権者の決定（本書150頁
以下）の際に消極的に考慮される可能性等が考えられよう。また，本書203
頁以下で指摘されているように，刑事法にも影響を与える可能性がある。

　今後は，監護・教育の内容として許される行為，体罰，児童虐待，虐待とは，
それぞれどのようなものかという概念の整理を可能な限り行うとともに，親権
の喪失（民法第834条）や親権の停止（同第834条の2）の原因となるような
虐待や（著しく）不適当な親権行使と，体罰の関係を整理する必要があろう[31]。

3　終わりに

　日本もフランスも（国際）社会の要請により改正を行っているという点で類
似している。また，日本では法改正によるメッセージ性が議論されており，フ
ランスでも民事上のサンクションは必ずしもないが，「象徴的な」改正として
身体的・精神的暴力を禁止している。このような内容の法改正が社会に求めら
れるということは，法が社会に与える影響力に，一定の期待が持たれていると
いうことなのかもしれない。皆さんには，法改正の動きを追うのみならず，法
改正はなぜ，何のために行うのかについても考えてみていただきたい。

---

28)　法制審「第1回議事録」15頁以下〔磯谷委員・棚村委員発言〕。
29)　法制審「第1回議事録」16頁以下〔窪田委員発言〕。
30)　法制審「第6回議事録」55頁〔大村部会長発言〕。
31)　白須・前掲注10）5頁。

第13回

妊婦が妊娠中絶に関する情報に接するとき

I　はじめに──妊娠中絶を巡る大きな動き

　筆者は 2019 年 8 月から 2020 年 3 月まで，所属する大学のサバティカル制度を利用して，ドイツ・ケルン大学で客員研究員として在外研究を行っているが，その中で，ドイツにおいても様々な領域で「家族と刑法」が問題となることに改めて気づかされることが多い。そして，こうした「家族と刑法」を巡る，ドイツにおいて大きな論争を巻き起こしている問題を，読者の皆さんに紹介する機会を持ちたいと思うようになった。そこで，今回（第 13 回）から 3 回に渉り，いわば「ドイツ番外編」として連載を続けることにした。

　これまでの連載では，第 10 回で「人が死んだ後」のことは扱ったが，「人が生まれる前」のことは扱わなかった。しかし，堕胎や人工妊娠中絶を巡る状況は，現在も世界各国で大きく揺れ動いている。例えばアメリカでは，トランプ前大統領により，納税者による資金を受けるクリニックにおいて，妊娠中絶手術を行う施設を紹介することを禁じる規則[1] が導入された。同規則は，全米各州において差止め請求の対象とされたが，連邦第 9 巡回区控訴裁判所が，連邦地裁により下された同規則の執行停止の仮処分を停止したことで，同規則の執行に向けた動きが加速している[2]。

　実は，ドイツにおいても，近時，妊娠中絶に関する情報提供を巡る法的規制

---

1)　合衆国保健福祉省が 2019 年 2 月 22 日に公表した，低収入層の家族計画などを規制する Title X Family Planning Program の見直しに関する規則を参照（https://www.hhs.gov/about/news/2019/02/22/hhs-releases-final-title-x-rule-detailing-family-planning-grant-program.html〔2020 年 11 月 9 日閲覧〕）。

2)　https://www.hhs.gov/opa/title-x-family-planning/about-title-x-grants/statutes-and-regulations/compliance-with-statutory-program-integrity-requirements/index.html（2020 年 11 月 9 日閲覧）

について，政治的な分裂をもたらしかねないほどの激しい論争がなされた。それは，妊娠中絶に関する情報をインターネット（以下，単に「ネット」とする）上で公開する医師に対する告発と刑事裁判を契機に生じた，正に現代的な問題であり，「家族と刑法」という観点からも重要である。そこで，今回は，こうしたドイツの議論状況を紐解いていくことにしたい。

Ⅱ　議論の発端——何が問題とされたのか

1　告発された医師

　ヘッセン州に属する人口9万人ほどの大学都市であり，フランクフルトの北に位置するギーセン市で総合医として働く医師Hは，かねてよりネット上で，自己のクリニックに関するウェブサイト[3]を開設していたが，同サイトで自分が妊娠中絶を行う医師であることを公表し，かつ，いかなる妊娠中絶の手法を用いるかなどの多様な情報をPDF1枚に収まるチラシの形式で掲載・提供していた。これに対して，妊娠中絶反対派（ドイツではこれを「生命保護活動家（Lebensschützer）」と言うこともある）として活動していたKは，医師Hの行為がドイツ刑法第219条aに違反するとして告発した。なお，Kは，週末に時間があるときは，ネット上に同様の情報を公開している医師を検索エンジンで検索して発見し，告発することを繰り返し行っていた[4]。

2　ドイツ刑法第219条aとは

　ここで問題となるドイツ刑法第219条a（以下ではドイツ刑法の条文は条文番号のみ示すこととする）とは，以下のような条文である。なお，第4項は，後で詳細に検討するように，2019年改正で導入された規定である。

> 第219条a　妊娠中絶の広告
> ①　公然と，集会において又は文書（第11条第3項）の頒布により，自己の

---

3)　http://www.kristinahaenel.de/page_infos.php（2020年11月9日閲覧）
4)　https://www.freitag.de/autoren/ulrike-baureithel/gefaehrliche-effekthascherei（2021年1月2日閲覧）

財産的利益のため又は著しく不快な方法で
1.　妊娠中絶を実行若しくは促進する自己若しくは他人の業務を，又は
2.　妊娠中絶に適した薬物，器具又は方法を，その適性を示した上で
提供し，広告し，宣伝し，又はその内容の説明を教示した者は，2 年以下の
自由刑又は罰金刑に処する。
②　医師又は法律に基づき認可された相談所が，いかなる医師，病院又は施設
が第 218 条 a 第 1 項から第 3 項までの要件の下で実行される妊娠中絶に対
応しているかについて知らせるときは，第 1 項第 1 号は適用しない。
③　医師若しくは第 1 項第 2 号に規定する薬物若しくは器具を取り扱う権限
を有する者に対して，又は，医学若しくは製薬の専門誌への掲載によって，
行為がなされるときは，第 1 項第 2 号は適用しない。
④　医師，病院又は施設が次の各号に該当するときは，第 1 項は適用しない。
1.　自己が第 218 条 a 第 1 項から第 3 項までの要件の下で妊娠中絶を行う
という事実を示し，又は
2.　管轄を有する連邦若しくは州の官庁，妊娠葛藤法に基づく相談所，若し
くは医師会の妊娠中絶に関する情報を示したとき。

　第 219 条 a の中に出てくる条文である第 218 条 a 第 1 項から第 3 項について
は，補足が必要であろう。ドイツ刑法は，第 218 条で原則として堕胎を処罰し
つつ，第 218 条 a において，第 1 項は，医学的な適応事由がなくとも，助言機
関による助言を受けた後に医師により妊娠 12 週以内に行われる妊娠中絶につ
いては構成要件該当性を否定し，第 2 項は生命に対する危険又は身体的・精神
的健康に対する重大な危険を回避するための妊娠中絶につき，第 3 項は性犯罪
による妊娠に対する妊娠 12 週以内に行われる妊娠中絶につき，それぞれ医師
により行われる場合に違法性を阻却している。こうした複雑な条文構造となっ
た理由については，後に見ていくことにする。

3　情報をネットで公開する行為と第 219 条 a

　妊娠中絶に関する情報をネットで公開する行為も「文書の頒布」には当たる
が，通常，第 219 条 a 第 1 項は成立しない。ドイツにおいても，日本や他の諸
外国のように，妊娠中絶に関する情報はネット上に溢れているが，必ずしも処
罰対象とされてはいない。しかし，医師がこうした情報，特に自己が行う妊娠
中絶に関する情報（手段・方法など）を公開する場合には，やや話が異なる。と
いうのは，医師がこうした情報を公開するのは，自己が行う中絶手術による報
酬を得るため，すなわち「自己の財産的利益のため」とされる恐れがあるから

である。

　実際，妊娠中絶反対派は，同様の情報をネットで公開している数多くの医師を告発し，それによって，前述のH医師を含む複数の医師が検察に訴追されている。その結果，後で詳細に述べるように，H医師にはギーセン区裁判所及びギーセン地方裁判所において有罪判決が宣告されている。こうした反対派の活動は，極めてエキセントリックなものと受け止められ，様々な反応を呼び起こした。その中でも大きな政治的対立を生み出したのが，野党による第219条aの削除を求める動きである。こうした動きは，ドイツの連立与党であるCDU/CSU（キリスト教民主・社会同盟）及びSPD（社会民主党）によって2018年に成立したいわゆる「大連立（Große Koalition）」に深刻な影響を与える事態にまで発展したのであるが，以下では，主として法的な側面に着目して見ていくことにしたい。

Ⅲ　第219条aの改正を巡る動向

1　第219条a削除論の台頭

　本条は，1933年にドイツ刑法典に導入された，いわゆるナチ期の立法である。但し，既にヴァイマル（ワイマール）共和政の時代に，ドイツ刑法典1927年草案においてこうした規定の導入が提案されており[5]，ナチ立法としての性質を強調することは妥当ではないであろう。

　従来，本条の実務上の意義は乏しいものとされており[6]，その意味で，さほど大きな論点とはされてこなかった。しかし，前述のH医師を巡る刑事裁判において有罪判決が宣告されたことを契機に，本条の削除を求める政治的な動きが急速に進んだ。

　こうした流れは，DIE LINKE（左翼党）[7]やBündnis 90/Die Grünen（同盟90・緑の党）[8]によって提出された，第219条a全面削除法案に結実した。こ

---

5)　*Fischer*, Strafgesetzbuch 67. Aufl.（2020），§ 219a Rn.1.
6)　*Kröger*, in: Leipziger Kommentar StGB Band7/1, 12.Aufl.（2018），§ 219a Rn. 1.
7)　BT-Drs. 19/93, S. 1 ff.
8)　BT-Drs. 19/630, S. 1 ff.

れらの法案は，本条がナチ期に成立してから今日に至るまで存続していることを指摘しつつ，本条が正当な妊娠中絶に関する医師による客観的・専門的な情報提供を妨げているとして，本条削除を求めていた。また，FDP（自由民主党）も同様に本条削除を主張しつつ，妊娠中絶に関する不適切な宣伝・広告については別途，職業法で禁止すれば足りるとした[9]。

　これに対して，最大会派のCDU/CSUは，キリスト教的価値観を背景に，未出生児の生命（ungeborenes Leben）保護を理由として，本条をおよそ改正すべきではないとの立場に立っていた[10]。しかし，前述の大連立の他方政党であるSPDもまた本条削除論に与しており，両者の対立が激化したため，最終的には一定の「妥協（Kompromiss）」が必要とされた。その結果，連立与党は，本条の削除ではなく，新たな条項を付加する改正案を提示したのである。

2　第219条a第4項の新設

　連立与党の改正案は，現在の第4項を新設することを提案するものであったが，その趣旨は一体何であろうか。この点を，改正案の解説[11]を通して見ていこう。

　まず，本解説は，本条が妊娠中絶の広告を禁止するのみならず，第218条a第1項から第3項に基づいてなされる不可罰の妊娠中絶に関する情報提供までをも処罰することの問題性を指摘する。そして，立法目的として，①妊娠中絶を考えている妊婦に対する情報提供を改善し，②妊娠中絶を実施する医師や病院・施設に対する法的明確性を確保し，かつ③未出生児の生命法益を保護するために妊娠中絶の広告をなお禁止することの三つを掲げる[12]。より詳細に述べると，以下のようになる。

　未出生児の生命保護を全うするためには，第218条以下の堕胎罪に関する諸規定が全体として作り出している「生命保護のコンセプト」を維持する必要が

---

9)　BT-Drs. 19/6425, S. 1 f.
10)　2018年3月8日のプレスリリース参照（https://www.cducsu.de/presse/presse mitteilungen/union-tritt-weiter-fuer-beibehaltung-von-ss-219a-stgb-ein〔2020年11月12日閲覧〕）。
11)　BT-Drs. 19/7693, S. 1 ff.
12)　BT-Drs. 19/7693, S. 1.

あり，第219条 a の中絶広告禁止規定もその一環である。本条は，未出生児の生命を保護し，同時に，妊娠中絶が社会において無害で通常の行為として受け止められ商業化されることを禁止する規定であり，これを放棄することは許されない。したがって，野党案のような本条削除論に与することはできない。

　他方で，本条が，広告禁止を超えて，第218条 a 第1項による不可罰（構成要件不該当）の中絶や同条第2項及び第3項による適法な中絶に関する事実についてまで情報提供を禁止するのは妥当ではないという認識自体は前提とされている。そこで，新たに本条に第4項を付加することで，医師等が，自ら妊娠中絶を行う事実を自己のウェブサイト上で公表する行為（第1号）や，連邦医師会などのサイトに掲載された妊娠中絶に関する情報に自己のサイトからリンクを貼る行為（第2号）などを処罰対象から除外している。これにより，妊婦が客観的で信頼性の高い情報に接する機会を保障し，かつ，医師等に対して，いかなる情報提供であれば許容されるのかを明示している[13]。

> 　連邦医師会のサイトでは，妊娠中絶を行う医師の氏名やクリニックの所在地，妊娠中絶に用いる方法，ドイツ語以外に使える言語などがリスト化されており，郵便番号で検索可能である。また，クリニックの所在地が地図上にマッピングされている[14]。

3　改正案の分析及び評価

　改正案に対しては，政治的にも法的にも多様な立場からの評価がなされており，その全てを紹介することは必ずしも容易ではない。そこで，改正案が依拠する「生命保護のコンセプト」がどのような理解に基づいているのかを説明しつつ，ドイツ刑法学における評価を紹介したい。

(1)　生命保護のコンセプト

　改正案が依拠する「生命保護のコンセプト」とは，ドイツ連邦憲法裁判所が，1975年2月25日判決（BVerfGE 39, 1）[15]（以下，1975年判決）及び1993年5月

---

13)　BT-Drs. 19/7693, S. 7.
14)　https://liste.bundesaerztekammer.de/suche（2020年11月12日閲覧）

28 日判決（BVerfGE 88, 203）[16]（以下，1993 年判決）において妊娠中絶に関する刑法典の改正規定を違憲無効とした際のロジックに端を発する。特に，1993年判決においては，当時の妊娠中絶に関する規定（旧第218条a第1項）が，医学的適応事由が存在しない場合の妊娠中絶が一定の要件の下で「違法ではない」旨を規定していた点について，違憲無効と判断された。

　1993 年判決は，1975 年判決を継承し，（子宮着床後の）未出生児であっても，なおドイツ基本法第1条第1項の「人間の尊厳（Menschenwürde）」や同第2条第2項の生命に対する権利を享受するとの立場を明示した。したがって，未出生児であってもその生命は基本法の保護を受けるため，適応事由が存在しない場合の妊娠中絶を許容（正当化）することはできないとされたのである。

　他方で，1993 年判決は，適応事由のない妊娠中絶を広く処罰すべきとの立場を採るものではない。むしろ，予め助言機関から，妊娠を継続するための様々な助言を受けて，未出生児の生命を尊重する責任に直面したにも拘らず，最終的に妊婦が妊娠中絶を決断したこと（いわゆる「助言モデル」）などの一定の要件の下で行われた妊娠中絶が「不可罰となる」こと自体は否定していない。

　要するに，妊娠中絶は，（医学的適応事由があるなどの）例外的な場合でない限り「違法」であるが，それが（構成要件に該当しないなどの理由で）「不可罰となる」こと自体はなお肯定されたのである。その後，更なる法改正を巡って多くの立法提案がなされる中で，1995 年改正は，1993 年判決のロジックを前提とした上で，政治的対立の「妥協」の産物として現行第218条aを規定することになった。

　このように，第218条以下の諸規定は，妊娠中絶は未出生児の生命を侵害するものであって，原則として「違法」であることを前提にした法的枠組みである。そして，改正案は，第219条aもこうした生命保護コンセプトを担う規定であり，妊娠中絶が「通常の行為」として躊躇なく行われることがないように，妊婦に対する中絶広告を禁止したものと理解している。こうした前提から，改正案は，第219条a削除論は否定しつつ，主として妊婦に対する情報提供の機

15）　本判決の日本語による紹介・解説として，嶋崎健太郎「胎児の生命と妊婦の自己決定」『ドイツの憲法判例〔第2版〕』（信山社，2003 年）67 頁以下。
16）　本判決の日本語による紹介・解説として，小山剛「第2次堕胎判決」『ドイツの憲法判例 II〔第2版〕』（信山社，2006 年）61 頁以下。

会を高め，また，医師等に対する法的明確性を高めるために，第４項を導入した。本来，第219条ａの改正におよそ否定的であった CDU/CSU にとっても，また，第219条ａ削除論を主張していた SPD にとっても，正に「妥協」の産物と言ってよいであろう。

> 　1995年6月29日の連邦議会における，CDU/CSU に属する Maria Eichhorn 議員の第218条ａの導入に関する演説は，挨拶の直後に「長年に渉る対立の後，中絶立法に関する妥協が成立しました！」で始まっている[17]。それから20年以上が経過して，今度は第219条ａに関して，大連立はこの「妥協」を強いられることになったのである。2019年2月15日の連邦議会における，SPD に属する Franziska Giffey 連邦家族・高齢者・女性・青年者大臣の演説は，こうした「妥協」に至る困難さを率直に伝えている[18]。

(2)　ドイツ刑法学における評価

　ドイツ刑法学においても，第219条ａや2019年改正については様々な評価がある。その中でも，以下では2019年改正を巡って連邦議会の参考人として意見を述べた3人の論者の見解を見ることにしよう。

　第218条以下の規定につき，①そもそも連邦憲法裁判所が未出生児の生命を基本法第1条第1項及び第2条第2項で保障されるとした立場それ自体を批判し，②妊娠中絶を原則として「違法」であると宣言しつつ不可罰の範囲を広く肯定する連邦憲法裁判所の立場を矛盾のあるものとし，かつ，③第219条ａについても憲法上問題がある規定として否定する見解が一部で主張されている（第1の論者）[19]。この論者は，連邦議会における参考人意見として，第219条ａ改正案についても否定的な立場を明らかにしている[20]。

　次に，連邦憲法裁判所の判例に従うことを前提としても，第218条以下の「生命保護のコンセプト」の中に第219条ａも含まれると解するべきか否かを

17)　BT-Prot. 13/47, S. 3775（A）.
18)　BT-Prot. 19/81, S. 9502（C）.
19)　*Merkel*, in: Nomos Kommentar StGB Band 2, 5.Aufl.（2017），§ 219a Rn. 3a.
20)　*Merkel*, Stellungnahme für die Sitzung des Rechtsausschusses des Deutschen Bundestags am 18.02.2019 zu dem Thema"Entwurf eines Gesetzes zur Verbesserung der Information über einen Schwangerschaftsabbruch".

巡っては議論の対立がある。一方では，第 219 条 a は正に「生命保護のコンセプト」や「助言モデル」の一部であり，これを放棄することはできないとする立場が有力に主張されている（第 2 の論者）[21]。この論者は，連邦議会の参考人意見として，第 219 条 a 改正案についても肯定的な立場を明らかにしている[22]。

　他方で，第 218 条以下の「生命保護のコンセプト」には必ずしも第 219 条 a は含まれないとの見解も有力に主張されている。すなわち，「助言モデル」とは，妊婦が未出生児の生命保護に資する様々な助言を受けた上でなお妊娠中絶を決意する場合に限って，当該妊娠中絶を不可罰とするという法的枠組みであり，第 219 条 a の広告禁止とは関係がない。むしろ，第 218 条 a 第 1 項から第 3 項に基づく不可罰の妊娠中絶に関する情報提供すら禁じる第 219 条 a は過剰な処罰を基礎付けるものであり，広告禁止規定として純化するのであれば，著しく不快な広告及び可罰的な妊娠中絶に対する広告のみを，刑法ではなく秩序違反法において制裁対象とすれば足りるとする。また，第 4 項を新設しても，医師が自ら主体的に妊娠中絶に関する情報を発信する場合は依然として処罰されると批判する（第 3 の論者）。この論者は，以上のような見地から，連邦議会の参考人意見として，第 219 条 a 改正案についても否定的な立場を明らかにしている[23]。

IV　H 医師に対する刑事裁判と改正法

1　ギーセン区裁判所及びギーセン地方裁判所による有罪判決

　最後に，H 医師に対する刑事訴追の帰趨についても見ておきたい。まずは，

---

21)　*Kubiciel*, ZPR 1/2018, S. 13 ff.

22)　*Kubiciel*, Stellungnahme zum Gesetzentwurf der Bundesregierung（BR-Drs. 71/19）und Gesetzentwurf der Fraktionen der CDU/CSU und SPD（BT-Drs. 19/7693）.

23)　*Hoven*, Stellungnahme zum Gesetzentwurf der Bundesregierung（BR-Drs. 71/19）und Gesetzentwurf der Fraktionen der CDU/CSU und SPD（BT-Drs. 19/7693）. なお，基本的に同旨の見解として，既に野党案に対する 2018 年 6 月 27 日の公聴会で示された *Weigend*, Stellungnahme を参照。

2019 年改正がなされる前に示された両裁判所の有罪判決について概観する。

　区裁判所は，結論から言えば，H 医師に対する第 219 条 a の成立を認めた上で，日数罰金として，1 日当たり 150 ユーロの罰金を 40 日分科すとの判決を宣告した[24]。同判決は，H 医師が中絶業務を遂行する用意があるとの説明を自己のサイト上で行っており，「単に妊娠中絶に関する情報提供をするのみならず，意図的に医師としての自己の職務を提供していた」と認定し，対価を得て妊娠中絶を行っていることは明らかであって自己の利益のために上記の提供行為を行っており，かつ故意も肯定されるとした。

　また，区裁判所の判断は，地方裁判所の判決においても是認された[25]。地裁判決は，H 医師の行為は第 219 条 a 第 1 項の「自己の職務を公に提供したこと」及び「文書により妊娠中絶の実施方法を知らせること」に当たるとし，本条が社会の変化に合致していないことは認めつつも，なお違憲ではない以上，本条を適用せざるを得ないとした。

2　フランクフルト上級地方裁判所の決定

　これに対して，フランクフルト上級地方裁判所は，原判決を破棄した上で地裁に差し戻すという注目すべき判断を示したが，同決定の理由付けは至って簡潔である[26]。まず，原判決が出された後に第 219 条 a が改正されて第 4 項が新たに導入され，同項規定の行為については構成要件該当性が否定されることになった。したがって，裁判所が判断を行うに当たっては，より軽い事後法を基準とすることになり，第 4 項の適用の有無を判断する必要がある。

　しかし，原判決の事実認定からは，H 医師のサイトにおいて，第 218 条 a 第 1 項の要件の下で妊娠中絶が行われるという記述を超えた内容が公表されていたか否かが十分に示されておらず，第 219 条 a 第 4 項により不可罰となるか否かを判断することができない。それゆえ，同決定は，地裁に差し戻して新たに事実認定を行わせることにしたのである。

　このように，改正された第 219 条 a 第 4 項の意義が早速問われる事態となっ

---

24)　AG Gießen（Urteil vom 24.11.2017），NStZ 2018, 416=507 Ds‐501 Js 15031/15. すなわち，合計 6000 ユーロとなる。

25)　LG Gießen（Urteil vom 12.10.2018），3 Ns 406 Js 15031/15.

26)　OLG Frankfurt a.M.（Beschluss vom 26.06.2019），1 Ss 15/19.

ており，本条を巡る問題状況は，なおアクチュアルなものと言えよう。

V 終わりに——妊娠中絶を巡る論理とタブー？

　我が国では，ドイツのような人工妊娠中絶の広告禁止・処罰規定は存在せず，ネット上でも数多くのクリニックによる妊娠中絶の詳細な案内が容易に閲覧できる状況にある。したがって，ドイツのような広告禁止に対する強い拘りについては，なお理解しにくいものがあるかもしれない。また，筆者が知る限りでは，例えばスイスやオーストリアにもこういった規定は存在せず，ドイツ語圏各国の中ですらドイツの立場は特異とも言える。

　もちろん，比較法的に見て，医師や弁護士のような専門的職業にある者に対して，過度に扇情的な広告を行うことを禁止する立法例は珍しくない。しかし，ドイツ刑法第219条 a は，そうした広告禁止を超えて，「人々が妊娠中絶を普通のこととして語り，受け止めること」それ自体を——いかに妊娠中絶に関する情報が適切であったとしても——タブー化しようとするものである。こうしたパターナリスティックな戦略が，「生命保護のコンセプト」の一環として行われることの当否は，今後も問題とされ続けるであろう。

◇連載のあとに

1 H 医師を巡る裁判及び同様の事案に関する裁判について

(1) H 医師を巡る裁判のその後

　ギーセン地方裁判所の判決がフランクフルト上級地方裁判所によって破棄差戻しとされた後，再びギーセン地方裁判所において裁判が行われた。その判決[27]が2019年12月12日に出されたが，結論から言えば，被告人である H 医師は第219条 a 第1項により有罪とされた。但し，前回のギーセン区裁判所においては1日150ユーロで40日の日数罰金（すなわち合計6000ユーロ）が宣

---

[27] LG Gießen (Urteil vom 12.12.2019), 4 Ns 406 Js 15031/15.

告されたところ，本判決においては1日100ユーロで25日の日数罰金（すなわち合計2500ユーロ）とされた。

　被告人のサイトで公開されていた内容が第219条a第4項に該当するかを判断するには原審の事実認定は不十分であるとフランクフルト上級地方裁判所が判示したのに対応して，本判決は，被告人のサイトで公開されていたPDFの内容，すなわち人工妊娠中絶の種類（薬物投与，局所麻酔による手術，全身麻酔による手術）や用いられる薬物の種類，手術の方法や副反応・合併症の説明，術前・術後の注意などが記載されていたことを詳細に説示した。

　そうした事実認定を前提として，本判決は，第219条a第4項の新設によっても，第1項の規定内容それ自体には変更が生じていない以上，被告人が自己のサイトで前述のPDFを公開した行為は，依然として第1項が規定する「妊娠中絶を実行する自己の業務」の対価による「提供」に該当するとした。

　さらに本判決は，被告人の行為は，単に「自己が第218条a第1項から第3項までの要件の下で妊娠中絶を行うという事実」（第4項第1号）を大きく超えた事実を公開するものであるとした。すなわち，自己が妊娠中絶を行うか否かに関する事実の公開について本罪の構成要件該当性を阻却するのが立法者意思であり，自己がどのように妊娠中絶を行うかに関する事実については依然として構成要件該当性が否定されないとする。したがって，被告人は自己がどのように妊娠中絶を行うかについての詳細な事実を公開している以上，もはや第4項第1号を考慮したとしても，本罪の構成要件該当性は否定されず，また，本罪の故意も否定されないとした。

　したがって，被告人には本罪が成立するが，第4項の改正によって被告人の違法行為は，（自分が妊娠中絶を行うという事実の提供を超えた）どのように妊娠中絶を行うかに関する情報を提供した部分に限定されることになった点などが被告人に有利に斟酌された。その結果，前述の通り，被告人に宣告された日数罰金刑は，前回のギーセン区裁判所による宣告刑よりも減軽されている。

　その後，2020年12月22日のフランクフルト上級地方裁判所決定[28]は，H医師の控訴を棄却した。同決定で注目されるのは，第219条a第1項の「提供」を合憲限定解釈する見解を真っ向から否定している点である。すなわち，

---

28)　OLG Frankfurt a.M.（Beschluss vom 22.12.2020), NStZ-RR 2021, 106.

一部の学説は，本条の見出しが「妊娠中絶の広告」となっていることから，単なる妊娠中絶に関する客観的・中立的な情報提供を超える広告的な行為のみを第 1 項の「提供」と解すべきと主張する[29]。これに対して，同決定は，2019年改正において第 219 条 a 第 4 項を導入した立法者意思を，妊娠中絶に関する客観的な情報提供であっても第 1 項で処罰されることを前提にするものと解している。すなわち，客観的な情報提供でも第 1 項に該当するが，医師等によって一定の要件の下で行われる場合に限り，第 4 項第 1 号に基づき第 1 項の適用が排除されるに過ぎない。したがって，2019 年改正により，第 1 項の「提供」を限定解釈する見解はその基盤を失ったとする。

(2)　第 219 条 a 第 4 項の意義？

前述のギーセン地方裁判所判決は，第 219 条 a 第 4 項第 1 号の内容を，立法者意思を援用しつつ，自己が人工妊娠中絶を行うか否かに関する事実の公開に限って第 1 項の構成要件該当性を阻却するものと解している。実は，これと同様の判断は，ネットのサイト上で自己の行う人工妊娠中絶の方法等を公開した事案に関するベルリン上級地方裁判所 2019 年 11 月 19 日判決[30] においてもなされており，被告人である医師について本罪の成立が肯定され，1 日 100ユーロで 20 日の日数罰金（すなわち，合計 2000 ユーロ）を宣告したベルリン・ティアガルテン区裁判所の原判決[31] が是認されている。

以上の検討からは，新設された第 219 条 a 第 4 項は，（堕胎罪の構成要件に該当しない又は違法性が阻却される）人工妊娠中絶を行う医師がその方法や妊婦への注意事項等を詳細に公開する行為について，依然として処罰からの解放をもたらさないことが明らかとなった。こうした情報は，妊婦が安心して人工妊娠中絶の措置を受けることに資するものであるが，正にそのような形で妊婦の人工妊娠中絶に対する心理的障壁を（コマーシャリズムと結びついて）引き下げることこそが，「生命保護のコンセプト」に反するものと解されている。

しかし，このような形で人工妊娠中絶に関する正確な情報の流通を否定し，

---

29)　*Wörner*, NStZ 2018, 417 ff.

30)　KG Berlin (Urteil vom 19.11.2019), NStZ 2020, 550.

31)　AG Berlin-Tiergarten (Urteil vom 14.06.2019), 253 Ds 143/18.

情報を公開した医師を処罰するのが，本当に「生命保護のコンセプト」からはやむを得ない帰結なのかは，なお検討すべき問題であろう。

2　人工妊娠中絶へのアクセサビリティと妊婦の心理的障壁

　ドイツ刑法が採用する「助言モデル」は，人工妊娠中絶に対する妊婦の心理的障壁を安易に下げないことにより，「生命保護のコンセプト」を図るものである。また，人工妊娠中絶に関する広告禁止も「生命保護のコンセプト」に資するものと解されている。こうした規定は，人工妊娠中絶を「普通のこととして語り，社会で受け止められる」ことを抑止することで，間接的に人工妊娠中絶を抑止するものとも言えよう。

　しかし，人工妊娠中絶に対する妊婦の心理的障壁を下げないということを超えて，むしろ心理的障壁を高める措置を採ることで，よりダイレクトな形で人工妊娠中絶を抑止するという考え方もある。このような措置の導入を検討しているのがスロバキアである。

　スロバキアでは，人工妊娠中絶に関する広告禁止規定の提案と合わせて，いわば「罪悪感モデル」とでも言うべき提案が国民議会において検討されている。その内容を端的に説明すると，人工妊娠中絶を望む妊婦に対して，その胚や胎児のエコー画像を見ることや胎児の「心音」を聞くことを義務付けるというものである[32]。このような措置は，胎児が「生きている」ことを実感させることで妊婦の人工妊娠中絶に対する心理的障壁・抵抗感を高めるためのものであり，要するに「罪悪感から人工妊娠中絶を断念する」ことが意図されているものと言えよう。

　なお，このような立法提案との関連で，アメリカの一部の州で導入されている立法についても簡単に言及しておきたい。既にアメリカでは複数の州が上述のような措置を行うことを医師に義務付ける州法を導入している。こうした立法は人工妊娠中絶を望む妊婦に対して重要な情報を提供するものとして，「超音波インフォームド・コンセント法」と呼ばれている。2017 年にこのような

---

32)　インディペンデント紙 2019 年 11 月 28 日（https://www.independent.co.uk/news/world/europe/slovakia-law-women-embryo-foetus-abortion-images-new-law-a9224976.html〔2020 年 11 月 13 日閲覧〕）。

州法を可決したケンタッキー州に対して，同法がアメリカ合衆国憲法修正第 1
条の医師の表現の自由を侵害するとして訴えが提起され，地方裁判所はこの訴
えを認めたが，第 6 巡回区控訴裁判所は同法を支持して原判決を破棄し[33]，
更に連邦最高裁判所は原告の上告を棄却した[34]。医師への義務付けが問題と
なる局面であるために，医師の（憲法上強い保護が与えられている）表現の自由
が侵害されているとの議論の立て方がなされているのである。

　2020 年 10 月に欧州議会から公表された「EU における女性に対する人工妊
娠中絶サービスのアクセス（スロバキア版）」によれば，「罪悪感モデル」に関
する立法提案はなおスロバキア国民議会で可決されていないようである[35]。
なお，報道によれば，広告禁止に関する提案についても国民議会において僅差
で否決されたとのことである[36]。しかし，こうした提案が今後も可決されな
いという保障はどこにも存在しないであろう。

　以上のように，人工妊娠中絶に対するアクセサビリティを低減させる措置は，
様々な国において採用されている。日本において，（ドイツにおいては許容されて
いる）薬物による人工妊娠中絶が認可されておらず，また，経済的理由による
人工妊娠中絶については健康保険の適用外であって自己費用の負担が大きいと
いったことも，このようなアクセサビリティを低減させるものと言える。

　このように，それぞれの国において，人工妊娠中絶に対するアクセサビリ
ティをどの程度・どのように設定するのかは大きく異なり，時に複雑な枠組み
が採用されることもある。ドイツ刑法が規定する第 219 条 a の当否もまた，こ
うした大きな視座の下で考察すべきものと言えよう。

---

33)　EMW Women's Surgical Ctr. v. Beshear, 920 F.3d 421 (6th Cir. 2019)

34)　NBC ニュース 2019 年 12 月 10 日（https://www.nbcnews.com/news/us-news/sup
reme-court-upholds-kentucky-abortion-law-mandating-ultrasounds-n1098181〔2020 年 11
月 15 日閲覧〕）。

35)　European Parliament, Directorate-General for Internal Policies, Policy Department
for Citizens' Rights and Constitutional Affairs, Access to abortion services for women in
the EU – Slovakia (2020), p.16.

36)　ロイター通信 2020 年 10 月 21 日（https://www.reuters.com/article/uk-slovakiaabor
tions/slovak-parliament-narrowly-rejects-tightening-of-abortion-rules-idUKKBN2752M1
〔2020 年 11 月 13 日閲覧〕）。

第 13 回コメント

生まれる子を自分で育てられないとき

石綿はる美

　厚生労働省作成の「思いがけない妊娠にとまどうあなたへ」というリーフレットでは「特別養子縁組制度」が紹介されている[1]。本書第 13 回で扱われている人工妊娠中絶の広告とは対照的に，妊婦が人工妊娠中絶を避けるための情報となり得るだろう。

　特別養子縁組制度（民法第 817 条の 2 以下）は，1987 年に創設され，2019 年に改正が行われた。制度の導入のきっかけの一つは，「菊田医師事件」である。宮城県石巻市の産婦人科医の菊田昇医師が，望まない妊娠をした女性に人工妊娠中絶をすることなく子を出産することを勧め，子を望む女性の子とする虚偽の出生証明書を作成していた。菊田医師は自らの行為を公表するとともに，立法による対応を提唱した[2]。

> 　菊田医師の行為は，医師が虚偽の出生証明書を作成し，虚偽の出生の届出を可能とするものである（本書 187 頁以下参照）。菊田医師については，公正証書原本不実記載・同行使罪（刑法第 157 条第 1 項・第 158 条第 1 項）等の成立により罰金刑が確定した。

　改正前の特別養子縁組制度は，普通養子縁組制度（同第 792 条以下）とは異なり，養子となることのできる子の年齢が原則として 6 歳未満と制限され（同旧第 817 条の 5 本文），縁組成立の効果として養子と実親等実方との親族関係が切断され（同第 817 条の 9），離縁が制限的である（同第 817 条の 10）等，養子と養親の間に実親子関係に近い関係の形成を目指すものであった[3]。特別養子縁組の成立数は 300 件前後で推移していたが，2013 年以降大きく増加

　1）　https://www.mhlw.go.jp/file/06-Seisakujouhou-11900000-Koyoukintoujidoukateikyoku/0000171123.pdf
　2）　菊田昇「実子特例法の提唱と嬰児殺の防止」ジュリスト 678 号（1978 年）130 頁，同「日本の子殺し」ジュリスト 847 号（1985 年）39 頁。
　3）　窪田充見「特別養子」家族〈社会と法〉36 号（2020 年）76 頁。

し 500 件前後となっていた[4)]。

　2018 年 6 月から，法制審議会特別養子制度部会において法改正に向けた議論が行われた。その理由は，児童福祉法等の一部を改正する法律（平成 28 年法律第 63 号）の附則において，「児童福祉の増進を図る観点から，特別養子縁組制度の利用促進の在り方について検討を加え」るとされたことにある[5)]。

　2019 年に成立した改正民法の主なポイントは，①養子となる者の上限年齢を，縁組の申立時に 6 歳未満であることから 15 歳未満へ引き上げたこと（民法第 817 条の 5 第 1 項第 1 文），②実親による養育状況等養子適格の確認をする審判と，養親子のマッチングを判断する特別養子縁組成立の審判の 2 段階手続を導入する等，特別養子縁組の成立の手続を見直したことである[6)]。

　改正時の議論では，実親子関係の切断という目的の実現のための手段として特別養子縁組制度が位置付けられていたのではないかとの指摘もあり[7)]，今回の改正で制度の位置付けが大きく変わる可能性もある。今後は，養子となる子が児童虐待を受けているケースで活用されることも増えていくと考えられる[8)]。新たな特別養子縁組制度の運用にも，注目していただきたい。

---

4)　法制審議会特別養子制度部会第 2 回参考資料「特別養子縁組の成立件数」1 頁。
5)　山口敦士＝倉重龍輔『一問一答　令和元年民法等改正』（商事法務，2020 年）7 頁。
6)　山口＝倉重・前掲注 5) 33 頁以下等。
7)　窪田・前掲注 3) 86 頁。
8)　磯谷文明「特別養子縁組制度の課題」論究ジュリスト 32 号（2020 年）28 頁。

第 14 回

親が子に予防接種を受けさせないとき（その1）

I　はじめに——麻疹の流行と予防接種

　最近，冬から春にかけて麻疹（はしか）が発生したというニュースに接する機会が増えたように思われる。もしかすると，読者の皆さんも同様にお考えかもしれない。実際，国立感染症研究所のデータによると，我が国では2015年に麻疹検査診断例は35人にまで低下し，同年にはWHO（世界保健機関）によって麻疹排除状態と認定されていたのであるが，その後は年々診断例が増加し，2019年には，1月から6月末までの期間で既に644人に達している。とはいえ，2008年には1万1000人を超える診断例が報告され[1]，また2010年から2014年までは年間数百人が麻疹と診断されていたのであるから，これまで少なかった麻疹の発生が，ここ数年で突如として増加したというわけではない[2]。

　麻疹の発生・流行という現象は，決して我が国だけの問題ではない。近年，ヨーロッパ諸国においては，麻疹の流行が大きな社会問題とされており，ドイツにおいても同様である。WHOの年次報告で2018年の診断例[3]を見ると，イタリアで2682人，ギリシャで2291人，イギリスで1216人，ドイツで543人など，国によって違いはあるが，麻疹の発生・流行が排除されていない現状が見て取れる。

　こうした中，ドイツでは，麻疹の根絶に向けて更に徹底した対策を導入する

---

1)　感染症情報センターのウェブサイトを参照（http://idsc.nih.go.jp/disease/measles/idwr0904.html〔2021年5月9日閲覧〕）。

2)　国立感染症研究所のウェブサイトを参照（https://www.niid.go.jp/niid/ja/measles-m/measles-idwrs/9160-measles-191016.html〔2020年12月28日閲覧〕）。

3)　WHOのウェブサイトを参照（http://www.who.int/entity/immunization/monitoring_surveillance/data/incidence_series.xls?ua=1&ua=1〔2020年12月28日閲覧〕）。

ための法改正に向けた動きが加速しており，筆者がこの原稿を執筆中の 2019 年 10 月末の時点で，いわゆる「麻疹予防法（Masernschutzgesetz）」の連邦政府法案が連邦議会において審議されている。多岐に渉る改正内容の中でも，特に大きな論争を巻き起こしているのは，この法案が，未成年の子の予防接種に関して親に一定の義務を課し，義務違反に対して金銭制裁（過料）を含む不利益の賦課を予定している点である。こうした「予防接種義務」を課す国は EU 加盟国 28 か国中 12 か国に上っており[4]，ドイツはこれらの諸国に続こうとしているが，これに対する反対の声も大きい状況にある。

　そこで今回は，ドイツにおける動向を中心に，麻疹の「予防接種義務」を巡る議論状況について紐解いていくことにしたい。

Ⅱ　ドイツにおける麻疹の発生・流行と従来の対応

1　データから浮かび上がる現状

　そもそも麻疹とはどのような感染症であろうか。麻疹は麻疹ウイルスによって引き起こされる急性の全身感染症である。麻疹ウイルスは人から人にのみ感染し，その感染力は極めて強く，接触感染や飛沫感染のみならず，空気感染もする。感染すると 39 度以上の高熱や発疹が出現し，肺炎や中耳炎といった合併症のみならず，時には脳炎も生じるとされる。また，先進国においては，死亡率は約 0.1％とされている[5]。

　ドイツにおける麻疹診断例は，WHO のデータを見ると，2001 年には 6000 人を超えていたが，その後年々減少し，2004 年には 121 人にまで減少した。しかし，その後再び上昇に転じ，2006 年には 2300 人を超え，また，2015 年には 2500 人近くに達した。2016 年には 326 人にまで低下したが，その後は再び上昇傾向にある[6]。

---

　4)　*Irene Berres*, Wo die Impfpflicht gilt - und wie sie wirkt, Spiegel Online vom 03.04. 2019（https://www.spiegel.de/gesundheit/diagnose/impfpflicht-in-diesen-eu-laendern-funktioniert-sie-a-1259575.html〔2020 年 12 月 28 日閲覧〕）。

　5)　厚生労働省ウェブサイトを参照（https://www.mhlw.go.jp/seisakunitsuite/bunya/kenkou_iryou/kenkou/kekkaku-kansenshou/measles/index.html〔2020 年 12 月 28 日閲覧〕）。

　このように，ドイツにおいては，年によってかなりの差はあるものの，なお麻疹の発生が排除されていない。

2　ドイツにおける従来の対応

　麻疹の発生・流行に対しては，既にドイツにおいても様々な対応がなされてきた。WHO によれば，麻疹を根絶するために必要となる麻疹ワクチン（2回の接種が必要）の児童に対する予防接種率は95％以上とされている[7]　が，ドイツにおいては，2回目の接種率は95％を下回っている。そこで，2015年の健康増進・予防強化法においては，様々な予防戦略が打ち出されると共に，感染症予防法第34条第10項aが新たに規定された[8]。これは，子どもが初めて保育施設に入る際に，その予防接種に関して予め医師の助言を受けたという証明書を提出する義務を親権者に課し，義務違反があった場合には2500ユーロ以下の過料を科すものである（同法第73条第2項）。

> 　第8回でも述べたように，ドイツにおいては，かつて「親権（elterliche Gewalt）」という概念が用いられていたが，現在では「配慮（Sorge）」という概念が用いられている。したがって，正確には「配慮権者」と書くべきであるが，読者の便宜を優先して，今回及び次回では「親権者」の表記で統一する。

　ドイツ国内における感染症研究・対策の中心であり，連邦保健省の下にあるロベルト・コッホ研究所の統計データによると，嬰児や幼児の麻疹罹患率は他の年齢層に比しても高い[9]。したがって，保育施設入園前には予防接種がなされることが望ましい。とはいえ，前述の規定は，医師の助言を受ける義務（正確には，助言を受けたことの証明義務）を親に課すに過ぎず，子に予防接種を受けさせる義務を親に課すものではない。すなわち，医師の助言を受けた後，子に予防接種を受けさせるか否かは，あくまでも親が任意に決定できることが前提

---

6)　前掲注3）を参照。

7)　WHO position paper—April 2017, Weekly epidemiological record 2017, 92, p.220.

8)　松本勝明「ドイツにおける予防接種政策」海外社会保障研究192号（2015年）25頁以下。

9)　2018年のデータにつき，Robert Koch Institut, Infektionsepidemiologisches Jahrbuch meldepflichtiger Krankheiten für 2018, S. 172 参照。

となっている[10]。したがって，2015 年改正においても，啓発による自発的な予防接種の促進という枠組みはなお維持されている。

　2015 年改正の後，児童に対する麻疹の予防接種率はどのように変化したのであろうか。統計データによると，ドイツ全体での 1 回目の接種率については，2012 年の 96.7％から 2017 年には 97.1％，2 回目の接種率については，2012 年の 92.4％から 2017 年の 92.8％とそれぞれ僅かに増加したものの，免疫獲得に必要な 2 度の接種につき，WHO の目標値である 95％には届いていない[11]。

　こうした状況に対して，連邦政府はより徹底した対策を講じない限りは麻疹の根絶が不可能であると考えるようになり，麻疹予防法案を連邦議会に提出するに至ったのである。そこで，次に，連邦政府が提出した麻疹予防法案について，詳しく見ていくことにしたい。

Ⅲ　麻疹予防法案の内容

1　麻疹予防法案の目的

　麻疹予防法案の理由書によれば，麻疹の予防接種は，①個々人の感染予防のみならず，②予防接種によって多くの人間が免疫を獲得することで，社会全体における麻疹の感染予防をもたらすものとされている（これを「集団免疫」と言う）。特に，健康上の問題などにより予防接種を受けられない者（禁忌者）は，自らは予防接種によって感染を予防することができず，②によってこそ感染予防が可能となるものと言える。

　既に述べたように，WHO は，麻疹が社会の中で循環的に感染することを予防する（すなわち，麻疹を社会から根絶する）ためには，国民の 95％以上が免疫を獲得する必要があるとしている。しかし，ドイツにおいては，依然として95％を下回る接種率しか達成できておらず，2019 年 1 月から 5 月末までで既に 420 人の麻疹感染例が報告されている。

　特に，日常的に一定の施設（例えば保育園）で他人と接触する機会を有する

10)　BT-Drs. 18/4282, S. 48.
11)　Robert Koch Institut, Epidemiologisches Bulletin Nr. 18 (vom 02.05.2019), S. 150.

者については，仮に予防接種を受けていないとすると，自分の健康に対する危険のみならず，前述のような予防接種禁忌者に対する感染の危険を高めることになる。したがって，一定の施設で他人との接触機会を有する者については，一定の予防接種義務を課す必要があるとされる[12]。

2　麻疹予防法案の具体的内容

　本法案は多岐に渉る改正内容を含む。例えば，予防接種の証明書についてはデジタル化を推進する，医師であれば専門分野を問わずに予防接種を行うことができるようにする，といったように，予防接種に関する情報共有や予防接種へのアクセサビリティを高める措置が講じられている。

　しかし，「家族と刑法」という観点から特に興味深いのは，感染症予防法改正に関する以下の2点である。すなわち，①保育園や幼稚園，学校などの一定の施設に入園・入学する者（及び当該施設に勤務する者）に対して，麻疹の予防接種を受けた証明書又は麻疹に対する免疫を有することの証明書を施設管理者に提出する義務を課し，当該義務を履行しない者については当該施設への入園・入学が許可されないこと（同法改正案第20条第9項），及び②当該証明書提出義務が未成年者に課される場合には，その親権者が当該義務を履行する立場に立つ（同法改正案第20条第13項）が，保健所の提出要求（同法改正案第20条第12項）にも拘らず親権者が提出義務を履行しない場合には2500ユーロ以下の過料が科されること（同法改正案第73条第2項）である。なお，①に関しては，仮に対象者において麻疹の予防接種に禁忌がある場合には，その点に関する医師による証明書を提出する義務が課せられている（同法改正案第20条第9項）。

　①については，就学義務に服する児童との関係で多少の補足が必要であろう。麻疹予防法案が連邦議会に提出された後，連立与党であるCDU/CSU（キリスト教民主・社会同盟）及びSPD（社会民主党）により，同法案の修正動議が出されている。すなわち，法律上就学義務に服する者は，（就学義務の対象となる）学校その他の教育施設につき，証明書を提出しなくても通学が拒絶されない趣旨をより明確化した規定を設けるべきとの動議である[13]。例えば幼稚園とは異なり，小学校（Grundschule）については子どもに就学義務が課されるため，

---

12)　BT-Drs. 19/13452, S. 1f.

前述の証明書を提出しなくても小学校への通学が拒絶されない。

> 次回（第 15 回）でも扱うが，ドイツにおいては，我が国とは異なり，就学義務は児童に課される。また，学校事項は国ではなく州の立法管轄に属し，ドイツの全ての州で，州の憲法・法律により就学義務が規定されている[14]。したがって，州によって就学義務の具体的な内容は必ずしも同一ではないが，児童は概ね 6 歳から 9〜10 年間学校に就学することが義務付けられている[15]。

　他方で，②の過料は，子どもが就学義務に服するか否かとは無関係に，保健所の証明書提出要求に従わなかった場合に親権者に科せられる制裁である。要するに，子どもが小学校に通う場合には，小学校の管理者に証明書を提出しなくとも通学が拒絶されないが，保健所からの提出要求に応じなかった場合には親権者に過料が科されるという形で，証明書提出義務が金銭的制裁によって担保されている。

Ⅳ　麻疹の予防接種「義務化」を巡る問題

1　予防接種「義務化」の持つ意味

　麻疹予防法案は，従来ドイツにおいて採用されてきた，啓発による自発的な予防接種の促進という政策を大きく変更するものと言える。厳密に言えば，予防接種それ自体を直接強制する（強制接種）ものではないが，予防接種の証明書提出義務を一定の施設に入園・入学する者やその親権者に対して課し，義務の不履行に対して一定の不利益や制裁を課すという枠組みにより，間接的に予防接種を義務付けるものと言える[16]。

---

13)　Fachlicher Änderungsantrag 5 der Fraktionen der CDU/CSU und SPD（vom 16.10. 2019）zum Entwurf eines Gesetzes für den Schutz vor Masern und zur Stärkung der Impfprävention（Masernschutzgesetz）.

14)　廣澤明「ドイツ基本法 7 条 1 項と就学義務」法律論叢 89 巻 6 号（2017 年）372 頁以下参照。

15)　廣澤・前掲注 14）373 頁。

16)　BT-Drs. 19/13452, S.2.

　しかし，間接的にではあれ，対象者の意思に反して予防接種を義務付けるとすれば，様々な問題が生じることは避けられない。実際，保健委員会の公聴会（2019年10月23日開催）においては，同法案に対して，委員や専門家から多様な指摘・批判がなされている[17]。以下では，こうした問題のうち，憲法（ドイツ基本法。以下，基本法とする）上の問題を中心に検討することにしたい。

2　憲法上のどのような権利が問題となるのか

　予防接種義務化の可否については，かねてから憲法上の問題が指摘されていた。すなわち，予防接種の義務化は，①対象者の身体の不可侵性（基本法第2条第2項第1文），及び②予防接種を子どもに打たせるか否かを決定する親の監護・教育権（同第6条第2項）を侵害するのではないかという点である[18]。これらのうち，②については次回扱うことにして，今回は，①に関する問題を扱うことにしたい。

　身体の不可侵性については，かつて天然痘ワクチンの強制接種の可否を巡って激しい議論がなされた。19世紀後半には，帝国予防接種法（1874年4月8日）により，天然痘ワクチンの強制接種が規定されたが，第2次世界大戦後にドイツ連邦共和国が成立して以降，同法が基本法第2条第2項第1文に違反するかどうかが大きな問題となった。ドイツ連邦通常裁判所は，同法が規定する強制接種は，身体の不可侵性という基本権に対して，その本質において抵触するものではないと判示した。

　その理由は，大要以下のようなものである。すなわち，強制接種は，接種対象者個々人に対する予防的な医療的侵襲であって通常は重大なものではなく，当該接種対象者や国民全体を，重大な流行性の感染症である天然痘の危険から守るためになされるものである。天然痘がもたらす危険に比して，予防接種の侵襲は比較にならないほど小さい。個々の事例で副反応が生じ得ることは否定できないがそれは稀であり，同法は健康への危険を理由に強制接種を行わない規定を設けるなど，身体の不可侵性への介入を最小限の範囲に留めている。し

---

17)　公聴会の議事録として，Ausschuss für Gesundheit, Protokoll-Nr. 19/68（vom 23.10. 2019）を参照。

18)　*Trapp*, Impfzwang—Verfassungsrechtliche Grenzen staatlicher Gesundheitsvorsorgemaßnahmen, DVBl 2015, S. 11.

たがって，強制接種はなお憲法適合的なものと見るべきである[19]。

　このように，ドイツの判例においては，予防接種の強制が基本法第 2 条第 2 項第 1 文に反するとは解されていない。しかし，こうした判断は，あくまでも天然痘という，感染力のみならず罹患した際の致死率（我が国の国立感染症研究所によれば，20〜50％とされる[20]）も著しく高い感染症が問題となったからであり，麻疹についても同様の議論が妥当するかについては，強い疑義も示されている[21]。そこで，麻疹の予防接種を義務化するに当たり，この点をどのように解するべきかについて，ドイツの議論状況を見てみることにしよう。

3　憲法適合性の判断枠組み

（1）　比例原則に基づく判断

　ドイツでは，憲法上の権利に介入（Eingriff）する法律の憲法適合性に関して，規制目的の正当性を確認した後に，いわゆる「比例原則（Prinzip der Verhältnismäßigkeit）」という判断枠組みが用いられる。こうした議論は既に我が国でも詳細に紹介されている[22]ので，ここでは大まかに述べると，比例原則においては，①手段の適合性，②手段の必要性及び③手段の相当性（狭義の比例原則）が問題となり，このいずれかが満たされない場合には，権利介入的な手段は正当化されない。

（2）　否定論の内容

　麻疹予防接種の義務化に反対する論者は，概ね，（麻疹の根絶によって）国民の健康を保護するといった抽象的な目的では足りず，麻疹の流行・蔓延の抑止といった，より具体的な目的であって初めて規制目的として正当であると解している[23]。そして，そうした具体的な目的を実現する手段としての予防接種の義務化は，①の手段の適合性はともかく，②の手段の必要性や③の手段の相

---

19)　BGHSt 4, 375.
20)　https://www.niid.go.jp/niid/ja/kansennohanashi/445-smallpox-intro.html（2020 年 12 月 28 日閲覧）。
21)　*Zuck*, Gesetzlicher Masern-Impfzwang, ZRP 2017, S. 120.
22)　例えば，小山剛『「憲法上の権利」の作法〔第 3 版〕』（尚学社，2016 年）を参照。
23)　*Trapp*, a. a. O.（Anm. 18），S. 16; *Zuck*, a. a. O.（Anm. 21），S. 120.

当性を欠くとする。

　まず、②の必要性審査においては、基本権をより制約しない同様に有効な他の手段を立法者が選択し得たか否かが問題となるところ、ロベルト・コッホ研究所に置かれた常任予防接種委員会の勧告に基づく従来の予防体制は、麻疹の流行・蔓延の抑止に十分であり、予防接種義務化の必要性が存在しないとされる[24]。次に、③の相当性審査においては、立法者が採用する手段による基本権介入の程度が、当該手段によって見込まれる利益と均衡を失しない限りでその介入が正当化される。しかし、身体の不可侵性の背後に人間の尊厳（基本法第1条第1項）の要請があると解する限り、こうした基本的な保障が合目的的な衡量によって潜脱されてはならない。そして、一方で予防接種の対象者が自己に生じ得る副反応を考慮した上で行う自己決定の重要さ[25]（なお、この判断においては、現実に予防接種により副反応が生じる危険性の大小といった要素は必ずしも重要とされていない）を強調しつつ、他方で麻疹が流行・蔓延する危機的な状況になるリスクは低いと判断されるため、両者の比較衡量により、予防接種の義務化は相当性を逸脱するとされる[26]。

（3）　肯定論の内容

　これに対して、麻疹の予防接種の義務化を支持する論者は、接種率の向上による国民の健康保護や（予防接種の禁忌者のような）弱者の健康保護も規制目的として正当であるとする。そして、①の適合性審査においては、広汎な立法裁量の存在を前提として予防接種義務化の手段適合性を肯定し、②の必要性審査においては、任意接種を維持すると、「予防接種が面倒である」「予防接種を忘れた」といった接種率の低下をもたらす要因が残るため、接種義務化という手段と比べて、より有効とは言えないとする。したがって、義務化という手段の必要性も肯定される[27]。

　また、③の相当性審査においては、予防接種義務化は身体の不可侵性に対す

24）　*Zuck*, a. a. O.（Anm. 21），S. 121.
25）　*Trapp*, a. a. O.（Anm. 18），S. 17.
26）　*Zuck*, a. a. O.（Anm. 21），S. 121.
27）　*Schaks*, Schriftliche Stellungnahme zum Gesetzentwurf der Bundesregierung（vom 22.10.2019），S. 4 ff.

る明確な介入であるものの，予防接種の禁忌者には予防接種が義務付けられないことや，就学義務を負う児童については例外的な規定が設けられていることは，その介入の程度を弱める要因として考慮される。他方で，予防接種義務化によって国民の健康が保護されることは，身体の不可侵性に関係するものであり，基本法上同じ地位を有する基本権が比較衡量されることになる。麻疹は依然として排除されておらず，流行・蔓延することで死亡事例に至ることもあり得る。麻疹が排除されれば，任意であろうが義務であろうが予防接種は不要となるのであって，予防接種を受ける者も含めて全ての人間にとって利益となる。また，麻疹ワクチンによる重大な副反応は非常に稀であり，判例がその合憲性を肯定した天然痘ワクチンよりも受忍しやすいものと言える。したがって，予防接種の義務化は相当性も有するとされる[28]。

> 「予防接種を受ける者も含めて」利益となるというのは，肯定論においては重要な意味合いを有する。すなわち，予防接種を受ける者の犠牲において専ら他の人間が利益を得るという構造にはなっていない点が重要なのである。仮にこうした構造があるとされると，接種対象者の身体を専ら他の人間のための道具として用いることになり，基本権介入の正当化にとっては困難な問題が生じる[29]。

V　次回（第 15 回）への橋渡し

　今回の検討で浮かび上がったのは，麻疹の予防接種率の向上・麻疹の排除によって国民の健康を保護するといった立法目的により，予防接種の義務化という対象者の基本権（特に身体に対する自己決定権）に対する介入を正当化することが，可能かつ妥当なのかという問題意識である。この点については，そもそも麻疹の予防接種のみを義務化することにより，その他の感染症についての予

---

28)　*Schaks*, a. a. O.（Anm. 27）, S. 9 ff.
29)　深町晋也『緊急避難の理論とアクチュアリティ』（弘文堂，2018 年）40 頁以下及び 222 頁以下も参照。

防接種を軽視するようになるのではないかという問題[30]と併せて次回（第15回）も引き続き検討を加えることにしたい。

また，次回は，麻疹予防法案が親の監護・教育権との関係で有する問題性や，親に一定の義務を課し，義務違反に対して金銭的な制裁を加えることの当否という，「家族と刑法」の観点からして興味深い問題についても検討することにしたい。

なお，連載の校正段階で，保健委員会による同法案を支持する旨の決議勧告報告書[31]が提出され（2019年11月13日），同法案が2019年11月14日に連邦議会において可決された。賛成459名，反対89名，棄権105名であり，反対票の多くはAfD（ドイツのための選択肢）所属の議員によるものであった（所属議員91名中67名が反対）。同法は2020年3月1日より施行されている。

◇連載のあとに

1　COVID-19蔓延とマスク着用義務

連載第14回の後に生じたのは，麻疹の大流行ではなく，COVID-19（いわゆる新型コロナウイルス感染症）の世界的蔓延であった。本書の読者の恐らく全てに対して，COVID-19は様々な形で大きな影響を与えているであろう。もちろん筆者もその例外ではなく，ドイツにおける在外研究を当初の予定よりも多少早く切り上げて，2020年3月中旬に帰国することとなった。それ以降のドイツにおけるCOVID-19への対応を見ると，改めて我が国との差を思わざるを得ない。

以下では，「家族と刑法」という枠組みからはやや外れてしまうが，連載第14回において取り扱った予防接種の義務化との関係で，COVID-19の流行・蔓延が問題となった2020年1月末以降におけるドイツの状況を，筆者の個人的体験も交えつつ概観し，併せてマスク着用の義務化を巡る状況を見ることに

---

30)　*Omer, S. B., Betsch, C. & Leask, J.*, Mandate vaccination with care. Nature 571, 469-472 (2019).

31)　Beschlussempfehlung und Bericht des Ausschusses für Gesundheit, BT-Drs. 19/15164, S. 1 ff.

したい。

　まず，マスクの着用に関しては，我が国とドイツとの意識あるいは感覚の差に言及する必要があろう。我が国においては，スギやヒノキによる花粉症が発症する時期はもちろんのこと，それ以外の時期であっても，マスクを着用することについて特に問題視されることは少ないように思われる（筆者も 2 月から 4 月まではマスクが手放せない）。もちろん，例えば真夏にマスクを着用することは一般的ではないかもしれないが，日常生活においてマスク着用それ自体を忌避するという感覚は存在しないように思われる。

　これに対して，ドイツにおけるマスク着用に対する意識は相当に異なる。そもそも，ドイツに花粉症は存在しないと考える読者もいるかもしれない。しかし，実際には花粉症患者は数多く存在し，そうした人々のために様々な種類の花粉に関する飛散情報がネットで公開されており，薬局（Apotheke）でも花粉症対策の薬が販売されている（筆者もドイツ人の知人から，どの薬が良く効くかといった情報を教えてもらったことがある）。しかし，そうした人々が普段からマスクを着用するといったことはまず考えられない。ドイツのみに限られたことではないが，「日常生活においてマスクを着用する」ことに対する忌避感が存在すると言わざるを得ない。

　次に，COVID-19 の流行については，2020 年の 1 月末から 2 月下旬頃までは，ドイツはむしろアジアにおける流行・蔓延をある種「対岸の火事」と見ていた節がある。余談になるが，筆者は同年 1 月中旬から下旬にかけて日本に一時帰国していたが，その後再びドイツに戻ったところ，その当時居住していたアパルトメントの家主から，「日本は新型コロナウイルスで大変なんだってね」と立ち話がてらに言われたことがある。それは正に，「遠いアジアでの出来事」を語る口調であった。

　しかし，同年 2 月下旬にイタリアでの感染状況について報道がされると，次第にドイツにおいても衛生用品や食料の「買いだめ」（ドイツ語ではハムスター買い〔Hamsterkaufen〕という）が生じ，例えば除菌用のウェットティッシュや消毒液などが品薄になっていった。そのような状況の中，同年 3 月 12 日になって連邦政府・各州政府の合意に基づくガイドラインが発表された。ドイツにおいては，感染症予防対策については基本的に州が実施主体であり，例えば商店やレストラン・バーの営業禁止，保育所・学校等の閉鎖についても州が決

定する。そして，各州はこのガイドラインに沿った形で各種の措置を実施した。

　その一例として，大学の封鎖が挙げられる。同年3月17日には，筆者が在外研究をしていたケルン大学が，ノルトライン・ヴェストファーレン（NRW）州の命令に基づいて閉鎖されることになり，研究室の立入りも制限されることになった。筆者はその段階で緊急帰国を行うことにした（したがって，市民がマスクをする姿を見ることは殆どなかった）が，その後もドイツにおいては日常生活に影響を及ぼす様々な規制が導入されることになった。

　こうした諸規制のうち，マスク着用との関係で重要なのが，同年4月15日に公表された，連邦政府と各州政府との新たな合意事項に基づく規制である[32]。この合意事項においては，市民に対して，公共交通機関利用や日常の買い物など，距離を確保できない公共空間における日常用マスク等の着用が，他者への感染拡大防止のために強く推奨されるとされ，同22日には，全ての州において公共交通機関及び買い物の際のマスク着用が義務化された。

　しかし，公共交通機関等の利用におけるマスク着用義務に違反した場合にどのような内容の制裁が課されるかについては，各州において必ずしも共通していない。2020年12月末現在における各州の過料カタログ（Bußgeldkatalog）を見ると，例えば，ドイツに存在する16の連邦州のうち最も人口の多いNRW州においては150ユーロの過料[33]が，それに続くバイエルン州においては250ユーロの過料[34]が，首都ベルリンの都市州であるベルリン州においては50ユーロ以上500ユーロ以下の過料[35]がそれぞれ科されている。他方，ザクセン＝アンハルト州においては，州全体で一律に過料が規定されてはおらず，人口10万人当たりの新規感染者が一定数を超えた場合に，各自治体が50ユーロ又は75ユーロの過料を科すことができるとされている[36]。

　以上のように，州ごとで具体的な内容に差異はあるものの，公共交通機関や

---

32)　本段落の記述は，横田明美＝阿部和文「ドイツにおける COVID-19（新型コロナウイルス感染症）への立法対応」JILIS レポート Vol.3 No.2（2020年）3頁以下を参照した。

33)　Ordnungswidrigkeiten nach dem Infektionsschutzgesetz im Zusammenhang mit der Coronaschutzverordnung (CoronaSchVO)（Stand: 9. Dezember 2020）.

34)　Bußgeldkatalog „Corona-Pandemie", BayMBl. 2020 Nr. 768（vom 17.12. 2020）.

35)　Bußgeldkatalog zur Ahndung von Verstößen im Bereich des Infektionsschutzgesetzes (IfSG) in Verbindung mit der SARS-CoV-2-Infektionsschutzmaßnahmenverordnung in Berlin（vom 16.12.2020）.

一定の施設を利用する者に対してマスク着用を義務化し，その違反に対して過料を科すという枠組みは，（ザクセン＝アンハルト州を除く）全ての州で採用されている。

なお，ドイツにおいては，マスク着用義務のみならず，同一家族に属さない一定以上の数の人間が集まることの禁止といった，市民の行動の自由を制限する様々な措置が各州において採られている。こうした措置に対しては，多様な形で異論や批判が噴出し，その一部は訴訟の提起という形で表れ，裁判所がこうした訴えを認める事案も散見される。そして，州の側でもこうした動きを見つつ，規制の撤回や修正などを行う[37]。ドイツにおける法的枠組みは，このような動的なプロセスを前提とするものと言えよう。

2　我が国におけるマスク着用義務を巡る議論状況

我が国においては，COVID-19 の流行・蔓延が問題となって以降，公共交通機関やコンビニ・スーパーなどを利用する際にマスクを自発的に着用する人々が圧倒的に多数であることは，読者の皆さんも実感されていることであろう。ドイツのような，マスク着用義務とその違反に対する過料の賦課という枠組みを凡そ採用していないにも拘らず，マスク着用率が非常に高いのは，人々が法的強制なく自発的に望ましい行動を選択しているとも言える。

マスク着用を巡る我が国の法的枠組みもまた，こうした自発的な行動選択を促進又は涵養するものと言ってよい。我が国において，マスク着用に関する法規範をいち早く導入したのは，神奈川県大和市の「大和市おもいやりマスク着用条例」（2020 年 4 月 16 日公布・施行）である。この条例は，条例名が示すように，他者への「思いやりの心」（第 1 条）に基づき「マスクの着用を心がけるよう努める」（第 4 条）ことを求めるものであって，罰則規定は存在しない。

---

36)　Neunte Verordnung über Maßnahmen zur Eindämmung der Ausbreitung des neuartigen Coronavirus SARS-CoV-2 in Sachsen-Anhalt（Neunte SARS-CoV-2-Eindämmungsverordnung - 9. SARS-CoV-2-EindV）（vom 15.12.2020）.

37)　横田明美「ドイツにおける COVID-19 対策規制と市民生活への影響」現代消費者法 49 号（2020 年）60 頁。

　なお，この条例がいち早く導入されたのには訳がある。実は，この条例は市長の専決処分によるものであり，市議会による議決を経ずに公布・施行されている。

　これ以降に制定されたマスク着用に関する規定を有する条例も同様に，マスク着用への協力を求めるものであって，罰則規定は存在しない。大和市条例と同様にマスク着用に限定された条例としては，長野県宮田村「宮田村マスク着用エチケット条例」（2020 年 8 月 19 日公布・施行）が，また，マスク着用に限定されない条例としては，「徳島県新型コロナウイルス感染症の感染拡大の防止に関する条例」（2020 年 10 月 16 日公布・施行）がある。このように，我が国においては，マスク着用を法的に義務化し，その違反に罰則を科すという規制枠組みに対する強い抵抗感が存在するものと言えよう。

　しかし，このような「自発的な」行動選択の尊重の背後にあるのは，むしろ「自粛」という自己抑制の雰囲気であり，法的強制がなくとも実際上は一定の行動が強制されていると見ることも可能であろう。このような観点からは，前述のような条例はこうした「自粛」を強化するためのものとして理解することができよう。

　とはいえ，こうした「自粛」はあくまでも「自粛」である以上，それに従わない者（例えば，航空機や鉄道等の公共交通機関の利用に際してマスクの着用を拒む者）に対して一定の行為を義務付けることはできない。そうした利用者による拒絶がより問題性の高い行動に至った場合，例えば，航空機であれば航空法が規定する安全阻害行為等（同第 73 条の 3）に該当する場合には機長が必要な措置を採り，また，威力や偽計による業務妨害に当たる場合には刑法上の犯罪として処罰するといった形で処理することはもちろん可能である。しかし，そうした「例外的な事態」としての対処をすれば足りるのかが今後はますます問題となろう。

　それと同時に，「自粛」に依拠することの限界が見えてきている状況において，ドイツのような枠組みを導入することが果たして実効的な方策であるのかも重要な問いである。ドイツでの在外研究中にドイツにおける COVID-19 の流行・蔓延に対する規制状況を詳細に調査・分析したある法学研究者は，日独の差異を端的に「パラレルワールドとしての日独社会」と評している[38]。

　なお，我が国と同じ東アジアに属する韓国や台湾においては，マスク着用についてどのような施策が採用されているかを見てみると，①マスク着用の法的義務を市民に課しつつ，②当該義務に反した場合には刑事罰ではなく過料を賦課する点で両者は共通している[39]。こうした法的枠組みは，ドイツにおける枠組みと類似したものであると評価できよう。

　人々の行動の自由を尊重しつつも「自粛」による行動統制に依拠するのが我が国のあり方であり，こうしたあり方の得失を正確に見極めるためにも，ドイツにおける規制状況に関する知見は重要なものであろう。そして，我が国の様々な規制のあり方が「強制と自粛のあいだ」で揺れ動くものであるという点は，十分に認識しておく必要があろう[40]。

　こうした「強制と自粛のあいだ」での揺れ動きが如実に見られたのが，2021年1月に突如として COVID-19 対策として政府から示された「感染症の予防及び感染症の患者に対する医療に関する法律」（以下，感染症法）の改正案を巡る動きである。本改正案には，新型コロナウイルスの感染者が入院勧告に反した場合には「1年以下の懲役または 100 万円以下の罰金」を，積極的疫学調査（例えば保健所の調査）を拒否し，又は虚偽の回答を行った場合には「50 万円以下の罰金」を科すとの規定が盛り込まれており，同年1月22日に閣議決定された[41]。特に前者の規定は，公衆衛生という社会的利益を保護するために，新型コロナウイルス感染者に対して刑罰（しかも罰金のみならず懲役刑）をもって入院を強制するものであり，自粛・自制の対極に位置するものである。

　最終的には，このような刑罰規定の導入は大きな反対を受け，立憲民主党との修正協議により断念された[42]。その後，感染症法が改正され，新型コロナ

---

38)　横田・前掲注 37）60 頁。

39)　崔桓容＝林倖如「新型コロナ禍における行動制限の比較——マスク着用義務に関する韓国の新立法と台湾の争訟事例が示唆するもの」法学セミナー 793 号（2021 年）64 頁。

40)　2020 年の著作権法改正（特にリーチサイト規制及びダウンロード違法化拡大）に関する深町晋也「著作権を巡る強制と自制のあいだ」法律時報 92 巻 8 号（2020 年）69 頁以下参照。

41)　日本経済新聞オンライン版（2021 年 1 月 22 日）（https://www.nikkei.com/article/DGXZQODE217LR0R20C21A1000000/〔2021 年 5 月 14 日閲覧〕）。

42)　朝日新聞オンライン版（2021 年 1 月 29 日）（https://www.asahi.com/articles/ASP1Y2J4YP1XUTIL054.html〔2021 年 5 月 14 日閲覧〕）。

ウイルス感染者において，入院勧告に従わない場合には50万円以下の過料（同第80条）を，保健所の調査等を拒み又は虚偽の回答をした場合には30万円以下の過料（同第81条）を科すこととなった。次回（第15回）で取り扱う「刑罰か過料か」を巡る困難な立法上の問題が，ここでも如実に表れたのである。

第15回

親が子に予防接種を受けさせないとき（その2）

I　前回（第14回）を振り返って

　前回は，2019年末に成立（連邦議会で2019年11月14日に可決後，同年12月20日に連邦参議院により同意。なお，2020年3月1日に施行）したドイツの「麻疹予防法」について紹介・検討した。2020年1月下旬には，新型コロナウイルスの世界的な流行が危惧される旨がドイツでも報じられており，改めて感染症を根絶することの難しさを思わされる。麻疹も根絶することが依然として困難な感染症であることは，前回も述べた通りである。

　麻疹を根絶するために必要とされる麻疹ワクチン（2回の接種が必要）の児童に対する予防接種率は95％以上とされているが，ドイツでは2度目の接種率が未だそれに達していない。そこで，前述の「麻疹予防法」により，感染症予防法の諸規定を改正し，予防接種率の更なる向上を図ることにした。その中でも特に注目される改正が麻疹予防接種の「義務化」，すなわち，①一定の施設に入園・入学する者に，麻疹の予防接種を受けたことの証明書等の提出義務を課し，法律上の就学義務に服する者を除き，提出義務を履行しない場合には入園・入学を許可しないこと，及び②親権者が前述の証明書提出義務を履行しない場合には，2500ユーロ以下の過料が科されること，である。

　こうした規定が，ドイツ基本法（以下，基本法とする）の保障する基本権に対する介入であることは否定できない。改正後の感染症予防法第20条第14項は，「第6項乃至第12項により，身体の不可侵についての基本権（基本法第2条第2項第1文）は制約される」旨を規定することからも，それは明らかである。そこで，そうした制約・介入が正当化されるのかが問題となる。

　前回は，主として身体の不可侵（基本法第2条第2項第1文）に対する介入が正当化されるのかについて検討したが，今回は，親の監護・教育権（同第6条第2項第1文）との関係について検討する。また，同改正により，証明書提出

義務を履行しない親権者に対して，過料を科すことが可能になったが，このような制裁を加えることの意義についても，併せて検討したい。更に，麻疹のみをターゲットとして予防接種義務化を導入することの問題点についても，考察を加えることにする。

Ⅱ　親の監護・教育権（基本法第6条第2項第1文）との関係について

1　子の監護・教育を巡る親の権利・義務

基本法は，第6条第2項で，「子の監護（Pflege）と教育（Erziehung）は，親の自然的権利であり，かつ第1次的に親に課せられる義務である。その実行については，国家共同体がこれを監視する。」と規定する。ここで言う「自然的権利」が，いわゆる「自然権」を意味するのか否かについては議論がある。しかし，今回のテーマとの関係で重要なのは，子に対する監護・教育は，権利であると同時に義務であり，基本権としての側面と基本義務としての側面とが分かちがたく結びついている点である。その意味で，本項は，親の自然的な「責任（Verantwortung）」を規定するものであると解されている[1]。

権利としての側面から言えば，親は法律上の限界の枠内で，子の監護・教育に関する内容を決定することができる。したがって，どのような内容の監護・教育を行うのが妥当であるのかを決めるのは，まずは親である。とはいえ，こうした親の権利は，あくまでも子の福祉に資するための権利であり，子の福祉に反する場合には国家による介入も正当化される余地が生じることになる[2]。

やや脇道に逸れるが，こうした親の権利と国家の介入という対立構造が明確な形で現れるのが，いわゆる「ホームスクーリング」を巡る問題である[3]。子が学校に通わず家庭で教育を行うことは，ドイツにおいては特に例外的な場合を除き，前回（第14回）も言及した就学義務に反するものとして許容されない。

---

1)　*Kotzur/Vasel*, in: Stern・Becker, Grundrechte-Kommentar 3. Aufl. (2019), Art. 6 Rn. 50.

2)　*Kotzur/Vasel*, a. a. O.（Anm. 1），Art. 6 Rn. 98.

3)　廣澤明「ドイツ基本法7条1項と就学義務」法律論叢89巻6号（2017年）365頁以下。

　しかし，ヘッセン州で起こった Wunderlich v. Germany 事件では，両親が子の通学を継続的に拒絶してホームスクーリングを行い，子が他の児童との交流が存在しない「パラレルワールド」で育てられたとして，家庭裁判所は，子の居所を決定する権利や学校事項に関する決定権等を両親から剥奪し，青少年局に移す旨の決定を行った。その後，両親はフランクフルト上級地方裁判所に控訴するも退けられ，更には連邦憲法裁判所への憲法異議の訴えも受理されなかった。そこで両親は欧州人権裁判所に提訴したが，同裁判所は，ドイツ当局の措置は子が社会的に孤立することを阻止し子の社会への統合を図るものであり，両親の「家庭生活の尊重についての権利」（欧州人権条約第 8 条）を侵害するものではないとして，両親の訴えを退けた[4]。このように，子の福祉を理由とした国家の介入は，親の権利との関係で深刻な問題を生じさせることがある。

2　麻疹予防接種の義務化と親の監護・教育権

　いかなる医療的な措置を子に受けさせるかを決定するのは親の監護・教育権に属する事項であり，予防接種を子に受けさせるか否かの決断もこれに属する。したがって，麻疹予防接種の義務化という手段は，親の監護・教育権に対する国家の介入であると言えよう[5]。そこで，こうした介入が正当化されるためには，前回も検討したように，比例原則による審査，すなわち，①手段の適合性，②手段の必要性，及び③手段の相当性（狭義の比例原則）をクリアーしなければならない。

　麻疹予防接種の義務化に賛成する論者は，前回検討した身体の不可侵についての判断と同様に，①の手段の適合性や②の必要性を肯定する。すなわち，麻疹予防接種の義務化は，①予防接種率の向上・集団免疫の獲得という目的に適合した手段であり，かつ，②同程度に有効で，より侵害的ではない手段は存在しないとする。

　他方，③の手段の相当性については，子の健康な発育を維持するために何をすべきかは親が第 1 次的に決めるべき領域であり，国家が特定の健康に関する

---

4)　Application no. 18925/15, Case of Wunderlich v. Germany, Judgment 10 January 2019.
5)　*Schaks*, Schriftliche Stellungnahme zum Gesetzentwurf der Bundesregierung（vom 22.10.2019）, S. 18.

措置を義務付けることは親の権利に対する重大な介入である。しかし，麻疹予防接種の義務化は，麻疹という一つの感染症に対する予防接種を義務付けるものに過ぎず，また，90％以上の親は任意で子に予防接種を受けさせている。これらの事情は，基本権介入の重大さを弱める要素になるとする。したがって，予防接種禁忌者の健康や麻疹の排除といった反対利益に照らせば，最終的には手段の相当性も肯定されることになる[6]。

　これに対して，麻疹予防接種の義務化に反対する論者は，予防接種においては，発症した病気に対する適切な治療措置の問題，あるいは子の身体に対する傷害の正当化の問題ではなく，予防接種によって生じる危険性と回避される危険性について，いかなる決断を行うのかが問題となるとする。そして，基本法は，このような子の福祉に関する決断を第1次的に親に委ねており，国家が一定の医学的な措置を講じる場合にも，（親権の濫用とされるような場合を除き）原則として親（の自由意思）を介してなされなければならないとする。したがって，麻疹予防接種の義務化は，親の監護・教育権に対する介入としても正当化されないことになる[7]。

3　若干の検討

　手段の相当性の判断において，義務化賛成論者が援用する「一つの感染症に対する予防接種を義務付けるに過ぎない」という議論は，（一部のEU加盟国でなされているように）複数の感染症に対する予防接種を義務付ける場合には，親の監護・教育権に対する介入がより重大なものとなり，もはや正当化され得ないという帰結を導くようにも見える。しかし，一つの感染症に対する予防接種のみを義務付ける場合には，他の感染症の予防接種を軽視するようになるという帰結をもたらすとの指摘もなされており[8]，むしろ予防接種の義務化を行うのであれば，複数の感染症に対して行うべきなのではないかとの視点も生じる。こうした道を辿るのがフランスであり，義務違反に対する制裁の可否・内容と

6)　*Schaks*, a. a. O.（Anm. 5），S. 19.
7)　*Trapp*, Impfzwang-Verfassungsrechtliche Grenzen staatlicher Gesundheitsvorsorgemaßnahmen, DVBl 2015, S.18 f.
8)　*Omer, S. B., Betsch, C. & Leask, J.*, Mandate vaccination with care. Nature 571, 469-472（2019）.

いった問題とも関連するため，後に改めて検討を加える。

　他方で，義務化反対論者が述べる，子の身体に対する傷害の正当化の可否との差異という点は，親が子に対して（医師の手を介して）割礼を施すことが傷害罪に当たるかを巡る，かつてドイツ社会に深刻な対立をもたらした事件に関連している。この事件は，筆者がかつてドイツ・ケルン大学で初めての在外研究をしていた時期にケルンで起こったものであり，極めて印象深いものとして記憶に残っている。

　この事案を簡潔に説明すると，被告人である医師 X が，4 歳の少年 A に対して，イスラム教徒であるその両親の要望に応じていわゆる割礼を行ったところ，A の術後の経過が悪く，母親により大学病院の救急外来に連れて来られたというものである。ケルン区裁判所が X を無罪としたために検察官が控訴したところ，ケルン地方裁判所は，「基本法第 6 条第 2 項が保障する親の基本権は，身体の不可侵及び自己決定に関する子の権利（基本法第 2 条第 1 項及び第 2 項第 1 文）による限定を受ける」との理由で，両親が宗教的理由から X に対して行った同意の有効性を否定し，傷害罪（ドイツ刑法第 223 条第 1 項）の構成要件該当性及び違法性を肯定した。但し，X は回避し得ない禁止の錯誤の下で行為をしたために責任を欠く（同第 17 条第 1 文）として，無罪判決自体は維持された[9]。

> 　「回避し得ない禁止の錯誤」というのは耳慣れない表現かもしれないが，我が国の刑法学の用語で言えば，違法性の意識の可能性がないために責任を欠くということである。なお，この判決は，宗教的理由から子に対する割礼を施すイスラム教・ユダヤ教の信者から極めて激しい批判を受けた。その結果，ドイツ民法第 1631 条 d が新たに創設され，医学的な準則に基づいてなされる（治療目的ではない）男児の割礼に同意する権利も人的監護に含まれることとされ，男児の割礼に対する両親の同意は法的に有効とされることとなった[10]。

　先に見た義務化反対論者の見解は，男児割礼のような身体傷害の正当化という局面では親の監護・教育権が後退することを認めるとしても，予防接種を受けさせるか否かという危険の衡量に関する決断の局面では，なお親の監護・教

---

9) LG Köln NJW 2012, 2128 (Urteil vom 07.05.2012).
10) BT-Drs. 17/11295, S. 1 ff.

育権が優先することを主張するものと言えよう。

Ⅲ　予防接種義務の違反に対する制裁について

1　金銭的制裁としての過料

　感染症予防法第 73 条第 2 項の改正により，証明書提出義務を履行しない親
権者については，2500 ユーロ以下の「過料（Geldbuße）」が科されることとさ
れた。しかし，そもそも過料とは何であろうか。刑罰の一種である罰金
（Geldstrafe）とは何が異なるのかについて，少し見ていくことにしよう。

　ドイツにおける過料とは，秩序違反法という法律が定める金銭的制裁である。
同法第 1 条では，「秩序違反行為」とは，刑罰ではなく過料が予定されている
違法かつ有責な行為であると定義している。形式的に言えば，刑罰が予定され
ている行為が犯罪行為であるのに対して，過料が予定されている行為が秩序違
反行為ということになる。こうした秩序違反行為はドイツにおいて極めて広汎
に規定されており，前回（第 14 回）にも言及した（本書 241 頁）「過料カタロ
グ」において具体的な額が規定されている。こうした秩序違反行為の代表例と
して挙げられるのが，自動車運転者の信号無視や速度超過といった様々な道路
交通法違反行為である。原則として，検察ではなく行政当局が立件し，過料を
徴収するのも行政当局である（秩序違反法第 35 条）。

　しかし，いかなる違法・有責な行為に対して刑罰が科され，また，過料が科
されるべきなのかは，必ずしも明らかではない[11]。一方で，刑罰を科すこと
は，当該行為に対する否定的評価を国家が表明するものとして，より強い国家
的な介入であると言える[12]。すなわち，刑罰とは，当該行為者を倫理的に非
難してスティグマを付与する機能を有する[13]。他方で，過料は金銭的制裁で
あって，基本的には軽微な違反行為を想定している。したがって，違反行為が

---

11)　神山敏雄「経済犯罪行為と秩序違反行為との限界（1）（2）」刑法雑誌 24 巻 2 号
　　（1981 年）1 頁以下，26 巻 2 号（1984 年）94 頁以下参照。
12)　*Hörnle*, Grob anstößiges Verhalten（2005），S. 50.
13)　深町晋也「路上喫煙条例・ポイ捨て禁止条例と刑罰論」立教法学 79 号（2010 年）76
　　頁参照。

軽微であって，国家による倫理的非難に値しない場合には過料が選択されるべきだと言うことができるが，そもそもいかなる違反行為がそうした場合に当たると評価されるべきなのかが明確ではない。

　例えば，第 13 回で扱った妊娠中絶広告禁止について，現在の規定（ドイツ刑法第 219 条 a）のように犯罪行為として処罰するのではなく，むしろ秩序違反行為として過料を科せば足りるとの見解が有力に主張されていたこと（本書 220 頁）を覚えている読者もいるかもしれない。このように，刑罰と過料の「使い分け」は，特に立法の局面では困難な問題を提起する。

2　制裁を課すことの可否と制裁の内容選択

　予防接種の義務化を肯定する立場からしても，（いかなる）制裁が課されるべきかという問題は更に検討が必要となる。例えば，倫理的，法的，社会的な問題などに関する独立の専門家委員会であるドイツ倫理委員会は，予防接種の義務化を肯定するとしても，義務の実効性を担保する手段としては，せいぜい幼稚園等の通園の要件とするくらいであり，過料やその他の経済的制裁を賦課することは正義や効果の観点からして是認できないとする[14]。

　他方で，一定の制裁を肯定する立場からしても，刑罰（特に自由刑）を科すことはおよそ正当化されないとする理解[15]は，明示的であれ黙示的であれ，ドイツにおいては一般的であるように思われる。そもそも，感染症予防法第 73 条第 2 項は，様々な義務違反に対して過料を科す旨規定しており，今般の改正においても，証明書提出義務に反した場合を同項で処理するのが自然であると理解されたものと言える[16]。

> 　今般の改正に関する連邦政府草案に対しては，連邦参議院の意見表明において様々な反対意見が示された。しかし，前回（第 14 回）で説明した感染症予防法 2015 年改正の趣旨（予防接種に関する医師の助言を受けたことの証明書を提出する義務の違反に対して過料を科すこと）との関係で，証明書提出義務に反し

14)　Deutscher Ethikrat, Impfen als Pflicht? Stellungnahme・Kurzfassung（27.06.2019），S. 8 f., S. 18.
15)　*Omer et al.*, supra note 8, p.472.
16)　BR-Drs. 358/19（B），S. 18.

た親権者に対して同項によって過料を科すことについては，反対意見が付されていない。

　　しかし，比較法的に見ると，刑罰を科すという選択肢がおよそ排除されているわけではない。例えば，フランスにおいては，2018 年の公衆衛生法典改正前には，予防接種義務を履行しない保護者に対して，6 月以下の禁錮刑及び3750 ユーロ以下の罰金が科されていた[17]。また，ドイツ法においても，親が子の福祉に反する形で義務履行を怠っている場合に，過料ではなく刑罰が科される例が散見される。刑法典が規定する犯罪としては，配慮・教育義務違反罪（ドイツ刑法第 171 条）がその代表と言えるし，前述の Wunderlich v. Germany 事件においては，ヘッセン州の学校法が定める就学義務の履行を親が妨げたことが問題となったが，同法第 182 条第 1 項は，他人の就学義務の履行を継続的又は執拗に妨げた場合に 6 月以下の自由刑又は 180 日以下の日数罰金刑を科している。

　　　Wunderlich v. Germany 事件においては，母親が本条により起訴され，6 月の自由刑（実刑）が宣告されている[18]。過去にも継続的に本条該当行為を行って有罪判決が宣告されたという背景があり，当局の度重なる説得等にも応じずに継続的に子を通学させなかった点が，法定刑の上限の刑が宣告された理由となっている。

　　もちろん，子の就学義務は，学校の存在自体を規定する基本法第 7 条第 1 項に由来する重大な義務であり[19]，その履行を著しく妨げる行為には，子の福祉に対する重大な危険を生じさせる点で重大な不法が認められるからこそ，刑罰が科されているのだと言える[20]。しかし，子の予防接種を義務化する立法目的として，重大な感染症である麻疹から子を保護することも掲げられている以上，麻疹の予防接種に関する義務の不履行もまた刑罰を科すに値するような

17)　河嶋春菜「フランスにおける予防接種義務制度に関する基礎的研究」帝京法学 33 巻 1 号（2019 年）163 頁。
18)　OLG Frankfurt a.M., NStZ-RR 2011, 287（Beschluss vom 18.03.2011）.
19)　*Kotzur/Vasel*, a. a. O.（Anm. 1），Art. 7 Rn. 12.
20)　OLG Frankfurt a.M., a. a. O.（Anm. 18）S. 287.

行為である，と解することがおよそ法理論的に拒絶されるのであろうか。端的に言えば，そのような立法がなされた場合に，比例原則違反として合憲性が否定されるのかが問題となろう。

IV　より良き立法としての予防接種の義務化？

1　刑事立法分析の階層性

　比例原則違反を中心とする合憲性審査をクリアーしたとしても，それが望ましい刑事立法であるかどうかは別論である。このような刑事立法の階層性を分析する議論が，いわゆる「2 段階審査論」である[21]。麻疹の予防接種義務化の実効性を担保する手段として，①予防接種へのアクセサビリティを高めつつ，せいぜい（就学義務の対象とならない）幼稚園等の通園条件とし，親権者の自由意思をなるべく尊重して制裁は課さない，②過料を中心とした金銭的制裁を賦課する，③自由刑や罰金刑も含めた刑罰を科すという三つの手法があるとして，仮にそのいずれもが合憲性審査をクリアーすると考えるとしても，その全ての手法が同程度に望ましいものであるとは言えない。そうした「望ましさの優劣」をどのように判断すべきかについて，筆者に明確な見解があるわけではないが，幾つかの視点を指摘することは可能であろう。

　なお，ドイツにおいては，麻疹はもちろん，予防接種が公的に推奨される感染症については公的保険によって予防接種費用がカバーされる点は，予防接種の義務化を論じるための重要な前提である。予防接種へのアクセサビリティが低い状況で予防接種を義務化することは，非常に望ましくない法政策であると言えよう。

2　麻疹の予防接種のみをターゲットとすることの問題性

　これまでにも言及してきたが，麻疹についてのみ予防接種を義務化することは，他の感染症に対する予防接種を軽視する風潮を生じさせる可能性があると

---

21)　仲道祐樹「法益論・危害原理・憲法判断──刑事立法の分析枠組に関する比較法的考察」比較法学 53 巻 1 号（2019 年）64 頁以下参照。

指摘されている。こうした指摘を行う論者からは，麻疹の予防接種に関する自己決定が限定されたことの代わりに，他の感染症の予防接種に関しては自己決定を発揮する結果として，予防接種を行わないという選択がなされるとの仮説が提示されている[22]。仮にこの仮説が正しいとすれば，麻疹の予防接種義務違反に対して課される制裁が重ければ重いほど，自己決定に対する制約が強まる結果，他の感染症に対する予防接種を軽視する風潮も強まるように思われる。したがって，麻疹の予防接種義務違反に対する制裁として自由刑や罰金刑を科すとすれば，その弊害も一層大きくなることになろう。

　他方で，こうした弊害を回避すべく，麻疹以外の多くの感染症についても予防接種の義務化を推進する場合には，既に検討したように，親の監護・教育権という基本権に対する介入の程度がより重大なものとなる。その場合に，義務違反に対して刑罰を科すことはもちろん，過料を科すことについても，比例原則上の問題がより鮮明化することになろう。このような観点からは，フランスにおける 2018 年改正が，予防接種義務化の対象となる感染症を，3 種類から11 種類と大幅に拡大させつつ，前述の刑罰規定を削除して非権力的な対応を採用するようになった[23]ということには，十分な理由があるように思われる。

3　刑罰を科すことの問題性

　今般の「麻疹予防法」は，様々な感染症の中でも，麻疹については特に重大な流行性の感染症であるとの前提の下で，予防接種義務化の対象としたものと言える。では，こうした義務を履行しない場合の制裁として，過料を超えて刑罰を科すことは妥当であろうか。

　この問題を考えるに当たって指摘すべきことは，今般の「麻疹予防法」の立法目的の主眼が，むしろ国民全体の集団免疫の獲得に置かれていることである。既に検討したように，親が自分の子の福祉に反して義務を履行しない点が強調されるのであれば，予防接種義務違反に対して刑罰を科すことも一定の説得力を有する可能性がある。これに対して，国民全体の健康増進という観点を強調すればするほど，こうした立法目的の実現手段として刑罰を用いること，すな

22)　*Betsch*, in: Ausschuss für Gesundheit, Protokoll-Nr. 19/68（vom 23.10.2019), S. 19.
23)　河嶋・前掲注 17）158 頁及び 163 頁参照。

わち予防接種義務違反を否定的に評価して親を倫理的に非難することの妥当性が（特にナチス時代という背景を有するドイツにおいては）問題となってくるように思われる。

V　終わりに

　強い制裁を伴う予防接種の義務化が，必ずしも予防接種率の向上に寄与しないことは，様々な研究結果からも示唆されている[24]。また，予防接種義務に関するフランスの 2018 年改正で刑罰規定が削除されたのも，強い制裁が有効ではないことを理由とするものである[25]。

　他方で，ドイツにおける予防接種義務化も，突然に導入されたものではなく，それ以前に行われた様々な試みが，なお 95％以上の予防接種率達成という目標との関係で功を奏しなかったことを理由とする。麻疹ワクチン接種に対する信頼の醸成やアクセサビリティの向上といった努力の末の義務化であると評価することが可能であろう。そして，このような知見は，我が国において一定の感染症に対して予防接種率を向上させるような政策を導入する際にも重要な示唆となるように思われる。

◇連載のあとに

1　COVID-19 の蔓延と対面授業の継続

　既に述べたように，ドイツにおいては原則として「ホームスクーリング」は許容されておらず，生徒は学校に行って対面授業（Präsenzunterricht）を受けなければならない（就学義務）。これは，ドイツでは一般に出席義務（Präsenzpflicht）と呼ばれている。こうした出席義務が生徒に課される理由は，今回扱った Wunderlich v. Germany 事件においても触れたように，学校教育にお

---

24)　*Omer et al.*, supra note 8, p.470-471.
25)　河嶋・前掲注 17) 163 頁参照。

いては，単に教科の内容を学ぶことのみならず，同年代の他の生徒と交流を有することが極めて重要と解されているからである。こうした交流を有さずに家庭内でのみ教育を受けることは，「パラレルワールド」に属するようなものだと表現されることもある。

しかし，COVID-19 の流行・蔓延は，対面授業の実施・継続に対して大きな問題を突き付けている。ドイツの各州は，いわゆる第 1 波の到来と共に，2020年 3 月中旬から学校を閉鎖し，5 月上旬までに段階的に閉鎖を解除した。その後，第 2 波が到来してから行われた同年 11 月 25 日の連邦政府首相及び各州首相のビデオ会議において，対面授業は特に優先されるべきものであるとして対面授業の継続が決定された[26] が，同年 12 月 13 日の電話会議においては，いわゆる「ハードロックダウン」の導入と共に，同年 12 月 16 日から 2021 年 1月 10 日までの学校の原則閉鎖措置及び出席義務の停止措置を採ることが決定された[27]。その後，2021 年 1 月 5 日のビデオ会議において，前述の措置が同年 1 月末まで延長されることが決定された[28]。

2　感染症を巡るその後の状況

(1)　麻疹の現状と今後

麻疹予防法が成立して以降のドイツにおける麻疹感染者数を見てみると，ロベルト・コッホ研究所への報告数は，2019 年には 515 件であったのが，2020年には 75 件に激減している。しかも，週ごとの感染報告数を詳細に見てみると，2020 年の第 15 週を最後として，殆んど感染事例が存在しない[29]。とはいえ，このデータを見て，麻疹予防法が有効に機能しているために麻疹の感染者数が激減したと考えることはおよそできないであろう。

実は，我が国においてこの傾向はより顕著に表れている。国立感染症研究所

---

26)　Beschluss der Videoschaltkonferenz der Bundeskanzlerin mit den Regierungs-chefinnen und Regierungschefs der Länder am 25. November 2020, S. 2.

27)　Beschluss der Telefonkonferenz der Bundeskanzlerin mit den Regierungschefinnen und Regierungschefs der Lander am 13. Dezember 2020, S. 3.

28)　Beschluss der Videoschaltkonferenz der Bundeskanzlerin mit den Regierungs-chefinnen und Regierungschefs der Länder am 5. Januar 2021, S. 5.

29)　https://survstat.rki.de（2021 年 1 月 2 日閲覧）

のデータによると，2019 年の麻疹感染報告者数が 744 件であったのに対して，2020 年の第 53 週（2021 年 1 月 7 日現在）までの麻疹感染報告者数は 13 件にまで減少している[30]。

　2020 年に我が国やドイツにおいて麻疹感染の報告者数が激減した理由を推測するのは，筆者の役割ではない。しかし，COVID-19 という甚大な感染症に意を払う余りに，麻疹のような他の感染症（の予防接種）を軽視するということが仮にあるとすれば，それは将来における麻疹などの感染拡大に繋がり得るように思われる。こうした懸念は，厚生労働省[31]や日本小児科学会[32]など様々な立場から既に示されている。

　COVID-19 が甚大な感染症であるというメッセージを発することが，人々の自発的な行動選択あるいは「自粛」に与える影響という点から見ても重要であることは言うまでもない。しかし，そうしたメッセージが同時に，他の重大感染症の危険性を軽視しているかのように誤解されるものであってはならない。麻疹の予防接種義務化を巡るドイツの議論は，我々にそのような示唆をも与えるものと言えよう。

（2）　チェコにおける予防接種義務と欧州人権裁判所の判断

　連載第 14 回では，ヨーロッパ諸国の中には，既に感染症予防ワクチンの接種を義務化している国が複数存在する旨を指摘した。その中でもチェコは，麻疹のみならず，ジフテリア，破傷風，百日咳，ヒブ感染症，ポリオ，B 型肝炎，おたふくかぜ，風疹及び（一定の児童に対しては）肺炎球菌感染症の予防接種を義務付けている。そして，チェコにおける予防接種義務に関する事案が欧州人権裁判所において判断され，こうした予防接種義務を課すことが欧州人権条約（以下，本条約）第 8 条に違反しないとの判決（以下，本判決）が 2021 年 4 月 8

---

30)　https://www.niid.go.jp/niid/ja/hassei/1838-measles-sokuhou-rireki.html（2021 年 6 月 5 日閲覧）

31)　厚生労働省健康局健康課「新型コロナウイルス感染症に伴い接種率低下が懸念される定期の予防接種の対象者への周知及び勧奨について（依頼）」（2020 年 7 月 31 日）。

32)　日本小児科学会予防接種・感染症対策委員会「新型コロナウイルス感染症流行時における小児への予防接種について」（2020 年 10 月 27 日）（http://www.jpeds.or.jp/modules/activity/index.php?content_id=345）（2021 年 1 月 2 日閲覧）。

日に出された[33]。本判決は，ドイツにおける麻疹予防接種の憲法適合性を考える上でも重要なものであるため，以下でやや詳しく紹介する。

　前述のように，チェコにおいては9種（あるいは10種）の感染症に対する予防接種が義務付けられている。そして，保育園などのプレスクールは，児童が必要とされるワクチン接種を受けたか，既に免疫を有しているか，又は健康上の理由によるワクチン接種禁忌者であるかのいずれかの事由に該当しない場合には，当該児童を入園させてはならないとされている（公衆衛生保護法第50条）。また，ワクチン接種義務に反して自己の（15歳未満の）子にワクチンを接種させない場合には，1万チェココルナ[34]以下の過料に処せられる（軽犯罪法第29条第1項(f)及び第2項）。

　こうした法的状況の下，自己の子に予防接種をさせなかったために過料に処せられた親や，自己の子に予防接種をさせなかったために保育園の入園が許可されなかった親などがチェコ国内において当該規定の合憲性を憲法裁判所で争ったものの，いずれもその主張が退けられた。そこで，これらの親は，当該規定が本条約に反するとして欧州人権裁判所に各々提訴した。本判決は，これらの複数の事案に対して一括して示されたものである。

　本判決は，本条約第8条違反の有無を検討しているので，まずは条文を確認しておこう。

欧州人権条約第8条　私生活及び家族生活の尊重を受ける権利
1　全ての者は，その私生活及び家族生活，住居並びに通信の尊重を受ける権利を有する。
2　この権利の行使に対しては，法律に基づき，かつ，国の安全，公共の安全若しくは国の経済的福利のため，無秩序若しくは犯罪の防止のため，健康若しくは道徳の保護のため，又は他の者の権利及び自由の保護のため，民主的社会において必要なもの以外のいかなる公の機関による介入もあってはならない。

　本判決は，第8条違反にかかる原告の主張のうち，（予防接種義務化で問題と

---

33)　Applications nos. 47621/13 and 5 others, Case of Vavřička v. the Czech Republic, Judgment 8 April 2021.
34)　2021年4月末現在のレートで約5万1000円。

なる）人の身体的完全性は「私生活」の尊重の射程に含まれるため，この点について更に検討するとしつつ，「家族生活」の尊重を受ける権利を検討する必要性については否定した。そして，予防接種義務違反に対する入園不許可や過料は，第 8 条の規定する「私生活の尊重を受ける権利」への介入であるとした。

そこで，こうした介入が正当化されるかが問題となる。第 8 条第 2 項によれば，こうした介入は，①法律に基づき，かつ②民主的社会において必要なものであるという二つの要件を充足しない限りは正当化されない。本件で特に問題となるのは②である。ここでは，1）正当目的，及び 2）民主的社会における必要性がそれぞれ検討されることになる。

1）については，予防接種義務で追求される目的は，健康に重大なリスクを生じさせる感染症の予防である。これは，予防接種を受けた者の保護のみならず，（社会において高い割合で予防接種がなされることによって，）予防接種を受けることができない者も保護されることを目的とする。こうした目的は第 8 条により是認される。

2）については，まずは i）一般論として，公衆衛生政策はいわゆる「評価の余地」[35] が広い問題領域であり，当該国の裁量判断に広く委ねられる。また，締約国間におけるコンセンサスについては，予防接種は最も成功の見込みがあって費用対効果の高い衛生上の介入であること，及び条約締約国の間でも予防接種に関する政策には単一のモデルがあるわけではなく，むしろ国ごとの違いが大きいことが挙げられる。したがって，本件の予防接種義務については「評価の余地」は広い。

次に，ii）チェコにおいて個人の健康及び公衆衛生を感染症から守り，児童における予防接種率の低下を防ぐことは，差し迫った社会的必要性（pressing social need）がある。また，iii）予防接種の義務化という手段は，唯一の手段ではないとしても，国家の広い裁量に委ねられており，かつ，全ての子どもが重大な感染症から保護されるためには一定以上の予防接種率が必要となる。したがって，関連性を有する十分な理由（relating and sufficient reasons）も存在する。

最後に，iv）ワクチン禁忌者への接種義務が免除されていること，予防接種

35）　江島晶子「ヨーロッパ人権裁判所における『評価の余地』理論の新たな発展」明治大学大学院紀要法学篇 29 集（1992 年）55 頁以下参照。

を直接強制するものではなく過料による間接強制に過ぎないこと，保育園等の
プレスクールへの入園不許可は制裁ではなく（禁忌により予防接種が受けられな
い）幼児の健康を守るための予防的なものであること，原告らに対してチェコ
国内での手続保障が有意義になされたこと，予防接種の重大な副反応のリスク
についても事前の禁忌者除外や事後的報告といったコントロールがなされてい
ること，といった諸点を挙げ，比例性についても肯定されている。

　以上より，本判決は，チェコによってなされた当該措置は「民主的社会にお
いて必要なもの」であると判断されるとして，本条約第 8 条の違反は存在しな
いと結論付けている。

　このような欧州人権裁判所の判断は，チェコと同様に予防接種を直接強制す
るわけではなく，過料や幼稚園等の入園不許可といった間接的な強制に留まる
ドイツの法規制に対しても重要な意義を有する。ドイツにおいては，感染症予
防法改正に対して，連邦憲法裁判所に憲法異議にかかる仮命令を求めて訴えが
提起されたものの，2020 年 5 月にこの訴えは退けられた[36]。仮に今後，連邦
憲法裁判所で予防接種義務化の憲法適合性が肯定された場合には，欧州人権裁
判所への訴えの提起が予想されるが，その際には本判決が先例となるからであ
る。

---

36)　BVerfG, Beschluss der 1. Kammer des Ersten Senats vom 11. Mai 2020 - 1 BvR
469/20, 1 BvR 470/20.

第 14 回・第 15 回コメント

親が子の医療行為に同意する必要があるとき

石綿はる美

　医療行為をはじめとする子の身体に関する行為について，親の同意は，大きく分けると，主に，①子が意思表示をできない場合などに本人に代わって承諾をすることができるか，②親が本人の承諾に同意を与えることができるかという場面で問題になろう[1]。

　そもそも，医療行為など子の身体に関する同意が全て親権行使，具体的には監護・教育（民法第 820 条）の内容に含まれるかどうかは，必ずしも明らかではない[2]。また，親権者による子の医療行為への「同意」の法的性質についても，そもそもそれが身上監護の一環なのか，親権者が法定代理人として行う代理行為なのかという議論もある[3]。このように同意の対象となる医療行為の範囲・同意の根拠について争いがあるが，子の医療行為について，親が何らかの義務と権利を有しているということは争いがないであろう。それゆえに，子に輸血や手術等の治療が必要であるのに，正当な理由もなく拒否をする，いわゆる医療ネグレクトに該当する場合には，親権停止の審判（民法第 834 条の 2，本書 100 頁参照）が利用し得る[4]とされているのだろう。

　仮に予防接種が義務化された場合，子に予防接種を受けさせないことが，医療ネグレクトに該当するか，子に予防接種を受けさせるために親権停止（や場合によっては親権喪失）の審判をすることが妥当なのかといった問題について，より議論が行われることになるかもしれない。

---

1)　大村敦志「親権・懲戒権・監護権」能見善久ほか編『野村豊弘先生古稀記念論文集──民法の未来』（商事法務，2014 年）581 頁。
2)　大村敦志『民法読解・親族編』（有斐閣，2015 年）257 頁。
3)　以上，米村滋人「医療行為に対する『同意』と親権」法学（東北大学）83 巻 4 号（2020 年）631 頁以下。
4)　飛澤知行編著『一問一答 平成 23 年民法等改正』（商事法務，2011 年）24 頁。

判例索引

事項索引

家族と刑法——家庭は犯罪の温床か？

2021 年 7 月 30 日　初版第 1 刷発行

著　者　　深　町　晋　也

発行者　　江　草　貞　治

発行所　　株式会社　有　斐　閣
　　　　　　　　　郵便番号 101-0051
　　　　　　　　　東京都千代田区神田神保町 2-17
　　　　　　　　　電話　(03) 3264-1314〔編集〕
　　　　　　　　　　　　(03) 3265-6811〔営業〕
　　　　　　　　　http://www.yuhikaku.co.jp/

印刷・萩原印刷株式会社／製本・牧製本印刷株式会社
ISBN 978-4-641-13951-0